U0746872

清代徽州乡土文献萃编

李琳琦 主编

国家古籍整理出版专项经费资助项目

陶甓公牍

[清] 刘汝骥◎编撰

梁仁志◎校注

安徽师范大学出版社

图书在版编目(CIP)数据

陶甓公牍 / (清)刘汝骥编撰;梁仁志校注.—芜湖:安徽师范大学出版社,2018.3
(清代徽州乡土文献萃编 / 李琳琦主编)
ISBN 978-7-5676-3006-2

Ⅰ.①陶… Ⅱ.①刘… ②梁… Ⅲ.①徽州地区 – 地方史 – 清后期 Ⅳ.①K295.4

中国版本图书馆CIP数据核字(2017)第129687号

全国高等院校古籍整理研究工作委员会直接资助项目
文化名家暨"四个一批"人才工程资助项目
安徽师范大学学术著作出版基金资助项目

陶甓公牍
TAOPIGONGDU

[清]刘汝骥◎编撰　　梁仁志◎校注

策划编辑:孙新文
责任编辑:孙新文　蒋　璐
装帧设计:任　彤
出版发行:安徽师范大学出版社
　　　　　芜湖市九华南路189号安徽师范大学花津校区
网　　址:http://www.ahnupress.com/
发 行 部:0553-3883578　5910327　5910310(传真)
印　　刷:江苏凤凰数码印务有限公司
版　　次:2018年3月第1版
印　　次 2018年3月第1次印刷
规　　格:700 mm × 1000 mm　1/16
印　　张:20
字　　数:347千字
书　　号:ISBN 978-7-5676-3006-2
定　　价:59.80元

校注说明

一、清末徽州知府刘汝骥所编撰的《陶甓公牍》,是刘汝骥在晚清新政时期组织的对徽州进行社会调查的文献汇编,内容涉及当时徽州政治、经济、教育、文化、社会生活的方方面面,是研究晚清徽州社会翔实而珍贵的第一手资料,也是了解清末新政在地方具体实践的生动而丰富的第一手资料,具有重要的史料价值。本次校注利用的《陶甓公牍》版本为宣统辛亥(1911)夏安徽印刷局校印本,国家图书馆藏。1997年12月由黄山书社影印出版的《官箴书集成》第10册收录该书。目前尚未发现该书其他版本,故本次校注无版本校勘问题,书中引文则与被引之书原文进行了仔细比对。

二、原底本存在错字、别字、异体字、生造字、俗字及漏字等情况,校注时一并改正。别字、异体字、生造字、俗字等直接改为正字;错字或位置混乱之字,其后用【 】补充正字或位置正确之字;增补之字用[ ],以示区别。字迹漫漶不清者,尽可能查证相关史籍予以补充完善,不能补充者以□代之。

三、原底本中"己""已""巳"三字互相错用现象较为普遍,径直改正,不再特别说明。

四、原底本使用序号与现行标准不一,校注时一仍其旧。

五、原底本中表达钱数的数目字一般用大写汉字"壹""贰"等,一般数目字则用小写汉字"一""二"等,有时也不尽然,为尊重今人阅读习惯,校注时一律改为"一""二"……

六、原底本出自封建文人之手,间有今天看来似不甚恰当之语,为保持原貌,校注时均未加改动。

七、本次校注一律使用简化字加标点,并按现行行文规范进行合理分段,俾便读者阅读、利用。

丙午召见恭纪

　　光绪三十二年丙午二月二十六日,臣汝骥在御史任内俸满①,预备召见。时,两宫驻跸②南海。是日同预备召见者三起,一编修夏孙桐③,一奏事处全兴,臣汝骥在第三起。九钟,太监带领上勤政殿,太监揭帘,臣鞠躬入。皇太后、皇上同御西暖阁,面北设黄案一,案前置毡垫一,周白而内红,俗所谓军机垫也,臣跪垫旁屏息听圣训。

　　皇上训:"你多大年纪?"

　　臣奏对:"臣年三十八岁。"

　　皇上训:"你在那衙门当差?"

　　臣奏对:"臣在都察院当差。"

　　皇太后训:"你去年条陈甚有见地。我们中国政体原与各国不同,立宪一事不可不慎重。"

　　臣奏对:"我国原是立宪祖国,臣前折已详陈之。今日所当分清者,是君主立宪? 是民主立宪? 伏候宸断。"

　　皇太后训:"近来保举过滥,你条陈的很好。"

　　臣奏对:"蒙天恩明诏中外下所司会议,臣感激无地。"

　　皇太后训:"你在翰林院几年?"

　　臣奏对:"在翰林院九年。"

　　皇太后训:"你在都察院几年?"

　　臣奏对:"在都察院二年。"

　　皇太后训:"你衙门双日是堂期么?"

　　臣奏对:"是。今日便是堂期。"

　　皇太后训:"你今日预备召见,你还上衙门吗?"

---

　　① 俸满:旧时官吏任职满一定年限后,得依例升调,称为"俸满"。

　　② 驻跸:皇帝后妃等外出时途中暂停小住。

　　③ 夏孙桐(1857—1941),字闰枝,一字悔生,晚号闰庵,江苏江阴人。近现代文学家、词人、学者。

臣奏对:"臣退,便上衙门。"

皇太后训:"直隶学堂如何?"

臣奏对:"近日办学堂的毛病是糜费太多,中学堂以上学科太杂,于经学反多荒废。"

皇太后训:"经学是最要紧的,万不可荒废。"

臣奏对:"近日,英、法、德、俄、瑞士各国翻译中国书甚多,'四子五经'彼国童子皆能童而习之。"

皇太后训:"日本留学生将近万人,国家费用不少,流弊日多,何故?"

臣奏对:"此当慎之于始,非中学有根柢者不得遣派,自然流弊可去。"

皇太后训:"近日丝茶商务亦为外人所夺,闻日本有假丝售于我国者颇多。"

臣奏对:"此不独日本,印度、法兰西皆有,我中国亦可仿造。求皇太后、皇上责成商部认真提倡,自然有效。"

皇太后训:"他们办事尚属认真。近来洋布充斥又为我国一大漏卮,我国土性宜棉,种棉一事尤宜讲究。"

臣奏对:"我国多立织布局,方能抵制洋布。官办耗费太大,仍不若民办。"

皇太后训:"工艺广兴,则贫民不至失所,此是最要紧的。"

臣奏对:"振兴工艺莫若赛会。各国有共进会、物产会、博览会,每数十年又特开大会。奖进工艺,其法最善。我国可先择川陆通衢省分举行内地赛会以鼓舞之。容臣逐条陈奏,请皇太后、皇上采择施行。"

皇上训:"你下去罢。"

臣谨退。

丁未召见恭纪

　　光绪三十三年丁未正月初七日奉上谕："徽州府知府员缺,着刘汝骥补授。钦此。"初十日具折谢恩。传旨十一日递牌子,是日黎明进隆宗门至九卿房,预备召见者共三起,臣在先。太监引至乾清宫西偏直庐①稍坐。九钟,太监传语曰："叫了。"臣鞠躬入乾清宫,地面皆青石,光可鉴人,太监打帘起。皇太后、皇上并御西暖阁窗前,面北设黄案一,地铺龙毯(故事,每年上元节前殿座皆铺龙毯),毯上有军机垫。臣跪皇太后前,免冠口奏:"臣刘汝骥叩谢皇太后天恩。"磕头无数。冠起,跪皇上前,免冠口奏如前,磕头无数。冠起,跪听圣训。

　　皇上训:"你衙门新章都定妥当了? 你前日还上衙门么?"

　　臣奏对:"都察院新章已定。臣自蒙天恩简放②,便不上衙门了。"

　　皇太后训:"你在都察院声气很好,你几个折子全好,你到外边办点事不好么?"

　　臣奏对:"臣性迂不合时,恐辜负天恩。"

　　皇太后训:"你都要拜拜,他们你也要笼络才好。"

　　皇太后训:"天津地面情形如何?"

　　臣奏对:"天津表面尚好,只是民不聊生。办新政有个缓急,不肖牧令往往借此生事。"

　　皇太后训:"地方官不体恤小民疾苦是一个大病根,若地方官皆是好官,何愁不富强! 你几时到任? 开印③后就可以去了。"

　　臣奏对:"开印后去。"

　　皇太后训:"你到任后要严饬州县实心办事,有不好的你只管参他,总要

---

　　① 直庐:旧时侍臣值宿之处。

　　② 简放:清代称经铨叙派任道府以上外官。

　　③ 开印:旧时官府于年底封印,次年正月开封用印,照常办公,称"开印"。清富察敦崇《燕京岁时记·开印》载:"开印之期,大约于十九、二十、二十一三日之内,由钦天监选择吉日吉时,先行知照,朝服行礼。开印之后,则照常办事矣。"

体恤百姓。学堂的流弊你是知道的,你好好整顿。"

臣奏对:"谨遵圣训。臣蒙天恩简放,感激抚地。微臣临去尚有一言,就是大权不可旁落。就日本而论,日本之弱由大将军揽权,日本之强由明治收回大权。臣前折已详言,伏祈皇太后、皇上垂察。"

皇太后训:"你说的很是。所谓预备立宪者无非通下情就是了,那不是空空'立宪'两个字,祖宗法度就全不用了。就是各国宪法亦自不同,我自然有主意,不至失了大权,你只管放心。"

皇上训:"你到任去还是坐船好。"

臣奏对:"臣坐船到上海去。"

皇上训:"你下去罢。"

臣起立,伛偻而退。

禀谢中丞朱奏保贤能

敬禀者:窃知府伏荷宪慈,猥蒙上考,祗膺宠命,特予褒嘉望外之荣,莫知所自。戴恩愈极,揣分弥惊。伏念知府禀性颛愚,触涂迂拙。幸缘际会,早玷近寮。本无技能,谬膺剧郡。民困未苏而负担日重,教育未溥而嚣讼滋章。愧涓尘之莫裨,奚伐阅之可言?乃蒙大人宏奖为怀,片长必录。储小草于药笼,达微名于黼座。昔颍川化俗①,乡官皆畜鸡豚;渤海劝农②,吏民皆种葱韭。古之所谓良二千石者,所居民富,所去民思。今则闻其语未见其人矣。岂意考功之赏首及非才,退省屦庸能无愧悚?数九年之预备,方知来日大难;辱大匠之栽成,惟有兼功自厉。恩深责重无可上酬,窃不自揆略陈丹悃。敬叩钧安,伏希慈鉴。知府汝骥谨禀。

---

① 颍川化俗:指汉宣帝时颍州太守黄霸治理颍川事。事见《汉书》卷89《循吏传·黄霸》。
② 渤海劝农:指汉宣帝时渤海太守龚遂鼓励百姓致力农桑事。事见《汉书》卷89《循吏传·龚遂》。

目　录

卷一　示谕 ··· 1

到任裁革门丁谕 ·· 3

谕代书、承发房写生文 ······································ 3

禁演淫戏示 ··· 4

劝禁缠足示 ··· 4

破除迷信示 ··· 6

招考书记生牌示 ·· 6

文庙升大祀牌示 ·· 7

冬防告示 ··· 8

禁赛灯示 ··· 8

谕书差戒烟文 ·· 8

严禁烟馆示 ··· 9

物产会开会示 ·· 9

物产会颁发奖品示 ·· 10

卷二　批判·吏科 ··· 15

祁门县耆绅黄钟祺等禀批 ································· 17

歙县南乡董事生员胡熙禀批 ····························· 18

经历陈元彬禀批 ·· 19

歙县江苏补用知县鲍振炳禀批 ·························· 19

代书李正本禀批 ·· 20

休宁县刘令敬襄详批 ·· 20

绩溪县张令廷权详《政治事实表册》批 ·············· 21

绩溪县张令廷权禀批 ·· 21

礼科写生朱从义等禀批 ····································· 21

署歙县学教谕秦宗荫禀批 ……………………………22

黟县阎令希仁详批 ……………………………………22

黟县阎令希仁详批 ……………………………………22

歙县易令景袯禀批 ……………………………………23

学务佐治官陈令元瑞禀批 ……………………………23

歙县内阁中书程锦稣等禀批 …………………………23

绩溪县岁贡曹作朋禀批 ………………………………24

卷三　批判·户科 ………………………………………25

歙县蔡令世信详批 ……………………………………27

歙县生员巴锡麟等禀批 ………………………………27

绩溪县耆民章玉来等呈批 ……………………………28

歙县民人江祺生呈批 …………………………………28

歙县蔡令世信详批 ……………………………………28

歙县民人朱聚禀批 ……………………………………29

黟县胡令汝霖禀批 ……………………………………29

府学武生邵鹏呈批 ……………………………………30

休宁教民黄金聚控汪社宝一案堂判 …………………30

歙县民妇王江氏呈批 …………………………………31

黟县武生汪凤标禀批 …………………………………31

歙县监生任良柱呈批 …………………………………32

绩溪县推收书张俭成等禀批 …………………………32

婺源县生员汪泮林等呈批 ……………………………32

婺源县武生程仲沅呈批 ………………………………33

婺源县魏令驯详批 ……………………………………33

休宁县孀妇吴程氏禀批 ………………………………34

屯溪巡警局外委任恒智禀批 …………………………34

屯溪公济局绅洪廷俊等禀批 …………………………34

候选知府曹英禀批 ……………………………………35

休宁县附生程宗泗禀批 ………………………………35

候选知府曹英禀批 ……………………………………35

休宁县江苏候补直州判王世勋等禀批 ………………36

徽州办赈义绅、花翎知府衔洪廷俊禀批 ……………………36

婺源县耆民胡承淦等呈批 ……………………37

歙县耆民汪起和呈批 ……………………38

歙县附生汪声大等禀批 ……………………38

黟县前直隶肥乡县知县程元镕禀批 ……………………38

歙县直隶候补县丞汪达增禀批 ……………………39

休宁县刘令敬襄禀批 ……………………39

歙县陈令德慈禀批 ……………………39

祁门县监生胡舜传呈批 ……………………40

婺源县监生詹铨等呈批 ……………………40

休宁县耆民张政裨呈批 ……………………40

绩溪监生程镕呈批 ……………………40

休宁县职员程世璞等禀批 ……………………41

祁门县监生金凤宜等呈批 ……………………41

绩溪县胡维埙呈批 ……………………42

绩溪县职贡生曹作朋禀批 ……………………42

婺源县附贡詹鸿宾呈批 ……………………42

婺源县魏令正鸿禀批 ……………………43

婺源物产分会赵文光等禀批 ……………………43

绩溪县物产分会程全牒呈批 ……………………43

祁门县孔令庆尧申送物产表批 ……………………43

绩溪县民人唐金发呈批 ……………………44

婺源县生员汪泮林呈批 ……………………44

黟县罗令贺瀛详,邑绅、前芜湖县训导余攀荣,奉天候补道李淦等设立
自治研究所批 ……………………44

绩溪县桂令岩禀 ……………………45

绩溪县桂令岩禀 ……………………45

祁门县杜令英才禀批 ……………………45

祁门县杜令英才禀批 ……………………45

祁门县孔令庆尧禀批 ……………………46

歙县五品封职、翰林院编修许学诗等禀批 ……………………46

歙县直隶试用道程源铨等禀批 ……………………46

目
录

歙县湖南候补知县洪濚等禀批 ·············· 46

歙县易令景祓详批 ·············· 47

休宁县龚令化龙申批 ·············· 47

婺源县魏令正鸿禀批 ·············· 47

祁门县孔令庆尧申批 ·············· 47

绩溪县桂令岩申批 ·············· 47

婺源县魏令正鸿禀县自治提前开办批 ·············· 48

歙南吉林候补知府汪士仁等禀批 ·············· 48

歙南拣选知县程恩浚等禀批 ·············· 48

婺源县魏令正鸿申送《覆查户口数总表》批 ·············· 48

卷四　批判·礼科 ·············· 49

府学廪生巴泽溥等禀批 ·············· 51

绩溪县候补巡检曹登瀛呈批 ·············· 51

绩溪职妇曹程氏呈批 ·············· 52

歙县吕松柏等呈批 ·············· 52

歙县蔡令世信详批 ·············· 53

绩溪县文令化舒详批 ·············· 53

休宁县孀妇李洪氏呈批 ·············· 54

阳春班桂红云呈批 ·············· 54

婺源县余查氏控余启呈霸产一案堂判 ·············· 54

歙县蔡令世信详批 ·············· 55

休宁县中书科中书李应庚呈批 ·············· 55

歙县耆民毕家四呈批 ·············· 56

祁门县监生程康意、附贡程际隆等呈批 ·············· 56

祁门县附贡程际隆呈批 ·············· 57

休宁县附生李应元呈批 ·············· 57

婺源县余查氏呈批 ·············· 57

歙县附贡汪文瑞等呈批 ·············· 58

歙县永豫商店叶步周呈批 ·············· 58

府学教授周赟禀批 ·············· 58

歙县永豫商号叶步周等呈批 ·············· 59

府学教授周赟折批 …………………………………59

歙县举人鲍鸿等禀批 …………………………………60

歙县候选教职鲍荪等禀批 …………………………………60

休宁耆民黄子玙呈批 …………………………………61

歙县生员汪勋等呈批 …………………………………61

歙县耆民鲍伦施等呈批 …………………………………61

祈雨告文 …………………………………62

酬神告文 …………………………………62

绩溪县张令廷权禀批 …………………………………62

歙县民妇黄许氏禀批 …………………………………63

又批 …………………………………63

歙县举人鲍鸿禀批 …………………………………63

黟县叶延禧等禀批 …………………………………64

黟县附生叶登瀛等呈批 …………………………………64

绩溪县增贡周之德等禀批 …………………………………64

周之德等禀批 …………………………………65

周之德等禀批 …………………………………65

周之德等禀批 …………………………………66

周之德等禀批 …………………………………66

绩溪县职员周汝坤呈批 …………………………………67

歙县民人孙开文禀批 …………………………………67

休宁县岁贡生韩熙禀批 …………………………………67

歙县附生朱学孔禀批 …………………………………68

歙县民人洪瑞麟呈批 …………………………………68

歙县民人叶其铭等呈批 …………………………………68

歙县民人洪瑞麟呈批 …………………………………69

歙县蔡令世信详寿民叶光衍五世同堂看语 …………………………………69

歙县孀妇吴程氏呈批 …………………………………69

休宁附生吴廷芸呈批 …………………………………70

祁门县生员盛清呈批 …………………………………70

绩溪县廪贡生程作霖等呈批 …………………………………70

婺源县耆民方新焕等呈批 …………………………………71

祁门县民人胡玉田呈批 ································· 71
婺源县魏令正鸿详批 ································· 71

卷五 批判·学科 ································· 73

歙县生员张廷楷等禀批 ································· 75
歙县修业生罗尊禀批 ································· 75
歙县蔡令世信禀批 ································· 76
紫阳师范学生方光烈等禀批 ···························· 76
绩溪县文令化舒详批 ································· 76
绩溪县文令化舒禀批 ································· 77
歙县耆监方朋等禀批 ································· 77
徽绅、附贡生程全等禀批 ······························ 78
歙县蔡令世信禀批 ································· 78
祁门县赵令元熙禀批 ································· 79
祁门县赵令元熙详劝学章程批 ·························· 79
黟县罗令贺瀛详送附生汪炘桥《私立崇实小学堂规章》批 ··· 79
屯溪茶业公所董事洪廷俊、程恩浚等禀批 ················· 80
歙县州同衔洪廷楫禀批 ································· 80
歙县珠兰花户、监生许元吉等禀批 ······················ 80
歙县内阁中书程锦稣、庶吉士许承尧等呈批 ·············· 81
绩溪县学界汪希以等禀批 ······························ 81
绩溪县绅学界葛光汉等禀批 ···························· 82
紫阳师范学生胡熙等禀批 ······························ 82
绩溪县张令廷权禀批 ································· 82
婺源县童生王彬禀批 ································· 83
绩溪县商会司事高维干等呈批 ·························· 83
绩溪县东山高等官小学堂学生宋征等禀批 ················· 83
绩溪县师范传习所学生曹杰等禀批 ······················ 84
绩溪县副贡生胡嗣运禀批 ······························ 84
绩溪县东山小学堂堂长周懋和禀批 ······················ 85
绩溪县副贡石嗣宗等禀批 ······························ 85
绩溪县廪生曹诚琪禀批 ································· 85

绩溪县附贡生方城等禀批 …………………………………86

绩溪县优附生程秉昌禀批 …………………………………86

紫阳师范学堂监学、举人黄家驹禀批 …………………………87

内阁中书程锦稣等禀批 ……………………………………87

休宁县刘令敬襄禀批 ………………………………………88

绩溪县学界附生程裕济、增生胡恒善等禀批 ……………………88

歙县拔贡吴永龄等禀批 ……………………………………88

歙县增生叶光禄禀批 ………………………………………89

紫阳师范生张舜□等禀批 …………………………………89

休宁县中书科中书李应庚禀批 ……………………………90

歙县附生张璜等禀批 ………………………………………90

绩溪商学同人、附生程裕济等禀批 ……………………………90

休宁县刘令敬襄详批 ………………………………………91

绩溪县增生李嘉善禀批 ……………………………………91

黟县增生汪蓉镜等禀批 ……………………………………91

休宁县翠岩小学堂堂长吴凯勋等禀批 …………………………92

新安中学堂监督黄家驹咨呈批 ……………………………92

黟县罗令贺瀛详批 …………………………………………92

学务佐治官陈令元瑞、代理绩溪县叶令学仁会禀批 ……………93

绩溪县岁贡胡荣璆禀批 ……………………………………93

祁门县岁贡生李训诰禀批 …………………………………93

绩溪县东山小学堂堂长、廪贡生胡晋接禀批 …………………94

绩溪县廪贡生胡晋接禀批 …………………………………94

休宁县劝学总董王世勋禀批 ………………………………94

祁门县杜令英才禀批 ………………………………………94

休宁县临川小学堂堂长、增生程家炜禀批 ……………………95

徽州府茶业董事、花翎知府衔洪廷俊等禀批 …………………95

绩溪县四品封典胡位召、举人石文瑞等禀批 …………………95

婺源县魏令正鸿详沱川初等小校改为两等请立案批 ……………96

歙县诚正两等小学堂朱惟升等禀批 ……………………………96

婺源县魏令正鸿禀批 ………………………………………96

目
录

卷六　批判·兵科 ································· 97

　　休、婺、祁、黟、绩五县会禀批 ·············· 99

　　祁门县赵令元熙详批 ······················· 100

　　绩溪县张令廷权申批 ······················· 101

　　屯溪镇商号德厚昌等禀批 ··················· 101

　　屯溪德厚昌商号等禀批 ····················· 101

　　商号德厚昌等禀批 ························· 101

　　黟县城议事会议长余攀荣等禀批 ············· 102

　　硝磺分所司事方义盈禀批 ··················· 102

卷七　批判·刑科 ································· 103

　　黟县布政司经历衔程济达呈批 ··············· 105

　　歙县民人曹九十投井捞救一案堂谕 ··········· 105

　　歙县民女胡月仙喊呈批 ····················· 106

　　歙县州同衔叶松等禀批 ····················· 107

　　歙县附生兼袭云骑尉王鉴等四十人禀批 ······· 107

　　歙县监生吴高升禀批 ······················· 108

　　婺源县附生王锡时呈批 ····················· 108

　　委员、歙县县丞叶学仁禀批 ················· 109

　　歙县孀妇鲍陈氏呈批 ······················· 109

　　休宁县龄令安详批 ························· 110

　　桐城县人金荣发呈批 ······················· 110

　　歙县革生洪汉云上控章炳勒索一案堂判 ······· 110

　　桐城人管廷镕禀批 ························· 111

　　休宁县职妇朱汪氏呈批 ····················· 111

　　黟县封妇胡余氏呈批 ······················· 112

　　分府革役孙进即孙金奎奉批监禁一案堂谕 ····· 112

　　歙县民人方文光禀批 ······················· 112

　　婺源县附生许其忠呈批 ····················· 112

　　休宁县武生黄祺等呈批 ····················· 113

　　歙县朱家村铺户人等禀批 ··················· 113

　　绩溪县孀妇程曹氏呈批 ····················· 113

歙县民妇张方氏禀批 …………………………… 114

休宁县附生李蟠根呈批 ……………………… 114

婺源县贡生俞鹏翼呈批 ……………………… 114

黟县从九衔胡承椿呈批 ……………………… 114

婺源县职员齐江禀批 ………………………… 115

歙县四品封职吴永麒呈批 …………………… 115

休宁县冤妇陈叶氏禀批 ……………………… 115

歙县职员江兆垲禀批 ………………………… 116

歙县武生吴国祥呈批 ………………………… 116

黟县附生朱崧毓禀批 ………………………… 116

歙县民妇程朱氏禀批 ………………………… 117

黟县耆民胡二魁等呈批 ……………………… 117

休宁县孀妇项金氏呈批 ……………………… 117

歙县师范生王普安等禀批 …………………… 118

歙县生员郑世鹏等禀批 ……………………… 118

黟县罗令贺瀛详批 …………………………… 118

黟县罗令贺瀛详批 …………………………… 119

湖北广济县冤妇陈干氏呈批 ………………… 119

休宁县绅界程德楷等禀批 …………………… 119

代理绩溪县叶令学仁禀批 …………………… 120

黟县附贡程肇璜等禀批 ……………………… 120

歙县民人金有松呈批 ………………………… 120

歙县职员程秉钧呈批 ………………………… 121

歙县民女胡月仙呈批 ………………………… 121

歙县附生萧士禄禀批 ………………………… 121

歙县民人孙锦富等呈批 ……………………… 122

歙县附生萧士禄呈批 ………………………… 122

绩溪县孀妇胡姚氏禀批 ……………………… 123

休宁县廪贡生吴尔宽等呈批 ………………… 123

歙县民妇吴黄氏禀批 ………………………… 123

歙县民妇萧氏禀批 …………………………… 123

歙县民妇萧氏禀批 …………………………… 124

歙县附贡生胡烜呈批 …………………………… 124

歙县民妇萧氏控胡兆麟等唆讼抬诈一案堂判 …… 124

又堂谕 ………………………………………… 125

歙县民妇萧氏禀批 …………………………… 125

府学教授周赟禀批 …………………………… 126

婺源县民人王成们禀批 ……………………… 126

王成们禀批 …………………………………… 126

王成们呈批 …………………………………… 127

王成们呈批 …………………………………… 127

黟县民人余炳荣呈批 ………………………… 127

休宁县龚令化龙禀批 ………………………… 127

歙县监生吴永銮禀批 ………………………… 128

歙县耆民洪钲昆等呈批 ……………………… 128

歙县民人潘大有等呈批 ……………………… 128

黟县监生李桂馨呈批 ………………………… 129

黟县江苏候补知府李显猷禀批 ……………… 129

黟县徐汪氏禀批 ……………………………… 129

婺源县民人王成们控朱宗煌等借尸抬诈一案堂判 … 129

卷八　批判·工科 …………………………………… 131

六县士绅、同知衔、增贡生程立达等禀批 ……… 133

府学教授周赟禀批 …………………………… 133

歙县雷堨董事方声茂呈批 …………………… 133

织布局董、生员郑承绪禀批 ………………… 134

织布局董郑承绪禀批 ………………………… 134

歙县吕堨董事郑广镇等禀批 ………………… 134

织布局董、生员郑承绪禀批 ………………… 135

歙县鲍南堨董事吴中僎等禀批 ……………… 135

歙县民人徐慎言等呈批 ……………………… 135

歙县职员汪训鏞等呈批 ……………………… 136

卷九　批判·宪政科 ………………………………… 137

祁门县赵令元熙申报《选举人名册》批 ……… 139

休宁县刘令敬襄禀设立初选事务所批 ……………………139

黟县罗令贺瀛详送《初选人名册》批 ……………………140

婺源县杨令兆斌申报筹办选举批 ……………………140

绩溪县叶令学仁详送《初选人名册》批 ……………………141

婺源县杨令兆斌详送《初选人名册》批 ……………………142

黟县罗令贺瀛详送《初选人名册》批 ……………………142

休宁县刘令敬襄申送《初选人名册》批 ……………………142

绩溪县叶令学仁禀更正选举人名批 ……………………143

歙县陈令德慈申送《初选人名册》批 ……………………143

婺源县杨令兆斌详换造《人名册》批 ……………………144

祁门县杜令英才禀送《初选人名册》批 ……………………144

祁门县理问衔姚受锐禀批 ……………………145

休宁县岁贡生余正宜禀批 ……………………145

休宁县岁贡生韩熙等禀批 ……………………146

休宁县同知衔监生余宗俊等禀批 ……………………146

歙县花翎同知衔、直隶候补知县许家修等禀批 ……………………147

绩溪县廪贡生曹辅仁等禀批 ……………………147

歙县陈令德慈禀批 ……………………147

休宁县刘令敬襄申批 ……………………148

休宁县岁贡韩熙禀批 ……………………148

黟县罗令贺瀛申批 ……………………148

祁门县杜令英才禀批 ……………………149

绩溪县桂令岩禀批 ……………………149

歙县第八区耆民禀批 ……………………150

绩溪县桂令岩禀批 ……………………150

婺源县魏令正鸿禀批 ……………………150

婺源县魏令正鸿禀批 ……………………151

休宁县刘令敬襄申批 ……………………151

祁门县增生胡邦达禀批 ……………………152

黟县阎令希仁详批 ……………………152

祁门县杜令英才申批 ……………………152

休宁县刘令敬襄申批 ……………………153

卷十　禀详 ·· 155

　　徽州府禀地方情形文 ······························· 157

　　禀屯溪火灾劝捐文 ································· 160

　　禀查勘屯溪水灾文 ································· 161

　　禀请续拨赈款文 ··································· 162

　　禀赈务报销文 ····································· 163

　　禀教士牧良请辨【办】吴克明等一案议结文 ········· 164

　　禀教士牧良请办吴克明等一案议结请销文 ········· 165

　　详府中学抽收箔捐情形文 ························· 166

　　禀查办绩溪县胡嗣运、周懋和互讦一案文 ········· 167

　　详查复新安中学堂学生滋事情形文 ················· 169

　　禀查复警委任恒智被控文 ························· 170

　　徽州府禀设立选举事务所文 ······················· 174

　　徽州府详送初选选举人名册文 ····················· 175

　　徽州府详复选投票办法文 ························· 177

　　徽州府详送复选选举人名册文 ····················· 178

　　徽州府详选举议员衔名册数文 ····················· 181

　　徽州府申报复选事竣文 ··························· 182

　　徽州府禀筹办物产会文 ··························· 183

　　详报物产会开会文 ······························· 184

　　徽州府详办初等农业学堂文 ······················· 187

　　禀请设地方审判分厅文 ··························· 188

　　禀恭修文庙文 ··································· 189

　　禀重修谯楼文 ··································· 191

卷十一　笺启 ·· 193

　　复署徽州府刘润生前辈沛然 ······················· 195

　　复黟县胡鞠生同年汝霖 ··························· 195

　　复黟县胡鞠生同年汝霖 ··························· 196

　　复黟县胡鞠生同年汝霖 ··························· 196

　　复婺绅李蠡莼侍郎昭炜 ··························· 197

　　复藩宪连 ······································· 198

复天主堂总司铎牧良 ……………………………………199

复祁门县赵令元熙 ……………………………………199

复歙绅徐端父盐检受虔 ………………………………200

复歙绅徐受虔 …………………………………………200

复歙绅汪芸浦观察廷栋 ………………………………201

复歙绅汪云浦观察 ……………………………………201

复歙绅黄艮峰孝廉家驹 ………………………………202

复绩绅程志侯茂才宗沂 ………………………………202

复祁门县赵令元熙 ……………………………………203

复婺绅李蠡莼侍郎 ……………………………………203

致屯溪公济局洪绅廷俊 ………………………………204

复歙绅程霞坡内翰锦稣 ………………………………204

复绩绅程宗沂 …………………………………………204

复绩绅王昭三 …………………………………………205

复绩绅王子乾视学昭三 ………………………………205

致屯溪茶叶公所洪其相议员廷俊 ……………………205

复洪绅廷俊 ……………………………………………206

致休宁县刘令敬襄 ……………………………………206

复代绩溪县叶学仁 ……………………………………207

复绩溪县叶学仁 ………………………………………207

复婺源县魏令正鸿 ……………………………………207

复洪绅廷俊 ……………………………………………208

复婺绅李子襄岁贡冬华 ………………………………208

复歙绅鲍逵卿孝廉鸿 …………………………………208

复徽属议员公函 ………………………………………209

复歙绅方小栞大令文㝢 ………………………………209

致黟绅余桂芬广文攀荣 ………………………………210

复祁绅方际平岁贡振均 ………………………………210

致绩绅朱石松秀才瑞麒 ………………………………210

复耶稣堂牧师唐进贤 …………………………………210

复婺绅李冬华 …………………………………………211

复休绅王景尧直州倅世勋 ……………………………211

致物产会 ……………………………………………… 211
致物产会 ……………………………………………… 211
复物产会 ……………………………………………… 212
复黔绅李子嘉太守显猷 ………………………………… 212
复物产会洪绅廷俊 ……………………………………… 212
答词 …………………………………………………… 213
复农业学堂监学、教员吴绅宏绪清华 ………………… 213
复农业学堂 …………………………………………… 214
复茶业公所程伯俊同年恩浚 …………………………… 214

卷十二 法制科 …………………………………………… 215
申送六县《民情风俗、绅士办事习惯报告册》文 ………… 217
歙县民情之习惯 ……………………………………… 217
歙县风俗之习惯 ……………………………………… 220
歙县绅士办事之习惯 ………………………………… 225
休宁民情之习惯 ……………………………………… 227
休宁风俗之习惯 ……………………………………… 231
休宁绅士办事之习惯 ………………………………… 235
婺源民情之习惯 ……………………………………… 238
婺源风俗之习惯 ……………………………………… 244
婺源绅士办事之习惯 ………………………………… 249
祁门民情之习惯 ……………………………………… 253
祁门风俗之习惯 ……………………………………… 256
祁门绅士办事之习惯 ………………………………… 260
黟县民情之习惯 ……………………………………… 262
黟县风俗之习惯 ……………………………………… 265
黟县绅士办事之习惯 ………………………………… 267
绩溪民情之习惯 ……………………………………… 269
绩溪风俗之习惯 ……………………………………… 273
绩溪绅士办事之习惯 ………………………………… 290

后 记 …………………………………………………… 295

卷一　示谕

到任裁革门丁谕

照得门丁需索门包①，本属大干例禁。本府初学作吏，事必躬亲。凡门丁执帖、签押诸名色一概革除，至承上启下之机关则延用士人为之。凡官绅来谒见者，通名立即延请。一切公牍随到随呈，不准片刻迟留。所用仆人，自发工食，不准妄索一钱，如有招摇需索者许指名禀究。其有意存尝试欲见好于仆役者，本府一经查觉，定照与受同科②惩处。勿谓言之不预也。切切！此谕。

计开禁例六条：

一、门丁既裁，何所谓之门敬？官绅来谒见者，通名立即延请，非家人所能进止。亦万勿假之辞色，致生若辈豕心。

一、本府日坐堂皇治事，该书等如有紧要事件，许即径行禀请，以省曲折。例行公事仍由启事官收发登簿。

一、房班书差③不准与本署家人私相往来及附耳密语等事。

一、以财营求无非意存曲徇，不知本府事悉亲裁，他人何从置喙？况与受同科定例具在，何苦以有用之银钱又买此不韪之罪名？

一、绅民禀呈事件当用正式陈诉，公事则公言之。凡从邮局私递或匿名密告事件一概不收，以免误会。

一、宅门内外关防④宜严，非本署人概不准擅自出入及私自容留、寄宿等事，犯者立惩。

谕代书⑤、承发房⑥写生文

照得民间词讼为官民最亲切之事，断不容从中取利生出种种弊端。近日民情幻诈，在官人役因讼索费诚所不免，而刁民借此生波以为挟制地步，或无中生有使尔等受不洁之名，亦属可恶。叠奉宪饬，非切实搜剔不可。该

----

① 门包：贿赂守门人的财物。

② 与受同科：行贿和受贿之人受到同等的处罚。

③ 书差：即书吏。内外衙门吏员之统称。

④ 关防：防备，防范。

⑤ 代书：以代人撰写禀帖诉状等为业的人。

⑥ 承发房：清代地方政府机构中设置的文书管理机构，专管文书收发事宜。

代书等缮写呈词,来稿者费若干,依叙者费若干,该承发房挂号费及各房发行费、值日差费若干,着即一一据实禀明,不准稍有隐饰。本府已确有所闻,将两相比较从中定价,榜示周知。尔书役等原不能枵腹从公,凡我百姓亦不致因讼受累,与者、受者皆可告人,此两利之事也。为此,谕仰该书等一体遵照,限三日内禀覆核办,勿稍隐匿干咎。切切! 特谕。

禁演淫戏示

为严禁淫戏事:照得美人蔓草,思本无邪;优孟衣冠,义存谲谏①;郑滥淫志,宋燕溺志②,盖声音与政相通。河西善讴,齐右善歌,惟戏曲感人最易。揆厥初哉,义兼劝戒;世风日下,古乐销沉。非蛇朝再世,难免屡憎于人;即傀儡登场,亦且冶容以诲。举国若狂,司空见惯,其害及世道人心殊非浅鲜。本府下车伊始,以维持风化为己任。凡一切艳情小说、淫荡戏出,概不准登台试演,自取罪戾。其有能采古今忠臣孝子、奇男子、奇女子之嘉言美行谱入新声、开通风气者,则非惟梨园之翘楚,抑亦社会之嘉禾,本府当赏给银牌以奖励之。除传谕各戏班具结不准再演淫戏外,为此,申明禁令,仰阖属士绅人等一体查照。后开各戏目永远不准点演。令出惟行,俗以渐化。登徒子原非好色,不过滑稽之寓言;敬新磨③意在规时,毋为优俳所窃笑。詹詹小言。切切! 特示。

劝禁缠足示

为剀切劝导事:照得中国痼习为环球所诟病者有二:曰吸烟,曰缠足。而缠足之苦、之愚、之不近人情,视吸鸦片烟为尤甚。查缠足之陋习,或以为创自李宵娘④,或以为创自潘贵妃⑤,其是否不足深辨。大抵习非成是,习恶

---

　　① 优孟衣冠,义存谲谏:指楚相孙叔敖死后,艺人优孟着其衣冠,仿其神态,使楚庄王起用孙叔敖子,助其脱离困苦之义事。事见《史记·滑稽列传》。谲谏:以旁敲侧击的方式对君主尊长进行劝谏。

　　② 郑滥淫志,宋燕溺志:语出《礼记·乐记》:"郑音好滥淫志,宋音燕女溺志。"指郑国的音乐使人心志放荡,宋国的音乐和燕国的女子使人心志沉湎其中。

　　③ 敬新磨,五代后唐人,庄宗宠爱的优伶之一。他善于规劝庄宗,于时有补,故有"善俳"之名。

　　④ 宵娘,南唐后主李煜嫔妃。用白帛裹足,身轻如燕,创金莲舞。

　　⑤ 潘贵妃,即潘玉奴,南朝齐废帝萧宝卷妃,小脚美人。

为美,习茹为薰,则无贵贱贤愚,几成牢不可破之积习。昔人之爱其女也持其踵而护惜之,今人之爱其女也持其踵而戕贼之,抑可谓智不如葵者矣。我世祖章皇帝定鼎燕都则议除之,奈当时臣工识见不远,又视为无足重轻之事,此禁遂弛,识者惜之。恭读光绪二十七年十二月二十三日皇太后懿旨:"妇女缠足有伤造物之和,嗣后缙绅之家务当婉切劝导,使之家喻户晓,以期渐除积习等因。钦此。"我皇太后、皇上宵旰忧劳,无时不以民间疾苦为念,乃至区区缠足一事致上烦九重廑虑,然究不忍悬为厉禁,使蠹吏奸胥或借端以生事。谁非臣子? 谁无妻女? 读此诏书而不幡然变计者,天下无此慈父母也! 徽郡为江左声明文物①之邦,其山峭厉,其水清洁,其士人尚节义,其女子尤以勤俭称。本府入境以来沿途考察,闻祁、黟之俗,同巷相从夜绩②,一月得四十五日③,此风至今未改;歙、休之俗,居乡者数月不见鱼肉,其荆布裙钗④、提瓮而汲⑤、烧笋而饷者比比也,未尝不叹其风俗之美。田家之苦,独缠足一事尚狃于积习而不悟其非,甚至三五岁垂髫稚女无不足曲拳而行跛倚者,本府恻然悯之。今与士大夫约:务各父劝其子,兄劝其弟,夫劝其妻,呼寐者而使觉,提醒⑥者而使醒。其年老骨折者听其自便;其十五岁内外之女子,已缠者速行释放,未缠者万勿自寻苦恼。移此缠足之光阴、之功夫,使之识书算、读经史,略知宇宙变迁之大势,较之束缚其筋骸、摧残其肢体、动作需人扶掖者,其优劣奚若此,不待智者知也。若以本府之言为未足深信,本府更现身说法,为都人士一道之:本府有女三人,皆纍纍大足也。长女、次女六七岁时,初亦未能免俗,聊复尔尔⑦。继见其日夜号泣,筋骨腐烂,深以废学为惧,则毅然开放,一任其距跃三百,曲踊三百⑧,而体乃日健,而学亦大进。长女前在京师充四川女学堂总教习,继又组织一怀新学社,成就人才无算,此不缠足之明效大验也。都人士试思之,缠足有何利? 不缠足有何害? 而尚游移不决乎! 合特明白晓谕,为此,示仰合属缙绅士庶人等一体知悉,嗣后务各以身作则,婉言劝导,相与除此陋习,以立家庭教育之基础。本府

---

① 声明文物:谓声教文明与典章制度。语出《左传·桓公二年》:"文物以纪之,声明以发之。"

② 相从夜绩:聚集在一起,晚上一同纺麻织布。绩:把麻搓捻成线或绳。

③ 一月得四十五日:一个月可以做四十五天的活。

④ 荆布裙钗:一般写作"荆钗布裙"。荆枝作钗,粗布为裙。形容妇女装束朴素。

⑤ 提瓮而汲:指妇女修行妇道,甘于贫苦。典出《后汉书》卷114《列女传·鲍宣妻》。

⑥ 醒:喝醉了神志不清。

⑦ 聊复尔尔:姑且如此而已。同"聊复尔耳"。

⑧ 距跃三百,曲踊三百:指欢欣之极。典出《左传·僖公二十八年》。

有厚望焉。毋违。切切！特示。

破除迷信示

为出示晓谕事：据礼房禀称"清明日、七月十五日、十月初一日，俗谓之三元会，中元会向在本署宜门外招僧道多人设坛诵经"等语，本府闻之愕然，不解其故。查中元令节例有小祭，意在驱逐游魂，禳除沴戾①，此亦守土者所有事，但此事须在厉坛②举行犹属名正言顺，断未有堂堂衙署铙鼓齐鸣作盂兰之大会者，历任太守謇谔亮直者代不乏人，何以不为纠正？殊不可解！本府奉命来守是邦，凡淫昏之祀、无益之费将一切罢黜之。若以法堂而作道场，无论大骇物听，为有知觉、有血气者所窃笑，试问若敖虽馁③，其敢张牙翕舌出出嘻嘻向公堂而求食乎？且本府于佛经梵语向未问津，所谨守服膺者圣门之戒而已，聚无数髡缁④喃喃作咒，尚复成何政体？此则硁硁之见，不能不宣布于大廷广众者也。江南风气，佞神媚佛习为固然，或舁一木偶出巡名曰赛会，或悬一画容供养名曰建醮⑤。遇有丧祭周诞等事则穷奢极欲，虽破产亦所不恤。掷脂膏于虚牝，乞冥福于刍灵⑥，耗财废事莫此为甚。此等风气徽郡恐亦不免。除本月中元节已饬另行择地致祭外，合特明白晓谕，为此，示仰阖属士庶人等一体遵照，此后一切浮靡浪费、无裨公益之事即行革除，以破迷信而挽浇风。本府有厚望焉。切切！特示。

招考书记生牌示

照得各邑士民因事来控例有代书二名，缮就盖戳，具呈人当堂投讯，历经饬办在案。惟查代书一项，改头换面无非胥吏化身，噬瘦吮肥仍未脱讼师

---

① 沴戾：因气不和而生之灾害。引申为妖邪或瘟疫。

② 厉坛：祭无祀鬼神的坛。

③ 若敖虽馁：若敖氏的鬼受饿了。若敖，春秋时楚国的若敖氏。语出《左传·宣公四年》："鬼犹求食，若敖氏之鬼不其馁而？"

④ 髡缁：亦作"髡缁"。指僧尼。僧人穿黑衣，故称。

⑤ 建醮：旧时僧道设坛为亡魂祈祷。

⑥ 刍灵：用茅草扎成的人马，为古人送葬之物。

习气,积久蛊生,不得不实行陶汰。本府今定议招考书记生,于三、八放告①日期来署伺候,由控诉人依事直说,书记生依口直写,以事理明白为止。其来稿照写者,词尾须注明作词人,浑称来稿者不理。所有从前代书名目即行革除,以杜弊窦而清讼源。合行牌示,仰阖属士民人等一体知悉,有愿充是项书记生者,定于本月二十日来辕听候命题考取。毋误。切切! 特示。

文庙升大祀牌示

恭照先师升为大祀典礼事宜历经颁发在案。本届秋祭典礼有姑从缓议者,有即宜遵行者。殿门覆黄瓦,神牌金地青书,尊用金,爵用玉,乐舞用八佾,此时似难咄嗟立办,不得不暂从简略,此姑从缓议者也。大成殿祭品加笾二、豆二,崇圣祠加牛一、笾二、豆二,府厅州县承祭官出入由右侧门,不饮福受胙,翰林院新撰祭文,此即宜遵行者也。惟尚有亟须讲求者数事:神幄案衣有无积尘,其加意蠲洁之;宫墙内外有无茂草,其加意剃除之;两庑先贤神牌有无凌躐,其加意安奉之;登、铏、簠、簋、笾、豆之属有无残缺,其加意厘正之。本府从大夫之后以襄祀事,荣幸无似,视牲之日当敬谨瞻礼焉。若夫庭燎之设尤关典礼,日前致祭梓潼帝君②,庭燎不设,以一编菅、一秉秆③了之,殊属不成事体。此次丁祭尤要其速饬樵苏,焚馨辣,盖不独以之肃观瞻,亦借以通胐蠲而达焄蒿④也。逮闇⑤而祭,有司跛倚以临;问夜何如,君子鸾锵至止。何去何从,无俟烦言。除分行府学、歙县知照⑥外,合特牌示,仰与祭人敬谨遵照。无违。切切! 特示。

---

① 放告:旧时州县衙门定期挂牌准予告状的做法。清前期定每月逢三、六、九日为放告日,后期定每月逢三、八日为放告日,直至光绪三十二年(1906)司法改革前。

② 梓潼帝君,即文昌帝君,全称"文昌梓潼帝君"。道教所奉的主宰功名、禄位之神。

③ 一编菅、一秉秆:极言祭祀之简单潦草。编菅:盖屋的茅苫。语出《左传·昭公二十七年》。

④ 焄蒿:祭祀时祭品所发出的气味。后亦用指祭祀。

⑤ 逮闇:在天未亮时。逮:及。闇,同"暗"。天未亮。《礼记·礼器》:"季氏祭,逮闇而祭,日不足,继之以烛,虽有强力之容,肃敬之心,皆倦怠怠矣。"

⑥ 知照:通知。旧时下达公文用语。一般亦作"一体知照""一体知悉",即一律通知照办、一律通知知悉。

冬防告示

丁米冬防，壁垒一新。分段【段】设灯，彻夜梭巡。鸣锣击柝，曲突徙薪①。共处里闾，守望相亲。夜间聚赌，尤属莠民。猩猩好酒，终戕其身。烟馆虽闭，或恐因循。得规包庇，立罚苦辛。嗟尔捕保，抖擞精神。勿贪酣睡，勿庇宵人。勖哉绅董，既富宜【且】仁。地方自治，此其舟津。

禁赛灯示

顷闻岩镇，定期赛灯。哄动愚民，啸聚飞腾。花钱惹祸，是可哀矜。恃众故违，尤属不应。何人为首，城社是凭。按名提案，尽法严惩。特再告戒，其各兢兢。姑息养奸，本府不能。

谕书差戒烟文

照得戒烟一事禁例甚严，"十年限满"此系为六十以上老有废疾者而言。近奉朝廷严旨，凡大小官员一律戒除，皆须出具切结。尔书差等均系庶人，在官尤当谨遵法律，其有素染烟癖者，亦即自行陈明。本府并不苛求，限一月内实行戒断，照旧当差；其有互相隐瞒者，本府一经查出定即责革不贷。戒烟并非难事，林文忠公②忌酸、补正二方最为有益无害，近日海上【上海】所售亚支奶戒烟药亦曾经化验无吗啡毒质，皆可购服。总之，无论何药皆可戒除，只在此心有恒。有饿死冻死之人，断无瘾死之人；有吸烟日瘦弱之人，断无戒烟后不强壮之人。此理至明，一望而知。若因循不戒，再迟数年，试问腰缠十万将从何处购买乎？尔等其细思之。切切！此谕。

---

① 曲突徙薪：把烟囱改建成弯的，把灶旁的柴草搬走。比喻事先采取措施，才能防止灾祸。

② 林文忠公，即林则徐（1785—1850），字元抚，又字少穆、石麟，福建侯官（今福建省福州）人。清朝后期政治家、思想家和诗人。曾官江苏巡抚、湖广总督、两广总督、陕甘总督、云贵总督等，两次受命为钦差大臣。因主张严禁鸦片、抵抗西方侵略、坚持维护国家主权和民族利益深受中国人敬仰。

严禁烟馆示

照得开灯烟馆勒限六月底一律闭歇,历经颁示晓谕在案。近奉各大宪谆谆告诫,至再至三。闻天津、上海、汉口各埠凡以烟馆为生活者,无不幡然改计,舍其旧而新是谋。环球耸听,耳目一新,我国民进步之速即此可见一斑。徽郡处万山之中,地瘠民贫,生利者少,分利者多,自当以痛除烟害为求治入手之办法。近据各县禀报,凡开灯烟馆遵限一律闭歇。本府何忍以不肖之心逆测我百姓,惟恐无知愚民得过且过,旦夕偷安,沉迷不返。其尤黠者,或勾结吏胥虎前作伥,或改换门面壁后置人,或昌言①文诰不足畏,法律不足恃,招致无数惰民虮处于覆舟漏室之中,致有野蛮之举动,似此莠民岂容姑息? 本府执法无私,除恶务尽。其悔过自新者,则是朝廷之好百姓,本府之好子民,本府当矜之恤之教育之;其仍有梗顽不化者,则是不有本府之言也。不有本府之言,是直抗朝廷之命令也,本府则选健卒,挟怒弩,破柱以取张朔,排闼以逐飞廉,虽受苍鹰乳虎②之恶名亦所弗恤,决不能呴呴呴呴为妇人女子之仁也。除札行六县实力铲除外,本府并派委密查,以求实际而去欺蒙。合再明白晓谕,为此,示仰阖属士绅人等一体查照,劝禁其以烟馆为生涯者速速改图他业,毋再存死灰复燃之梦想。经此次申示以后倘仍不知悛改,则是冥顽不灵③,自甘化外,一经查明,定即饬拿到案,烟具销毁,房封入官,轻则量予科罚,重则发充苦工,其勿悔。切切! 特示。

物产会开会示

为物产开会定期晓谕事:案奉宪饬,南洋区域各属均设物产会,以本管府为监督。徽州府物产会会场设在屯溪地方孙怡泰茶行,一切征品筹款事宜业经本府遴委绅商并札饬各县筹办在案。徽州为皖南望郡,代产伟人。图书一部分中,先儒著作之宏富,大江以南实无伦比。又天产富饶,商力充厚,故我国有"无徽不成镇"之谚,此环球所公认也。徒以交通不便,风气未开,以今视昔,遂不免简陋自安,利源外溢。久郁思嚏,久仆思起,此其时

---

① 昌言:直言无讳。
② 苍鹰乳虎:借指执法严酷的官吏。典出《史记·酷吏列传》。
③ 冥顽不灵:形容愚昧无知。冥顽:愚钝无知。

矣。现计我徽所有天产、工艺、美术、教育各种物品，经会员博采旁搜，均已灿然大备。会场内一切装饰陈列、招待来宾各事宜，亦经布置完密。并罗致嘉卉文禽①，预备灯彩花炮，以助游人之兴味而鼓动全体之精神。本府兹定于十一月初八日为物产会开幕之期，以腊八日而止。合特出示晓谕，为此，示仰阖属绅商士庶人等一体知悉，此次物产会，本府专以"惟土物爱"四字为宗旨，与各埠赛珍会、展览会用意迥不相同。凡饮食日用所必需，无论卖品、非卖品，皆得赴会陈列，以资比较而求进步。开会时间任人观览，惟不得紊乱秩序，致干查究。勖我商民联翩至止，共谋进益，共膺褒赏。本府有厚望焉。切切！特示。

物产会颁发奖品示

为出示给奖事：照得宣统元年，奉南洋商督宪札饬创办物产会，征集物品送宁陈赛，曾于十一月初八日在屯溪地方开会，禀奉遴员、审查、评定分数、请奖在案。兹于本年七月二十二日，奉督宪核定颁发奖牌，由事务所转送到府。查徽州府属奉发金牌五面，银牌十七面，铜牌五十九面，证明书共八十一张，东南尽美，耳目一新。应即于八月初一日按名正式授奖。除行县知照外，合行出示召集，仰出品人一体知照，届期来辕只领，同膺褒赏。毋违。切切！特示。

计开：

歙县出品人、品名、等级、奖牌：

许鸿熙柏子	三等铜牌
许鸿熙五倍子	三等铜牌
汪培玉金星砚	三等铜牌
汪存源虾蟆丸	三等铜牌
吴清泉茶菊	三等铜牌
程源镂油画兵船图	三等铜牌
许鸿熙白煤	三等铜牌
汪恒昌罗绢	三等铜牌
汪正大罗绢	三等铜牌
程聚泰铜器	三等铜牌

---

① 文禽：羽毛有文彩的鸟。鸳鸯、紫鸳鸯、锦鸡、孔雀皆可称为文禽。

休宁县出品人、品名、等级、奖牌：

农业公司肥丝	一等金牌
胡开文百寿图墨	一等金牌
黄锡祉肥丝	一等金牌
永记茶号凤眉	二等银牌
同昌永茶号娥眉	二等银牌
洪士翘制茶模型	二等银牌
洪士翘水碓模型	二等银牌
协和树艺公司蚕茧	二等银牌
协和树艺公司蓝条稀布	二等银牌
大盛公司芦通布	二等银牌
裕生纺织厂提花蓝布	二等银牌
李祥记茶号贡珠	二等银牌
同德仁鹿茸	二等银牌
协和树艺公司毛巾	三等铜牌
珠里纺织传习所甬布①	三等铜牌
万成织布厂花布	三等铜牌
甘正才织布竹梳	三等铜牌
江同源白铜四眼壶	三等铜牌
程合记春石耳	三等铜牌
程合记春鹿角	三等铜牌
程合记春野神	三等铜牌
程合记春茯苓	三等铜牌
宁振丰葛精	三等铜牌
宁振丰京庄火腿	三等铜牌
石翼农黄精	三等铜牌
石翼农祁术②	三等铜牌
经余堂藕粉	三等铜牌
应仁丰炉底锡	三等铜牌

----

① 甬布：用改良布机制作的新式土布的俗称。由清光绪三十二年（1906）宁波鄞县人王承淮首先尝试并获成功而得名。

② 祁术：白术的一种，因产于祁门而得名。以块茎入药，具有补气健胃、补血、壮筋等功能。

阮德兴炉底锡	三等铜牌
黄竹笙铜矿	三等铜牌
涂期和金矿	三等铜牌
同昌永毛峰茶	三等铜牌
邵鸿恩山水四帧	三等铜牌
胡茹易罗经	三等铜牌
黄莹花卉四帧	三等铜牌
吴得新纸质兰花	三等铜牌
吴得新纸质珠兰	三等铜牌
周海呈梅花	三等铜牌
王桂香女士通草	三等铜牌
王桂香女士通草盆花	三等铜牌
恒大成生漆	三等铜牌

王文焕

南先学校学生 吴国彦 铅笔画 三等铜牌

章钟桂

婺源县出品人、品名、等级、奖牌：

大济公司花条布	二等银牌
大济公司条希布	三等铜牌
宋氏宋家锁	三等铜牌
江铁臣龙尾砚	三等铜牌

祁门县出品人、品名、等级、奖牌：

胡培春磁土	二等银牌
胡叙生磁土	三等铜牌
王兰馨红茶	三等铜牌
王成义红茶	三等铜牌
公顺昌红茶	三等铜牌
胡元龙红茶	三等铜牌
汪广洲红茶	三等铜牌
胡邦达丝线	三等铜牌
姚受锐祁术	三等铜牌

黟县出品人、品名、等级、奖牌：

高元青石笛	三等铜牌
余毓元石墨	三等铜牌

绩溪县出品人、品名、等级、奖牌：

程敷楷国、省、府、县图四帧	一等金牌
胡继本细丝	一等金牌
程全紫晶矿石	二等银牌
程全黄金矿	二等银牌
江严远铅笔画	二等银牌
程国桢橡树	二等银牌
程国桢樟树	三等铜牌
程国桢家野禽图	三等铜牌
程国桢益害虫图	三等铜牌
汪正才竹火笺	三等铜牌
程志寿竹提篮	三等铜牌
涌春天香枣	三等铜牌
胡仲韶女士绣镜套	三等铜牌
程敷模植物标本	三等铜牌

卷二

批判·吏科

祁门县耆绅黄钟祺等禀批

　　古之为循吏者，所居无赫赫名，而去后常见思。故召伯甘棠①、栾公粉社②，皆在其官既去之后。就吾徽言之，自何比干③、贺齐④以来，政迹可数者千百中不过一二，若羊欣⑤、任昉⑥、徐摛⑦、鲜于侁⑧、苏辙诸人，其尤著者也。其宰祁门者，如曹凤历任九年，立去思碑；陈翀奎历任七年，立祠祀之；路达被召，邑民趋朝留之；边塈解绶寄居，民戴之如始至。彼岂有意于求名哉？德泽之入人者深而。又累年积岁，必久任始克竟其志，其歌之颂之既去而思慕之宜也。今之为官者，皆以官为寄者也。官之视官也如传舍⑨，民之视官也如过客，如浮萍飞絮之适相凑合，去留聚散，两无所动于其中。其教猱升木⑩、陷人作阱者姑不具论，其偶有天良发见者，则民方且以神君佛子呼之，甚至旌旗夹道，鼓乐喧阗，脱靴⑪于门，攀辕⑫于道，送德政扁额，作长生禄位，名宦祠中几无下足之处。呜呼！岂古之循吏少而今之循吏多哉？饥者易食，渴者易饮，有由然也！本府到任瞬四逾月，一无措施，一无表见，惟是

---

　　① 召伯甘棠：典出《史记·燕召公世家》："周武王之灭纣，封召公于北燕……召公巡行乡邑，有棠树，决狱政事其下，自侯伯至庶人各得其所，无失职者。召公卒，而民人思召公之政，怀棠树不敢伐，歌咏之，作《甘棠》之诗。"后遂以"甘棠"称颂循吏的美政和遗爱。

　　② 栾公粉社：即"栾公社"，典出《史记·季布栾布列传》："（栾布）以军功封俞侯，复为燕相。燕齐之间皆为栾布立社，号曰栾公社。"后因以为祭祀功臣的典故。

　　③ 何比干，字少卿，汝阴（今安徽阜阳）人。曾任汝阴县令，丹阳都尉，汉武帝时任廷尉正。审判案犯时，着重证据和调查研究，史称"狱无冤囚"，得到人民爱戴，百姓称他为"何公"。

　　④ 贺齐（？—227），字公苗，会稽山阴（今浙江绍兴）人，三国时期吴国名将。少为郡吏，有政声。

　　⑤ 羊欣（370—442），东晋、南朝宋时泰山人。王献之之甥。

　　⑥ 任昉（460—508），字彦升，小字阿堆，乐安博昌（今山东寿光，一说山东广饶）人。

　　⑦ 徐摛（474—551），字士秀，一字士绩，东海郯（今山东郯城）人。摛幼而好学，及长，遍览经史。起家太学博士，迁左卫司马。

　　⑧ 鲜于侁（1018—1087），字子骏，四川阆中度门镇人。宋仁宗景祐元年（1034）进士，累官至集贤修撰。为官清正、干练，苏轼称其为政"上不害法，下不伤民，中不废亲"。为诗平淡渊粹，擅作楚辞，著有《诗传》《易断》。

　　⑨ 传舍：往来官吏休息食宿之地。原为战国时贵族供门下食客食宿的地方。

　　⑩ 教猱升木：教猴子爬树。喻教唆坏人干坏事。猱：猴子的一种。

　　⑪ 脱靴：典出《旧唐书·崔戎传》："将行，州人恋惜遮道，至有解靴断镫者。"后来即用为故事，表示百姓对去任地方官的挽留。或脱去旧靴，换上新靴，以示遗爱。

　　⑫ 攀辕：典出《东观汉记》："第五伦为会稽太守，为事征，百姓攀辕扣马呼曰：'舍我何之？'"形容热情挽留，不肯放行。

昕宵^①自警。与寅僚^②孜孜求治之心，非惟不敢求知于上官，抑不敢谓告无罪于百姓。绕室彷徨，深滋愧悚。该代令匝月之间口碑载道，该绅既有借寇^③之请，本府亦自幸有知人之明，闻之甚为佩慰。惟瓜期^④既至，宪檄已颁，此则有朝廷之成例在。新任赵令谙练朴诚，任事尚勇，本府亦稔知之二三，子不患无贤使君之戾止^⑤也。顾本府犹有为诸君进一解者：仲氏闻过则喜^⑥，昌黎闻誉则忧。该代令其勤求治理，毋以此侈然^⑦自足；其有不及者，尤愿该绅耆等相助为理^⑧，共济时艰。毋徒为善颂善祷^⑨之词，且以收如切如磋之益也。至所请转详之处，应毋庸议。候录批札行所属各县，以励同寅^⑩而风有位^⑪可也。此批^⑫。

歙县南乡董事生员胡熙禀批

忽谈因果，忽谈阴律，忽谓赌棍挟仇，忽谓商会倚势，东扯西拉，令人不可捉摸，其挟嫌倾轧之隐情显然可见。且有一事即有一责成，辞责成而不辞董事，安用此不董事之董事？又安用此无事生事之董事？究其目的所在，无非虑革去生董，遂有此种种恐怖之现象。仲长统^⑬谓："倮虫三百，人为最劣。"本府引伸其说曰："倮虫三百，董事为最劣。"此本府有感而言，非专责备

---

① 昕宵：早晚。犹言终日。

② 寅僚：同僚。

③ 借寇：指地方上挽留官吏。寇，指寇恂。典出《后汉书》卷16《邓寇列传·寇恂》。

④ 瓜期：原指戍守一年期满。后用以指官吏任期届满。

⑤ 戾止：来到。《诗·鲁颂·泮水》："鲁侯戾止，言观其旂。"

⑥ 仲氏，即仲由，字子路，又字季路，春秋末鲁国卞（今山东泗水）人。孔子弟子，以政事称。《孟子·公孙丑上》："子路，人告之以有过则喜。"

⑦ 侈然：骄纵貌；自大貌。

⑧ 相助为理：理：料理。指帮助料理事物。《后汉书·严光传》："光卧不起，帝即其卧所，抚光腹曰：'咄咄子陵，不可相助为理邪？'"

⑨ 善颂善祷：善于颂扬和祈求。谓能寓规劝于颂祷之中。《礼记·檀弓下》："北面再拜稽首。君子谓之善颂善祷。"

⑩ 同寅：同僚；旧称在一个部门当官的人。

⑪ 有位：居官之人。

⑫ 此批：特此批示之意。一般用于上级机关对于下级机关"请示"或"报告"的批示的结尾，以作为批示全文的结束。凡批示，一般开头均用"呈悉""前呈已悉"等一类用语，最后用"此批"结束全文。

⑬ 仲长统（179—220），字公理，山阳郡高平（今山东省微山县）人。东汉末年哲学家、政论家。

该生者也。惟君子不以人废言,饼肆、葱坊亦不可无葑菲、刍荛之采①。所陈富丁、上口等处戏场聚赌,有无其事,仰歙县查访明确,提案究办。该生平日有无挟私妄渎情事,亦即据实具覆核夺。切切! 禀发即缴。

经历②陈元彬禀批

禀悉。据称梁县丞庆藩流寓此间,又无力起复③,致饔飧④不继,短褐⑤不完,有索我枯鱼⑥之景象,闻之甚为悯恻。属在同舟,皆当援手。惟所请谕饬蔡令函致各县集资佽助一节,再四思维,事恐窒碍难行。无论登高一呼未必众山皆应,即有勉强敷衍者,蹄涔⑦升斗岂能起枯鳞而飞腾之? 爱莫能助,本府惟有扪心惭愧而已。蒿目时艰⑧,官民交困。今日是治生时代,非依赖时代。该县丞虽暂时⑨困踬⑩,其抖擞精神以图之,勿自馁也。仰即知照,并转谕该县丞知之。缴。

歙县江苏补用知县鲍振炳禀批

缿筒⑪告密盖自赵广汉作俑以来,识者已知其决婴非常之酷报,不意其流毒以至于今日也。该职迭被诬蔑,显有三五宵人挟嫌妄讦。此辈得志,从

---

① 葑菲、刍荛之采:不可因葑菲根茎味苦而连叶也不采,打柴人的意见也有可取的。刍荛:割草打柴,也指割草打柴的人。

② 经历:官名。清朝都察院、通政使司、布政使司、按察使司等皆置经历,职掌出纳文书。

③ 起复:明清时期官员父母丧服满期后补官或降官后又复职。

④ 饔飧:饭食。

⑤ 短褐:粗布短衣,又称"竖褐""裋褐"。短:通"裋""竖",竖裁之意,即通裁的上衣。"竖"也有童仆之意,故"竖褐"也称童仆之服。褐:麻料、兽毛编织物。

⑥ 索我枯鱼:典出《庄子·外物》:"周昨来,有中道而呼者。周顾视车辙中,有鲋鱼焉。周问之曰:'鲋鱼来! 子何为者邪?'对曰:'我,东海之波臣也。君岂有斗升之水而活我哉?'周曰:'诺哉,且南游吴越之王,激西江之水而迎子,可乎?'鲋鱼忿然作色曰:'……吾得斗升之水然活耳,君乃言此,曾不如早索我于枯鱼之肆矣!'"后因以为典,喻困境、绝境。

⑦ 蹄涔:指容量、体积等微小。

⑧ 蒿目时艰:对时事忧虑不安。蒿目:极目远望;时艰:艰难的局势。

⑨ 暂时:一时;短时间之内。

⑩ 困踬:受挫,颠沛窘迫。

⑪ 缿筒:古代官府接受告密文书的器具。典出《汉书》卷76《赵尹韩张两王列传·赵广汉》:"又教吏为缿筒,及得投书,削其主名,而托以为豪杰大姓子弟所言。"

此五百夜叉个个吹风放火,烁烁①夔夔②,怪怪奇奇,盖未可量。惟此等伎俩足以惑聋瞆,断不足淆清听。公道自在人心,似不值与若辈争闲气。生木必松柟,勿生钩吻;生物必凤麟,勿生枭獍。茫茫富媪③,岂能尽如人愿?至所称《申报》载邀人上控一节,更属无稽谰语,或者弄巧成拙,终有作法自毙、请君入瓮之时,幸勿介意可也。希即知照。此批。结姑存。

代书李正本禀批

吴旺科系一乡愚,老拙惄怜,初与该代书无冤,亦未供及每次出费若干。本府偶讯及之,据供"六元、五元、三元都交李正本手"等语,本府始令某自行找回。既念吴旺科异地乡民,其力、其辩断不足与猾吏相抗,又奚能猫口挖鳅、完璧归赵?即经批示斥革追究在案。该代书不知服罪,希以辩胜求与吴旺科对质,又辗转脱卸④于歇家⑤黄姓身上,可谓积猾⑥。除歇家是否代书化名姑免深究外,着即将三次浮收洋元限两日内缴案,听候充公,再行核办。违即发县押追不贷。懔之!切切!此批。

休宁县刘令敬襄详批

既据录案详请⑦,应准先行销案。洪扬铃听唆上控固属刁狡,汪长清不控之印官⑧,乃控之于捕衙,不知有人指引否?乡民不谙例章,该典史岂不知之?书差需索讼费,此辈鬼蜮伎俩层出不穷,精神稍有不到,即难免受其欺朦。无论约束严明与否,此擅受之名适予人以攻讦之柄,何如恪守官箴之为

———

① 烁烁:闪光的样子。

② 夔夔:敬谨恐惧的样子。夔:古代传说中的一种龙形异兽。商周铜器上多夔状纹饰。

③ 富媪:地神。《汉书·礼乐志》:"后土富媪,昭明三光。"颜师古注引张晏曰:"媪,老母称也;坤为母,故称媪。海内安定,富媪之功耳。"

④ 脱卸:解脱;开脱推卸。

⑤ 歇家:旧时专营生意经纪、职业介绍、做媒作保、代打官司之人。

⑥ 积猾:一贯奸猾不逞之人;巨恶。

⑦ 详请:上报请示。清黄六鸿《福惠全书·清丈·清丈余论》:"亦须详请批允而后行。"

⑧ 印官:明清制度,从布政使到知州、知县等各级地方官皆用正方印,故称"正印官"或"印官"。其他临时差委以及非正规系统官员,则用长方印。

得也！并传谕该典史知之。切切！此缴①。词存。

绩溪县张令廷权详《政治事实表册》批

据详已悉。查表内填列思诚小学中教习有程宗泗一员,该教员曾赴日本留学何时回国？现在是否仍充该校教习？岂曾参杜子夏偶尔姓名相同②？抑该员吸取文明潮流化作百东坡耶？仰即查明具报,并将十月份表册刻速填送,勿稍含糊！切切！此缴。表册存。

绩溪县张令廷权禀批

据禀已悉。养正学堂并未开办,该前县率请立案,其用意真不可解。就此事而推言之,每月有事实表、功过表、词讼册,又有命盗、押犯、监犯册,立法之初何尝不周匝严密,滴水不漏。着实推敲、实力奉行者百不获一,随意填写、隐匿欺朦者实居多数。是直以胥吏传钞之手为涂饰耳目之具。新衙门、新局所犹以为未足也,又催造各项表册,乃纸上空谈,仍无实际。漆园叟所谓:"克核③太至,则必有不肖之心应之。"此可为浩叹者也！仰即督同正绅赶紧妥筹办理,禀报察核。仍候各宪批示。缴。

礼科写生朱从义等禀批

自岁科试停止以来,凡衣食事畜于其间者生机顿绝,皆累累有丧家之泣,不独该科为然也。该科承办学堂事件,各前府准拨津贴款本无多,僧多粥少,又不准托钵募化,所禀办公清苦自是实情。惟中学堂已有辛工,未便

---

① 此缴:缴还的意思。古代下行公文中的用语。一般是在上级机关批发下级机关的来文,并将来文一并发回原机关时使用。

② 杜子夏偶尔姓名相同:指汉代杜邺、杜钦姓字相同之事。典出《汉书·杜钦传》:"钦字子夏,少好经书,家富而目偏盲,故不好为吏。茂陵杜邺与钦同姓字,俱以材能称京师,故衣冠谓钦为'盲杜子夏'以相别。钦恶以疾见诋,乃为小冠,高广财二寸,由是京师更谓钦为'小冠杜子夏',而邺为'大冠杜子夏'云。"

③ 克核:犹言限制;逼迫。《庄子·人间世》:"兽死不择音,气息茀然,于是并生厉心。克核太至,则必有不肖之心应之,而不知其然也。"漆园叟即指庄子。庄子"尝为蒙漆园吏"。

买菜求益①,亦未便乞醯②市恩,应准仍在书院经费内再予按季提给鹰洋四元以为续加津贴,自本年春季始按季具领。着即遵照。此批。

署歙县学教谕秦宗荫禀批

披阅来禀,于近今政界现象洞若观火,可谓慨乎其言之。徒法不能以自行,其人存则其政举。举今日之沉疴丛瘵,一旦摧陷而廓清之,窃谓非张江陵、俾士麦一流人物不能也。清理词讼一层尤中肯綮,大抵早结一日,百姓即有一日好处。近日牧令中明允好手固亦有之,高坐堂皇、胸无点墨者亦复不少。一陇一缗之诉讼尚且莫究莫殚,其疑狱重案可知已茫茫四顾,安得千百鲜于布满天下乎? 该教谕趁此闲暇时光,其精研法政,多读有用之书,他日出而临民,当必不负本府之期许也。此缴。

黟县阎令希仁详批

据详。举职贡汪先甲孝廉方正并送册结到府,查封内仅有印甘结七套,事实册末【未】据同送,咄咄怪事。且此事与考察属员有别,该县并未加看,尤难核办。此项孝廉方正,歙、休、婺、祁、绩五邑迄未举得一人,足见人才之难。该县前已举过姚联达、姚铭恭二人,今又接续举报,岂该县士风之独厚耶? 若视为官样文章,不顾部院准驳与否,则大误矣! 仰该县核实办理,勿缺勿滥,是为至要! 此缴。供结③发还。

黟县阎令希仁详批

据详。补送汪先甲事实册结,姑候核转所请。到任未久,删除县看之处,核与前详两歧④。未及两月,业于姚铭恭案内加看。岂已逾两月,转不能加看耶? 且例不加考者,以未知其为守若何耳。今既称举报,即不能委为不知。否则,三月以后确乎真知灼见,然后详举亦不为迟,又何必哑哑? 为者,

① 买菜求益:意谓像买菜一样争论多少,比喻斤斤计较。
② 乞醯:典出《论语》:"子曰:'孰谓微生高直? 或乞醯焉,乞诸其邻而与之。'"微生高从邻居家讨醋给来讨醋的人,并不直说自己没有,对此,孔子认为他并不直率。引申为夺人之美而讨好别人。
③ 供结:已画押之供状。
④ 两歧:两种意见分歧;两种办法不统一。

仰即知照。仍将先后详举之姚铭恭、汪先甲二人是否行谊卓绝、堪膺是选，刻日切实报覆察夺，勿稍玩违！切切！此缴。册结存送。

歙县易令景袯禀批

既据查覆，徐承佑尚无劣迹可指，原出结官姑免置议。查乾隆元年议准"孝廉方正所举不实，除本人斥革追究外，出结各官照'滥举匪人例'议处"等语，又现行《通饬章程》"由督抚加意察访，遇有舆论不洽及各种情弊即立予扣除，并将所司照例严参"等语，本府善善从长①，原乐成人之美，舆论不洽，考成②綦重，亦不敢轻易下笔。所请加看、转详之处，仍无庸置议可也。缴。折存，原结七纸发还。

学务佐治官陈令元瑞禀批

来牍备悉。查该令月薪已据领至八月份止。检阅簿录，各该县批解存储之款寥寥无几。在各县，或以为府帖之烦数③；在该令，何以为既禀之取求？又据称"腊月薪水不敢虚领"等语，深合先事后食之意，本府极为钦佩。除排札飞催各县外，本府应即借垫六十两，连同前令、存储九十两，凑足九、十、冬三个月月薪之数先行颁发，以作该令膏秣【秣】之需，并以成该令高洁之志。希即查照登记。此缴。钤领存。

歙县内阁中书程锦稣等禀批

来牍具悉。所陈禁烟、巡警、查户口、自治各要政，此皆地方官应办之事。本府所属望④于易令者至厚且重。瓜期将届，舆诵翕然，足见此邦民风之厚、士绅望治之殷。属县得有贤君，冯翊喜可知已。既据通禀乞留，各宪谅能俯允所请。应候宪示遵行。希即查照。此覆。

---

①善善从长：称赞好的事情，遵从别人的长处。原指褒扬美德，源远流长。后用来比喻吸取别人的长处。善善：褒扬美德；从长：源远流长。

②考成：在一定期限内考核官吏的政绩。

③烦数：频繁；繁复。

④属望：期望。

绩溪县岁贡曹作朋禀批

既禀。所以称："事无米岂能为炊？有俸给便有责任。"凡事皆然。"名誉""义务"等字，此名士欺人之言，断断不能耐久。仰绩溪县立即会绅妥商，筹定的款拨给济用，勿误要政！切切！禀抄发。

卷三　批判·户科

歙县蔡令世信详批

据详已悉,准予立案。徽州商业以茶为大宗,闻近岁茶行亏折每至数十万元之巨,大半为日本、印度茶所夺。何者滞销?何者畅行?自当急筹抵制之方。何以会董、会员无一业茶?东伙似欠周密?仰传谕该总理鲍绅振炳联络一气,实行改良。其种植之方、烘制之方不妨参考西法,以挽回既失之利权。如是,始于商战之意义才不抛荒,才有着落。质之该会,以为然否?仍候各宪批示。缴。章程、履历存。

歙县生员巴锡麟等禀批

有立据价卖之人,便有出价受买之人;有当契商赎之理,更无卖契勒赎之理。此天下之公理也。生等谓祀产不保,尔族将不血食①是也。谁斩之?巴冠山、巴作周斩之也。冠山、作周非他,非生等之伯叔诸父,即生等祖若父之孝子顺孙也。推原祸始,岂不在于巴姓?查子孙盗卖祀产,例应加等治罪,买主不知情者不坐。生等不能将族丁申明约束,又不能送县究治,惟迁怒于出价受买之破衲僧人,有是情乎?有是理乎?王道不外人情,折狱②必本公理。尔谓:彼俨然僧官,岂罔知法度?我问:尔俨然秀才,岂不讲公理?至谓"该僧受业,譬买贼赃",此语尤属不通。然则该僧所买者非咏德祠之遗荫,乃盗跖③之食余也,是不独诬一阇黎④,抑且诬及尔清白之先人。尔第知洛阳纸贵,尔岂知公门一纸铁案如山,虽百世不能改乎?先生休矣!本府有牛渚之犀⑤在,不愿轻于一燃,使牛鬼蛇神无处容身也。且此案起衅之由,实由巴长庚毁塍拔秧而起。巴长庚抗传不到,已觉罪无可逭⑥。尔等挟串谋盗买问题以来问难,其用意之巧,设谋之狡,诚觉匪夷所思,谓非饰抵而何?仰

① 血食:受享祭品。
② 折狱:判决诉讼案件。
③ 盗跖:盗贼或盗魁的代称。
④ 阇黎:又译作"阇梨",梵语"阿阇黎(梨)"之省称,意为高僧,也泛指僧人、和尚。
⑤ 牛渚之犀:典出南朝宋刘敬叔《异苑》卷7:"晋温峤至牛渚矶,闻水底有音乐之声,水深不可测。传言下多怪物,乃燃犀角而照之。须臾,见水族覆火,奇形异状,或乘马车著赤衣帻。其夜,梦人谓曰:'与君幽明道阁,何意相照耶?'峤甚恶之,未几卒。"比喻洞察奸邪。
⑥ 逭:逃避。

歙县遵照前今批饬分别确讯,一面勒传巴长庚,治以毁伤田禾之罪;一面勒
传僧道成,当堂呈契,验明虚实,请示本府。不能中巴锡麟等之狡谋。逞蛮
凶毁与卖买产业,衅情显分轻重,当各归各案,不得揉为一案,以期切实而儆
凶横。勿再玩忽!切切!词发。仍缴①。

绩溪县耆民章玉来等呈批

此案前经断,充学堂暂管,何两造仍复缠讼且有争殴情事?玩抗已极!
查阅两造粘抄契据,均在恍兮惚兮之间。经该县劝归和好,各烧各灰。此贤
有司爱民息讼之苦心,何谓断出两歧?细核前后呈词,老辣简当,一字不苟,
是在老于讼事者为之操刀。设受其愚弄,小则失时废事,大则酿成命案,悔
之晚矣。仰绩溪县立即将覆讯酌断情形录案,通详察核,毋任刁讼!切切!
词粘并发。

歙县民人江祺生呈批

该民率请亲验,本府并非深居简出,何惮此一行?惟既经该县勘验,则
与本府之亲勘无异。案经录详请示,该县所断情节与前府"吴江各承其半"
之批示并不刺谬②。尔谓该屋大小不匀,所断厚薄悬殊,该县岂有厚于吴?
又岂独薄于江耶?且不候讯断,尔擅自拆卖,该县即以其人之道还治其人之
身买回重盖。此支吾搪塞之言,请君入瓮,夫复何尤?何观兆踞屋不让,饬
差押迁亦是正当办法。惟据呈出入无门一节是否确实,仰歙县斟酌妥善即
行定案可也。词黏并发。仍缴。

歙县蔡令世信详批

减价售药,限期戒烟,所议各节尚属妥洽。惟无论何项要政,徒法不能
以自行。本府前到该局两次,初次则阒其无人③,第二次晤汪绅国杰,叩以报

---

① 仍缴:仍然缴还。上级向下级机关发出的文书中,要求接到本文后,待办理完毕,仍将原件或
附件缴还上级的用语。如"计发例册一本,抄录仍缴"。清代上级发出的批文、重要的册文等,下级承
办后,一般都要缴回原上级。

② 刺谬:亦作"刺缪"。违背;悖谬。

③ 阒其无人:空荡荡,没有一人。阒:空。

名戒烟者有册可稽否？又含糊答应，未能指实，是以不能无疑。该令既捐廉提倡，乐输者又踊跃而来，贤有司关心民瘼，复何事之不可举？何害之不可除？百级浮图起于一篑，随车甘雨①沛自崇朝②。运广长以砭口吃，拨毒雾而见青天。不必虑难乎，其为继也！仰即督率各绅董实力奉行，一面将吸烟、戒烟人数翔实调查，造册通报，是为至要！切切！仍候各宪批示。缴。折券均存。

歙县民人朱聚禀批

前据该民禀请提追，经批饬该县查照黄前府原断速理结报在案。查此案拖累十余年，该前县率行断结，本欠平允。春前府亦姑徇其请，实未加体察耳。黄前府莅歙以来，案无留牍，物无遁形，考之卷册可知也。就此案言之，的的③山税不符，并非有意翻案。本府到任，该民两次拦舆泣诉，察其情形既老且贫，形同乞丐，并非刁狡健讼者流。我辈忝居民上，能勿为之恻然？昔贤有言："官之所谓小事者，即民间所谓大事。"若听其残喘呼吸，无求伸之日，岂非父母斯民者清夜愧心④之地耶？仰歙县立即遵照前批迅速办理结案。倘各董瞻徇⑤延挨，则是不体本府委曲求全之意。该令其传案勒结，永斩葛藤。切切！檄到奉行。

黟县胡令汝霖禀批

减价售药，限期戒烟，官立局以提倡之，此牧民者人人能行之事。独该县联合各绅创立族祠戒烟社，以辅官力之所不足，意美法良，此则为他县所未有。呜呼！宗法之不讲也久矣！自井田既废以来，其无常业、无常居者举目皆是，或至比邻不相识。独我徽之民聚族而居，家有祠，宗有谱，其乡社名目多沿袭晋唐宋之旧称，此海内所独也。今稍稍陵夷⑥矣，强宗豪族或时有

---

① 随车甘雨：比喻官吏施行仁政及时为民解忧。同"随车致雨"。

② 崇朝：终朝。从天亮到早饭时。有时喻时间短暂，犹言一个早晨。亦指整天。崇通"终"。

③ 的的：真是、确实。

④ 清夜愧心：白天做了错事，夜深人静时扪心自问，因难逃良心责备而惭愧万分。明洪应明《菜根谭》："白日欺人，难逃清夜之愧报。"清夜：清静的夜晚。

⑤ 瞻徇：徇顾私情。

⑥ 陵夷：衰败；走下坡路。

结党纠讼之事,然不数见也。乾隆中叶,江西巡抚辅德致有"毁祠追谱"之疏,此可谓因噎而废食。就徽言徽,因势而利导之,此其时也。由一族而推之各族,公举贵且贤者以为族正,由地方官照会札付以责成之。户口以告,田谷以告,学童及学龄而不入学者以告,好讼、好赌及非理之行为以告,一切争讼械斗之事固可消弭于无形,即保甲、社仓、团练各善政皆可由此逐渐施行。地方自治此其初哉首基,岂独戒烟一事哉?愿贤有司及各绅交勉之也。候录批札行所属各县一律推广,切实举行。该令其即拟《公举族正详章》禀复核夺,以成我徽美满特色之善政。本府有厚望焉。并候各宪批示。缴。章程存。

府学武生邵鹏呈批

"佃"字从"人"从"田",人、田各得其半也。徽州山多田少,但患无可耕之田,不患无可招之佃,何至听其挟制?荒田多而熟田少,乡民既恃田以为生,方垦荒以为熟,若本成熟,岂肯听其荒芜?核阅呈词,既谓非买荒田,又以责成开荒为请,则从前之未熟可知。自相矛盾,显有别故。究竟是熟?是荒?是佃欺主?是主欺佃?是佃欠租?是主欠赋?是捏熟以为荒?是已熟而故荒?是佃无力以垦荒?是主将夺田以招佃?案久不结亦属非是,仰歙县立即勒传集讯[①],秉公结断,据实详夺,勿再泄延!词黏并发。仍缴。

休宁教民黄金聚控汪社宝一案堂判

查此案涉讼之由,冯观长之浮住屋卖于黄金聚,黄前往拆屋,汪社宝出为拦阻,以致涉讼。此原与前年控案无干,更与教务无涉。汪社宝之所以出为拦阻者,由观长之父造屋时汪元英堂贴洋二十元。查核县呈祠簿属实,惟注明"贴予",又曰"议助",此与赏赐周济无异。既非借款,即不能作为欠债,无须偿还。况元英堂族众皆无异言,独汪社宝执此以争,显系挟嫌所致。业经当堂严斥,已知悔悟,免其深究。又县呈冯姓账本有开销工料细目,其为自造无疑。自造而自卖之,买主自行拆搬,他人何得过问?断令该屋由黄金聚前往拆卸,汪姓不准再阻。惟冯观长所立卖契亦载明为浮住屋,则地基确属汪姓,俟此屋拆移后,地基仍归汪姓执管。至汪族携去门板二张,应责成

---

① 集讯:指把原告、被告和有关人证都集中在一起详加审讯。

汪社宝查明交出,付黄金聚验收。所有屋瓦,黄金聚已自行拆下八百余片,其余未拆之砖瓦统由黄金聚自行拆落,如有短少藏匿等事,惟汪社宝是问。本府衡情定断,一秉大公,既皆甘服①无辞,均是本府之好子民。着各具遵结,各自回家安业,勿因些许小事别生缪辂②。至汪社宝在县呈有牧司铎告示一纸,诘以此告示因何到尔之手?供谓由本村请出,此则大谬。教民犯教规,神甫立即斥革,绝不偏袒,此教堂公事公办,与尔何涉?当即申斥,并晓以明白道理,勿再谬执乡愚之见,自取咎戾。此谕。各供结均存。

歙县民妇王江氏呈批

提讯该氏,供谓伊子王荣由汉口寄来家信,并有禀稿等语。诘以尔子何时来信?供谓伊子出外三年,二月底初次来信,则已与信内"前月寄苏足件"之语不符。诘以尔子年岁若干?供谓四十余岁。诘以事隔八年,何不即行控告?则又以儿子尚幼为词。诘以此信究属何人交付?则浑其词以朋友对。言语支离,令人不解。此姑不论。诘以此地坐落何处?地段【段】何名?该氏茫然,只浑其词曰在屯溪,又曰五姓公产地,亦未能一一指实。诘以尔从前收租若干?则又茫然,旋以从未经手为词。夫以祖遗田产从未经手收租,又不知坐落何处,有是情理乎?且第就词内所叙言之,收租分洋为汪炳元、余朗卿二人,与鲍振炳有何干涉?细核呈词,显系有人唆使,以快其报复倾轧之私。该氏年迈无知,遂为甘言③所愚弄耳。否则恃妇妄渎,有何便宜?所请饬提鲍振炳勒还之处应毋庸议。此批。粘姑附追出禀稿存访。

黟县武生汪凤标禀批

显系私开烟馆,暗售灯吸,借土店门面以为影射藏奸之计,致被查罚,实属孽由自作。乃任意牵砌,希图泄忿。须知本府疾烟更严,郡城迭饬拿办不知凡几,该武生岂无所闻?尚昧昧④焉来辕尝试,本应彻惩重究,姑先严批申斥,着即别营生业,勿再冒险妄为,致干究办。懔之慎之!此批。粘附。

---

① 甘服:甘心,服气。

② 缪辂:纠葛。亦作"缪葛"。

③ 甘言:动听的话。

④ 昧昧:糊涂无知。

歙县监生任良柱呈批

查抄粘县票,提追者为税书任贵、花户汪椿,即大良,并无尔良柱、汪道培列名其上。谓被票提,殊滋疑窦。惟江柏顺以差役之子辄敢在乡立字借钱,约期裁串交抵,即使并未揹串,亦难保无挪移欺隐情弊。江达、江旭父子叔侄串通一气,朦禀牵诬,胆玩已极。该村距城仅止十里,不难自封投柜,乃至尚为所欺,则凡窎远乡僻恐暗无天日,受害益烈。若不严重惩处,何以去蠹害而恤民艰?仰歙县立即饬拘江达、江旭,提同在押之江柏顺严讯彻究,尽法惩办,一面查明票提之任贵、汪椿是否系该监生等化名?是否欠银应完?分别办理具报。切切!词粘并发。仍缴。

绩溪县推收书张俭成等禀批

查该书等名为推收①,实则领串,下乡征收钱粮,恃此为牢不可破之饭碗,本府早有所闻。平心而论,每人岁捐两元亦不至赔累难过,惟地方官只应设法禁革,未便从而派捐,致启借口诈偿之弊。此本府前批之所由,杜渐防微,初非为该书等挽回利权也。绩溪一县,轮广②不过七十里,钱粮不过万余两,八十人虱处其间,从而吮其残膏,诚有如该书等之所称。专事推收难以资生活者,应即从严陶汰,并设柜大堂,听民间自行输纳,以铲除历年之积弊。其良善者,为农、为商各从其长,仍自立于生存之地位;其不肖者,有意把持,国法具在,断不能姑息以养奸也。仰绩溪县查照前今批饬核明办理,具复察夺,毋延!切切!禀粘并发。仍缴。

婺源县生员汪泮林等呈批

查汪尚书应蛟③巡抚天津日甚有惠政,海滨斥卤垦田五千亩,水利大

---

① 推收:旧时民间田宅典当买卖时,报请官府办理产权和赋税的过户手续。

② 轮广:纵横。

③ 汪应蛟(1550—1628),字潜夫,号登原,婺源人。明万历二年(1574)进士,初授南京兵部主事,后历任南京礼部郎中、兴泉宪副、济南参政、山西按察使、右都御史代天津巡抚与保定巡抚、工部右侍郎、兵部左侍郎,累迁至南京兵部尚书,加太子少保。著有《诗礼学略》《乡约记》等百余卷。

兴。本府身受其赐，至今犹尸祝①之。先贤邱陇②尚且樵苏③有禁，岂祠堂公产可容看守自盗？惟数传而后，或有一二不肖子孙贪图小利，转卖于他人之手，此则该族众虽愤愤不平，而事前之疏于保护，亦无辞以自解者也。至此项山木应否发售？是否盗砍？以有无契据为断。胡得福既执有乾嘉④年间红契三纸，较之顺治八年业票尤为真确。讯诸土名燕石既属相符，不能以陈腐之鱼鳞册为据。契纸短写价银，无非希图省税，此是民间通弊。查阅抄粘堂谕，节经⑤该县验契讯断，该族众抗断不遵本属非是，姑仍候县详到日再行核示饬遵。着即知照。此批。粘附。

婺源县武生程仲沅呈批

尔兄有无立过欠银字据，一经检验真伪自明。即使据真事确，滕和已收店租十余年，计洋百数十元，以之抵五十两之欠银并不吃亏。该生年已八十，孑然一身，仅恃此店租为养命之源，亦在可矜之列。乃滕和托病不案，滕绍周平空插讼，忽请封屋充公，其假公逞忿之隐情已可概见。仰婺源县立即集讯明确，秉公定断结报，以昭核实而杜借口。切切！词粘并发。仍缴。

婺源县魏令驯详批

查阅折开各件，押店⑥字据原非程松乔亲笔，即滕绍恒诉词亦称由伊侄立券一纸，事之有无原难臆断。若执松乔信件为据，查信内语气空空洞洞，恐与此事无涉。况声明连至宝号数次未曾面晤，则为并未转代挪借可知，何由将单姓五十两之借款交松乔乎？或松乔原有借款，滕和见松乔暴卒无法偿还，即将此款移于单士良身上，伊乃作中见以实之，亦未可知。未经一讯，率尔徇情充公，何以服人？松乔故后无嗣，仲沅乃其胞弟，所有产业无论共业与否，不得谓与伊无涉，更不得谓伊图讹。仰新任县立即遵照核明两造先

① 尸祝：祭祀。

② 邱陇：坟墓。

③ 樵苏：砍柴刈草。

④ "执有乾嘉"四字原书顺序颠倒为"乾有执嘉"，径改正。

⑤ 节经：同"历经"。旧时上行公文用语，起承转作用。系指叙述同一过去之事，而已办文件不止一次时使用。

⑥ 押店：旧时称规模较小的当铺。

后控词,检查原约转约,细心体察,即传集人证秉公确讯,另行定断,报覆查考。切切! 此缴。原词、清折存。

休宁县孀妇吴程氏禀批

平粜本有限制,不能任人多籴,否则囤积转售,强者借以取利,弱者转无从得食,流弊丛生,何可究诘①? 屯溪穷民不下数百户,何以虚来实往均无异言? 尔子不遵约束,强欲多籴,本属不合,为局员者喝之可也,斥退阻之可也,亦何致喝勇追毁如此之甚? 既据称氏子受伤甚重,究竟是何情形? 分府发回后已否赴县请验? 仰休宁县立即查验核办,勿违。切切! 禀发。仍缴。

屯溪巡警局外委任恒智禀批

前据吴程氏遣抱拦舆具控,即经批县饬验核办在案。警兵责在保护治安,不准持警棒殴人。有非理之行为者,随时解散方为正办。刁民不服禁令,动辄聚众滋事,甚至滋扰绅属,打毁警局,此等刁风尤不可长。究竟吴士林身受之伤系被何人所殴,既称经县派仵委验,饬将熊林标等送讯责押。仰休宁县立即集讯明确,断究具报。该客民如敢卧局滋闹,并即饬差押逐,以儆刁妄。此批。禀抄发。

屯溪公济局绅洪廷俊等禀批

此案据吴程氏、任外委②先后禀诉,业经明白批示在案。设局平粜,此赈抚最要之政。每人日籴二升,既有定章,岂能容任意强索? 办一事即有一阻力,官绅当互相维持,又岂能容一二刁民遽因噎而废食。仰休宁县立即严提吴老大、吴老四等及受伤之吴士林到案讯惩究报,并查拿著名讼棍从重禀办。警勇如非无故逞威,业已拘责,应即释放。仍传谕该职绅等体察情形,

---

① 究诘:深究追问;追问原委。

② 外委:清朝绿营低级军官。即外委千总、把总之通称。为经制千总、把总定额外,由督、抚、提、镇在营给与札付委任之人员。顺治(1644—1661)时已有,雍正五年(1727)定制,照依兵丁额数拔委,凡各营额兵二百名,设外委把总一名,额兵四百,加外委千总一名,多者以次递加之。嘉庆(1796—1820)时,共设四千二百五十六人。职掌与经制千总、把总同,惟品秩较低,外委千总为正八品,外委把总为正九品。但为绿营士兵进身之初阶。土司地区,亦置土外委,领土兵。

源源接济,以维善举而惠穷黎①。切切!

候选知府曹英禀批

来牍具悉。警察为维持秩序,保卫治安要政,岂能因一二警勇殴人被拘,辄将全班停止巡缉,必待勇丁释放然后出巡?诚如所云,未免迹近要挟。明达之士绅当不至存此见解。适遇地方有事,该外委责守所系,恐亦不能当此重咎②。除移参府一体饬遵外,候札饬任外委即行照常梭巡查缉,以安商旅而戒不虞。希即查照,并候参府批示。此致。

休宁县附生程宗泗禀批

同是张口待哺之民,本无畛域③之可分。为司牧者,求牧与刍④是其天职,固不问其担当租税否也。湖边被灾情形,既据该生就近调查造册列表,函由汰厦巡检呈请省委散放官赈,想主计者统筹全局,自当无缺无滥,以副各宪一夫不获之廑念⑤。现在已否据报补查,酌量匀济?候扎【札】饬休宁县查明,申请核办。着即知照。此批。

候选知府曹英禀批

查吴程氏遣抱拦舆禀内所称,氏子因食口众多,满拟⑥多籴,局员喝阻不许多籴,氏子语言无知,触怒赶毁等情,是皆吴士林屡籴滋事之明证。经本府详细诘问,该抱告⑦逞刁反噬之情状亦历历如绘。必谓士林未买粒米,并无强买滋闹情事,然则该警兵何仇于吴士林而无故寻衅?该平粜义绅又何恶于吴士林而环请提惩耶?平粜自有限制,再三告籴,此非强买而何?不听喝阻,信口嫚骂,此非滋闹而何?蛮野如此,又久混局中图诈不去,此非刁民

---

① 穷黎:旧称贫苦百姓。
② 重咎:严重地罪责。
③ 畛域:指两物之间的界限。畛:一指田间小路,一指界限。
④ 牧与刍:牧地和草料。比喻老百姓的给养。
⑤ 廑念:殷切关注。
⑥ 满拟:满心打算。
⑦ 抱告:明清制度,原告可委托亲属或家人代理出庭,称抱告。

而何？义绅焦劳辛苦而经营之，刁民游戏怒骂而破坏之，此揆之情法，无从为之解脱者也。总之，警勇不准毁人，既违警章，自有法律以绳之。刁民卧局滋闹，饬差押逐，提案惩戒，此是一定办法。历次批饬甚明，办理有何棘手？现在士林受伤已在保辜①限外，计必早就平复，更无所用其姑息。仰休宁县立即查照节次②批饬，提集确讯，酌予惩处，报明察办，以彰公道而遏刁风。是为切要！禀发仍缴。抄折另单均存。

休宁县江苏候补直州判王世勋等禀批

极贫之民宜赈济，次贫之民宜赈粜，此救荒之大较③也。据禀：请以赈余之款广设冬赈平粜局以济民食，事属可行。惟运新米至万石，沿途舟车、存栈、管钥以及设局处所、持筹④司事均须先事预算，非得多数绅商妥议办法，恐临事周章⑤又生出种种窒碍，致灰任事者之热忱。文潞国⑥知益州时，减粜不限以数，揆之今日实不切于事情。林文忠公抚陕时，查实系贫户，填给印单壹纸，每一次准将五日之粮一并粜回，仍分别各乡排日⑦匀摊，周而复始，非贫者不得滥与，如此办法似较妥。当天下事，履之而知艰，豫之则不废，大抵然也。仰该绅等就近与洪绅廷俊商定简章，呈候加谕饬办。着即知照。此缴。

徽州办赈义绅、花翎知府衔洪廷俊禀批

据送《义赈一览表》，以灾情之轻重为赈抚之等差，详明清简，朗若列

---

① 保辜：古代刑律规定，凡打人致伤，官府视情节立下期限，责令被告为伤者治疗。如伤者在期限内因伤致死，以死罪论；不死，以伤人论。

② 节次：逐次；逐一；一次接一次。

③ 大较：大概，大略。

④ 持筹：手持算筹。多指理财或经商。

⑤ 周章：仓皇惊惧。

⑥ 文潞国，即文彦博，封潞国公。生于宋真宗景德三年（1006），卒于宋哲宗绍圣四年（1097），字宽夫，号伊叟，汾州介休（今属山西）人，北宋时期政治家、书法家。历仕仁、英、神、哲四帝，出将入相五十年之久。任职期间，秉公执法，世人尊称为贤相。晚年皈依佛门。

⑦ 排日：每天，逐日。

眉①。沪汉诸君子奔走呼号于炎天烈日之中,高义凤麟②固堪景跂③。贵绅等呕心区画于漂风撼雨之间,覆巢④既完,梗道兼通,赈工并策,劳怨不辞,所造福于维桑者尤大,正不独为距心⑤谢谤已也。至查赈⑥另筹夫马⑦,存款酌认子金⑧,尤足见涓滴归公,屋漏不愧⑨。容城孙征君⑩论人必求其足色者,如是如是,曷胜佩慰。候即如禀,转详抚宪立案,以彰劳勚⑪而奖义行。希即查照。此覆。各表存送。

婺源县耆民胡承淦等呈批

　　章字号山既有他姓产业在内,则他姓自由樵采决非詹姓所能胁禁。划清界限各管各业足矣,胡姓不敢越界侵害足矣。若勒令写立承植字据,挑砍山木又须报验给票,违则议罚。王道不外人情,试问詹姓所谓学堂余力,能如此强硬否?且抽分拼价以为培学还股之费,迹近抑勒苛派,流弊甚多,碍难率予准行。天下事必先除弊而后可言兴利,必先消除其私见而后可言公益,非廉明正直者不能也。至应如何劝谕长养⑫、禁止戕害之处,仍应由地方官剀切宣示,总以不苛不扰为宗旨。仰新任县查明地方情形,妥议详复,并将在押之胡纳谷等先行交保释放,勿稍瞻徇延累。切切! 词粘并发。仍缴。

---

　　①列眉:两眉对列。谓真切无疑。

　　②凤麟:凤凰与麒麟。比喻杰出罕见的人才。

　　③景跂:仰慕而向往。

　　④覆巢:倾毁鸟巢。喻覆灭。

　　⑤距心,即孔距心,战国时齐国大夫,为平陆(今汶上北)邑宰。平陆连年灾荒,百姓流离逃亡,死者近千人。距心向孟子承认这是他的罪过。不久,孟子朝见齐宣王曰:"王之为都者,臣知五人焉。知其罪者,惟孔距心。"典出《孟子·公孙丑下》。

　　⑥查赈:检查灾情,赈济灾民。

　　⑦夫马:役夫与车马等。

　　⑧子金:利息。相对"母金"而言。

　　⑨屋漏不愧:即"不愧屋漏"。愧:惭愧;屋漏:古代室内西北角安放小帐的地方。原意是虽在宗庙里,但无愧畏之心。后比喻即使在暗中也不做坏事,不起坏念头。典出《诗经·大雅·抑》:"相在尔室,尚不愧于屋漏。"

　　⑩孙征君,即孙奇逢,字启泰,一字钟元,北直隶容城人。明清之际学者,明亡后隐居,清廷屡征不出,与黄宗羲、李颙并称"三大儒",著有《理学宗传》《夏峰先生集》等。征君:朝廷征聘不出的隐士。亦称"征士"。

　　⑪劳勚:劳苦。

　　⑫长养:生长养育功德善根。

歙县耆民汪起和呈批

银不过三钱有奇,米不过九合八勺,乃由册书①包缴竟须五元之多,乡人之愚不识算,猾吏之巧于剥民,闻之滋痛。至洋价之与市价不符,犹其显焉者也。迨愚民豁然省悟,自行投柜完纳,该册书无利可图,遂借故中伤以泄其忿。若如所呈,尤属玩法,非核实究办不可。该册书程正本所谓隐漏之税究竟坐落何处?是否该民之业?不难按图而索。长此弊混,小民何以为生?仰歙县立即吊册查明,彻讯究办,慎勿为胥吏所愚,自干重咎!切切!词粘并发。仍缴。

歙县附生汪声大等禀批

查郡城西北门外附郭一带沙洲,上年经本府履勘详查,试种杨柳八百余株,成活者已十之八九。乃宵人②不便私图,隐加戕害。尤可惜者,入秋以来不知何等人拔除净尽。此非种植之不善,亦非地质、天时之为害也。本年正应循案举办,以符初议。据禀:拟就该处栽种水竹,俟得利益为开设蒙学经费。迫不可待之学堂,望梅不可以止渴,画饼岂可以充饥?此附郭公产,即缴价认垦,亦尚多窒碍难行,所请立案出示之处应毋庸议。此外,濯濯童山举目皆是,该生等果讲求树艺,另择适宜之荒壤可也。着各知照。此批。

黟县前直隶肥乡县知县程元镕禀批

此系京师红禀③材料式样,其自北通州来,尚属可信。所陈差役骚扰各节,果有实据,自当究办。罗令批"不以有著之田作抵,竟将欠账搪塞"二句自是公理,并无私见。该绅亦曾任地方者,设遇此等案件将依何项法律裁决?遽以罗令批语指为丧心蔑良,殆所谓知一十而不知二五者矣。此批。

---

① 册书:明清时期向官府承包若干户钱粮的税吏。

② 宵人:小人;坏人。《庄子·列御寇》:"宵人之离外刑者,金木讯之;离内刑者,阴阳食之。"郭象注:"不由明坦之涂者,谓之宵人。"

③ 红禀:清代平民向官府、下级向上级有所请求的一种呈文。

歙县直隶候补县丞汪达增禀批

禁烟为现今第一要政,乡间私开烟馆尤为地方之害,长此漫漫,何以复旦?披阅来牍,于徽属禁烟现象言之极中窾窍①,所拟《现行办法》及《造册发照章程》亦极精核,均可见诸施行,嘉许何已②!候即通饬各县切实照办。刊刷门牌册式所费无多,应由县捐廉给发,未便按户收取。请发委员封条一层,倘办理不得其人,或稍涉操切③,转予莠民以反噬之柄。再三详慎④,似不如随时查实请封较少流弊。希即查照。此批。各件存。

休宁县刘令敬襄禀批

禀及各件均悉。"吸户可宽,烟馆断难曲贷"二语颇为中肯。乡间私开烟馆,倚捕保为护符自所难免。应责成信实可靠之绅士查实,即行照章充公,以为房主贪图小利者警。吸户虽稍可从宽,仍须严为限制,以次递减。紧要关键又非将膏店凭照、吸户牌照办成不可,否则无从稽考,于事终无济也。仰即切实办理,并依限办竣,造册具报为要。至近日,条告各件喜用新名词,如"起点""中心点""污点""极点""烧点"等词,本甚鄙俚⑤,无甚意义。此不过附笔及之,并非以此等名词为禁体也。仍候抚宪批示。录报缴。各件存。

歙县陈令德慈禀批

户口为内政之基,经费为办事之母,原无使无米为炊之理。据禀:调查经费拟令四乡按户收费六十文,民果乐从,似尚可行。惟查《奉发民政部告示》底稿,特于"严禁借端需索"一条再三告诫,并申明"如有沾染从前编查保甲时种种积弊者,准赴该管衙门指控,各宜懔遵"等语,是大部之杜渐防微,具有深意。且乡民一钱如命,贫富本自不齐,若普通每户收钱六十文,恐不免窒碍难行之处。仰即遵照会绅妥议,总期于事无误、于民无扰方为妥当。

---

① 窾窍:亦作"窾窍"。法则诀窍。

② 何已:用反问的语气表示不已、无尽。

③ 操切:胁迫;劫持。引申为苛刻,严厉。

④ 详慎:周详审慎。

⑤ 鄙俚:粗野;庸俗。

并即补禀。各宪只候批示。录报缴。

祁门县监生胡舜传呈批

胡海林重复出卖，该监既受其欺，岂能起死者而追偿之？尔原出洋只六十元，县断追给洋四十元，折耗无多，从此息事，岂非便宜？尔任意妄加，希图翻异[①]，又以倚势强盗等情，指地保禀词为确证，试问县令裁判能以地保之言为曲直乎？仰祁门县立即查明案情，录详察夺，勿任缠讼。切切！词粘并发。仍缴。

婺源县监生詹铨等呈批

兴学，树艺，此两个大题目，近今三尺童子皆知之，不独生族知之也，何阻挠为貌尔？胡纳谷竟不归生族，隶属生族可谓负屈，何又迁怒于胡联玑？察阅呈词，一派悬揣臆度之词，实不足入人于罪。所请檄提，断难率准。此批。

休宁县耆民张政裨呈批

该民应纳粮银三分一厘，迫而出洋银四角以买官纸[②]。具呈完纳已属大不合算，即恐稍有舛错，必须检册查核。此亦不过一须臾之事，何以压搁两月之久，迄未掣串给执，又激成上控？所称权书舞弊自非无因。仰休宁县立即掣串兑收，一面查明该书因何弊混，提案重责。毋违！词黏并发。仍缴。

绩溪监生程镕呈批

既称公司，则股东利害相同，何以该县初讯只责成该生与唐璋各罚洋五百元？既饬商会核算，何以开会数次各股东无一人到场？细阅呈词，恐系该生与唐璋别有纠葛。唐璋为同益白炭公司总理是否由股东公举？资本数目、营业年月是否注册立案？本衙门无案可稽，殊难确核。惟据称唐璋讯理

---

① 翻异：谓事后改变主意，犹翻案。

② 官纸：官府公用的纸张。

不遵,擅扣该生白炭运船,殊属有违公理。设酿出意外之事,悔之已晚。仰绩溪县立即调验该合股章程、账目核算清楚,集讯结报。仍先饬运船放行,不得无故留难,致生他变。切切！词粘并发。

休宁县职员程世璞等禀批

河间洲即何家洲,全业既系程何二姓作为义冢,迭经禀奉各该前县出示"永禁私垦,以泽枯骨而保地脉",何家莹即何耀庭又尝函致程姓彻查禁垦,岂有出尔反尔,转将是地单独捐拨召垦之理？总之,开荒虽系美名,专欲必干众怒。此地既属公产,又迭经勒石永禁,自不能以个人利己之私遂间接渔人之计。案已由县履勘,仰休宁县即将查勘情形妥议通禀察办。勿延。切切！禀粘并发。仍缴。折呈、碑示并存。

祁门县监生金凤宜等呈批

该杨桃坞山地本系金姓公共坟山,陈毓斋之出价契买,却与平空魆葬①者有别,此案祸首其罪仍在私自出卖之金观林一人。县讯初断谕陈姓起迁,复断谕尔金姓推念亲谊,不必强令起迁。日近长安近②,亦自说得有理。该监等因先后讯断两歧,断断③上控者在此,本府酌理准情④,持平以解决之。陈姓棺之应迁与否,应以棺之是否安葬为断。如陈姓只用二尺长小棺四具浮厝⑤该地,是与安葬有别,应即饬令起迁。吉壤甚多,求则得之。若泥于堪舆形象之言,彼金姓葬坟数代,何未闻有大富大贵之人？此理至明,无待烦言。如陈姓果已安葬,则强令起迁累及朽骨,似亦于理未安,陈姓应即照原买价值再津贴金姓二十元,金姓亦不得过生欲望。但如此办法总须由县划清界址,使金陈两姓邱陇永久相安方为妥当。仰祁门县立即查照批示,妥为区处结报,以免争竞而杜借口。切切！词粘并发。仍缴。

①魆葬:犹盗葬,即窃偷用他人土地、墓穴偷偷埋葬死者。魆:黑。暗地里。

②日近长安近:"日近长安远"之反说。晋明帝谓:"举目见日,不见长安",后遂用"日近长安远"喻希望和理想不能实现之意。典出南朝宋刘义庆《世说新语·夙惠》。

③断断:忿嫉。

④酌理准情:指斟酌事理,依据情况。形容从实际情况出发,对已发生的事情或问题作出合乎情理的处理。准:依据,按照。

⑤浮厝:谓暂时把灵柩停放在地面上,周围用砖石等砌起来掩盖,或暂时浅埋,以待改葬。

绩溪县胡维埙呈批

该民从九职衔久经该前县详奉各宪批准斥革,何尚冒称职员?殊属荒谬。又称《新定商律》"凡欠债,除破产归偿外,别无科罪"之条,不知此项法律并未实行。况一经声明破产,则人格永久堕落,即普通选举权亦被剥夺,此等办法必须地方官调查,明确负欠人毫无立锥隐匿,始可照准。究竟该民田产抵欠有无抬偿取巧情事?仰新任绩溪县查明追偿,完案具报,毋任饰延。切切!词粘并发。仍缴。

绩溪县职贡生曹作朋禀批

统计处之成立以该县为最早,调查报告亦以该绅等为最先察阅。《法制》三册、《附风俗表》一册详明精核,切实不浮。《统计表》亦大致不差,惟《农田表》似据官册照抄,稍欠精核,此亦非咄嗟所能立办者也。该绅等办事实心,确有见地,迥非率尔①操觚②敷衍塞责者所能望其肩背,嘉慰何已!应即照缮完好,由县详送,复核编定。惟民政、财政为统计最要之事,现已奉颁《馆表酌举要例》转行遵办,此后查报事项应按照《馆表》填送,毋庸照《省章》办理,以求简要而省复繁。仰即转传一体知照。此批。各件均存。

婺源县附贡詹鸿宾呈批

各管各业,彼此不相侵越,自然消患无形。勿出骈枝,又生滋蔓。在丑夷③不争,君子不欲,多上人。该附贡既讲新政,讲公益,应亦素明斯义。仰婺源县即将此案断结情形录详立案,勿再宕延。切切!词粘并发。

---

① 率尔:轻率貌。

② 操觚:原指执简写字,后即指写文章。觚:古代作书写用的木简。

③ 丑夷:犹侪辈。古称年辈相同、学行相类的人。《礼记·曲礼上》:"凡为人子之礼,冬温而夏清,昏定而晨省,在丑夷不争。"

婺源县魏令正鸿禀批

禀及清折均悉。此次创办物产会,纯以比较良楛、研究实业为宗旨。所谓以多为贵者也,一邑之大物产尚多,未可以寥寥三数十种省事塞责。婺源先儒著作未经表章者极夥,教育品中本有图书一部分,尤宜广为搜采。仰再会绅按照发去调查表从速征集,分别部居,开折具报,以凭定期开会,是所切望。正副监督名称亦与定章不符,似应取消,并即知照。仍候劝业道宪批示。缴。折存。

婺源物产分会赵文光等禀批

据禀:呈《物产清单》《分会简章》应准先行立案,其"副监督"名称为《奏定章程》所无,应仍作为"创立员"较为妥善。此次创立物产会,宗旨与京师陈列所及各埠展览会用意不同,凡民间日用之品皆可运会比较,以资研究而求进步。盖纯乎生计问题,非赛珍问题也。府属会场已经部署妥当,俟各县出品积有成数,即行定期开会。应再为征集,多多益善,是所切盼。希即查照办理。此批。

绩溪县物产分会程全牒呈批

据送表册均悉。察阅各种物品美不胜收,其卝①采一部分尤为该县特出之品,俱见任事实心,良深佩慰。惟此次开会宗旨,凡寻常日用所必需皆可赴会陈列,以资比较而求进步。工艺品类独为阙如,未免美哉犹憾。现本府定于十一月初八日为开会日,此半月间尽可拾遗补阙,源源运送。并即将此次运送物品先行编成《解说书》,以备审查研究之用。希即查照。此覆。

祁门县孔令庆尧申送物产表批

据申已悉。此次创办物产会,纯以人民生计为宗旨,并非必求精美。应查照天产、工艺、美术、教育各种类,就该县所有者分别部居,详细解说。不

---

① 卝:同"矿"。

论精粗良楛,皆可运会陈列,以供实业家研究之用。乃查阅送到调查表九纸,糅杂含混,大有草草缴卷之意。至如何装饰,如何运送,亦不着一字。岂该前县未曾与该绅讨论及之耶?现本府定于十一月初八日为开会期,此半月间竭力经营尚未为晚。仰该令立即督同各该绅广为征集,力补前阙。仍先将所得物品分别部居,编成《解说书》,限月内专差送府,无误汇报之期。是所切望。切切!此批。排单存销。

绩溪县民人唐金发呈批

牙行①、经纪②岂有好人? 尔胆敢不遵县批来辕妄渎,实属胆大。姑宽批斥。再渎,即发县革究重办。此批。

婺源县生员汪泮林呈批

胡得福等燕石一山三契,共业二亩八分有奇,曾经拚过数次,且有批字,可凭原断验据定案,何遽谓运动朦复? 要之,所砍无论是否一处,但不越二亩八分契业之外,即非该族之所得争。其理至明,无待深辨。至送匾、送伞,此本地方相沿之陋习,有司之贤否并不以此为券。该生谓书吏徇托,亦近挟嫌攻讦,应毋庸议。此批。

黟县罗令贺瀛详,邑绅、前芜湖县训导余攀荣, 奉天候补道李淦等设立自治研究所批

据详及清折均悉。处上下交困之时,新政同时并举,民力已苦不逮。其黠者又往往假"公益"名词百计搜括,民怨沸腾有由然矣。该绅等洁己奉公,从未开支薪水,官民久无闲言。此次提倡自治,不烦公帑,不竭民膏,自行筹措常年经费,尤深合"自治"名义,嘉慰何已! 应准如详立案。惟兹事体大,固不可不求完备,亦未便自为风气。将来部颁《钦定章程》,自当斠若画一③,推行尽利。《天津自治章程》虽经奏咨有案,不能以此为通行之善本也。仰即

---

① 牙行:旧时为买卖双方说合交易而从中收取佣金的商行。亦指其行主。
② 经纪:买卖双方的中间人。
③ 斠若画一:公平持正;整齐画一。斠:古代量粮食时刮平斗斛的用具。

转移遵照。仍候抚宪暨各宪批示。缴。折存。

绩溪县桂令岩禀

据禀：该县十五都六百九十三村，共计正户①一万五千五百十二户，附户②三千七百十三户，均已一律悬挂门牌，发给证书，办理尚为迅速。仰即将人户名册先行造送，候派员抽查，以求实际。切切！仍候各宪批示。缴。总册表存。

绩溪县桂令岩禀

据禀：调查该县城乡人口细数，共男女七千四百八十七名，口内有选民资格者二百一十名。业已宣示期满，核与自治筹办处宪颁发期限尚无贻误。惟各镇乡区域如何划分，尚难悬测。仰具绘具区图，附以论说，并将甲乙两级选举人名正册依限造送，以凭核办。毋违。切切！此缴。

祁门县杜令英才禀批

积谷是自治范围内应办之事，聚之则难，散之则易。所谓暂行移借另筹归还者，亦是空言。是否允洽，应候宪示遵行。至筹办自治期限，各州县城乡人口细数及镇、乡、区、团、区、图均应于十月初十日前依限详报，迭经专差札饬遵办在案。现在各县一律报齐，独该县仅仅以一禀塞责，其事前之并未筹备可知。仰新任县孔令立即赶紧调查造册送核，毋再玩延，致干未便。切切！此缴。

祁门县杜令英才禀批

每户捐钱三百，贫民如何能支？虽有减半免收之说，秤量如何匀称？且恐以此生出阻力，应审慎为之。仰新任县孔令立即督促进行，将正户、附户总数列表造册送核，是为至要。仍候抚宪批示。缴。简章、清折存。

---

① 正户：有正式户籍而定居的人民。

② 附户：来自外地，依靠雇主生活，又已落地生根，但不属本地族人者，称"附户"。

祁门县孔令庆尧禀批

据称:该县自治公所与统计处该前县虽禀报成立,而办事并无一人,殊堪诧异!九年预备之事皆明定期限,有成绩可考。一纸空文,作伪何益?该令惟有急起直追,兼程孟晋[1],结结实实向前做去。处此时局,更当与该绅等开诚布公,自可收事半功倍之效。所请人户总数归入宣统二年十月汇报之处,事关全局,碍难照准。仰即遵照。仍候各宪批示。录报缴。

歙县五品封职、翰林院编修许学诗等禀批

九年预备之事,官绅同与有责。该绅等独能恪遵《奏定章程》,首先组织镇自治公所,以为先河,良堪佩慰。新制,人口满五万以上为镇。按之近日,户口皆名实不符。所请联合十区,名为镇自治公所,自可通融办理,应即如禀立案。所请饬县拨开办费及提户库认缴洋余,府中无案可稽,仰歙县查明核覆具报,并分别照谕充任各职以专责成。切切!禀抄发,简章、名册存。

歙县直隶试用道程源铨等禀批

来牍具悉。自治为宪政始基,筹备各事甚为复杂。诸绅再三商推,就歙北六区组织镇自治公所,所长程绅源铨并捐助开办经费,以为提倡。磨炼国民,发挥公益,此其基础,均堪嘉慰。希即督促进行,秉承监督,县切实举办,以卫公安而辅官治,是所跂望[2]。此覆。名册、简章存。

歙县湖南候补知县洪瀁等禀批

据禀组织歙东自治公所、选举所长、参议等情均悉。歙东一带土客杂处,田畴不治,该绅等联合同志提前筹办,实属当务之急,所拟简章亦尚可行,应准立案。至援案请拨开办费一节,是否有款可拨,应听该自治监督核

---

① 孟晋:努力进取。《文选·班固〈幽通赋〉》:"盍孟晋以迨群兮,辰倏忽其不再。"李善注引曹大家曰:"孟,勉也。晋,进也。"

② 跂望:踮起脚后跟远望。

明饬遵,希各知照。此批。简章、名册存。

歙县易令景祓详批

据详该县城董事会选定总董许鸿熙、陪董方文寓及董事、名誉董事各节均悉,仰候抚宪遴选任用,录报查考。本年六月为议董两会成立之期,并即督促该员董等实力经营,勿稍松懈。切切! 缴。册存。

休宁县龚令化龙申批

据申该县城董事会举定总董吴嗣箴、陪董汪启寅及董事、名誉董事各节均悉,仰候抚宪遴选一名加札委用,录报查考,并将甲乙两级选民册补缮一份送府备查。切切! 缴。册存。

婺源县魏令正鸿禀批

据禀该县城董事会选定总董程学诰、陪董汪启功及名誉董事各节均悉。本年六月下旬为议董两会成立之期,仰即督饬各该员董等和衷共济,切实筹办。切切! 仍候抚宪暨处宪批示。缴。表存。

祁门县孔令庆尧申批

据申该县城董事会举定总董程际隆、陪董姚仲南及董事、名誉董事各节均悉。仰候抚宪遴选一名加札委用,录报查考。至是项甲乙两级选民册,并即补缮一份送府备查。切切! 仍候自治筹办处宪批示。缴。折存。

绩溪县桂令岩申批

据申该县城董事会举定总董章尚达、陪董周懋和及董事、名誉董事各节均悉。仰候抚宪遴选一名加札委用,录报查考。仍候自治筹办处宪批示。缴。表册存。

婺源县魏令正鸿禀县自治提前开办批

据禀已悉。府、厅、州、县自治,此上级自治机关,本与下级自治相辅而行,其要则议员员额以所属地方人口之总数为准,各镇、乡居民选民尚未查清,此上级自治选举人名册从何下手,迨乡、镇议董两会一律成立,则此项选举事宜即以总董、乡董任之,亦自迎刃而解。细绎《奉发章程》似应如此办理。盖下级自治一律告成,即所以为上级自治之准备也。仰即遵照督促各员绅等将镇、乡自治切实进行,毋稍松劲,是为至要。仍候抚宪暨处宪批示。缴。

歙南吉林候补知府汪士仁等禀批

据呈:歙南筹办自治析为三镇,该绅等集第二镇士民一再决议,询谋金同①就适中深渡地方设所,订期开办,公德热忱,良深嘉慰。仰歙县立即核明区域,通详立案,督饬次第进行,毋稍贻误。切切!此批。禀抄发。

歙南拣选知县程恩浚等禀批

来牍诵悉。九年筹备之事方兴未艾,果时时存一恐落人后之思,何事不可成?诸绅联络七区合为歙南第一镇,人口已达七万以上,生聚之蕃,地利之饶,实甲于其它镇乡。就王村地方设立筹备自治公所,亦属便利扼要。希即将合格选民调查详明,无误来年议董两会成立之期,是所跂望。此复。简章、名数册均存。

婺源县魏令正鸿申送《覆查户口数总表》批

据送《宣统二年六月覆查户口数总表》阅悉。查正附户共五万零六百六十八,男女口数共二十一万七千九百四十三。生聚之蕃,临淄稷下不能专美于前,为之欣悦。此后婚嫁生死及侨寄②迁移各情事,应即督饬调查员随时报告添注,以求翔实。切切!仍候各宪批示。缴。表存。

---

① 询谋金同:咨询和商议的意见都一致。询谋:咨询;商议。金同:一致赞同。《尚书·大禹谟》:"朕志先定,询谋金同。"

② 侨寄:寄居。

卷四

批判·礼科

府学廪生巴泽溥等禀批

《记》曰"明眎①",《传》曰"毛颖②",为丁祭万不可缺之品,何物? 老饕③举永州之蛇、泰山之虎与徽州之兔谬相比附,其词易入,其心可诛。生等苦心分明,再三陈请,此即先师"尔爱其羊,我爱其礼"④之说也,本府深为嘉许。惟题目虽正,文字却差。谓祭品之不可废兔是也,谓供兔必责之猎户则非也。猎户既系贫民,既非犯法,何用保护? 徽州产兔既多,购兔既易,何必猎户? 且生等所谓保护者,能禁两姓之凶斗耶? 能禁差役之需索耶? 犷悍之性,不识戟门为何地。教官带斗弹压且不能保护一斗,何有于诸生禁差役而不能禁书斗? 则尤与差役以口实,是谓之目不见睫⑤。区区一兔,使诸生结怨于差役,未必见好于猎户,再四思维,诸多无益。查春秋丁祭例有作正,开销银二两尽足敷用。至勒传屠猎各户供给,此本地方官相沿之陋习,所谓官价者,尤属掩人耳目之伎俩。黄前府大张示谕,永远豁兔,免猎户之供给,非免文庙之祭品也,意在责成教官自行采买,特其意引而未伸耳。王前府批生等购买备用,不烦不扰,亦属正当办法。该教授年高学邃,于礼经祀典尤能洞见其本原。诸生试举此语而商榷之,必不以鄙论为河汉也。仰府学立即查照前今批饬,转谕遵照,毋违。切切! 禀发。仍缴。

绩溪县候补巡检曹登瀛呈批

此案据该前县详请,斥革曹诚照衣顶⑥提究例办等情,经前署府批饬集讯详究在案。该巡检抹煞控情,朦混禀见⑦,见即面递禀词,任意牵控。诘以贿嘱有何证据,则目瞪舌噤,状类疯魔。当经本府大加申斥,掷禀驱逐出署, ·51·

---

① 明眎:兔子的别名。眎:同"视"。目。

② 毛颖:古时笔以兔毫制成,有峰颖,故又称毛颖。唐韩愈在《毛颖传》戏为"毛颖"立传,并追其祖先为"明眎"。

③ 老饕:贪食之人。

④ 尔爱其羊,我爱其礼:《论语·八佾》:"子贡欲去告朔之饩羊。子曰:'赐也! 尔爱其羊,我爱其礼。'"子贡提出去掉每月初一日告祭祖庙用的活羊,孔子说子贡:"你爱惜那只羊,我却爱惜那种礼。"

⑤ 目不见睫:自己的眼睛看不到自己的睫毛。比喻没有自知之明。

⑥ 衣顶:清代标志功名等级的衣服和顶戴。亦借指功名。

⑦ 禀见:谓晋谒在上者。

该巡检刺刺不休,旋于放告时又呈递原禀,实属荒谬已极!夫妇为五伦之一,巡检亦下士之班,不能修身,焉能齐家?不能刑于寡妻,焉能忝居民上?该妇曹程氏嫁与金龟,辜负香衾①,或别生怨望亦未可知。该巡检不知自反,致温柔床第之间幻出罗刹夜叉恶相,则该职之帷薄不修②已属确有证据。清夜自思,尚腼然③五品顶翎厕名仕版耶?惟曹诚照久避不案,有意延宕,亦属情虚畏究。青天白日岂能容人面兽心之辈牺伦纪而播腥闻④?仕途之杂,风化之偷,可为浩叹。仰绩溪县立即勒提集质,究详察办,毋任兔脱。切切!词黏并发。仍缴。

绩溪职妇曹程氏呈批

该氏从何称为职妇?金花球、金手镯等件,此氏翁与氏夫铢积寸累之物,从何为曹诚照所诱骗?从何听曹诚照之寄藏避案?与曹诚照有何恩山情海?从何誓同生死?又从何负义昧吞?核阅呈词,不知为该氏捉刀者是何用意?氏其子细思之。案经批县提讯,氏愿对质,其回家听候传讯可也。无抱违式⑤。并斥。

歙县吕松柏等呈批

据称新加一牛经县谕饬,除交公秤肉二十斤外,余连牛皮四张一概给领,乃皆避匿不还等情,若如所呈,更属违抗。既短牛价,又添新牛,牛皮非可食之具,岂欲茹毛饮血尽供老饕之大嚼耶?"皮之不存,毛将焉附?"小民何辜受此种种剥削?问心实觉难安!仰歙县立即会同府县二学严行查究此项新牛之肉及各牛皮张系何人吞匿,即行追缴到县,验给具领。倘积久肉败,着落匿者按值赔偿,仍治以违抗侵欺之罪。克日详报察核,勿徇延。词发。仍缴。

---

① 香衾:香暖的衾枕。指闺房之乐。唐李商隐《为有》:"无端嫁得金龟婿,辜负香衾事早朝。"

② 帷薄不修:"薄"当为"簿"。帷薄:帐幔和帘子,古代用来障隔内室和外室;修:整治。不整治帐幔和帘子。指家庭中男女混杂,生活淫乱。

③ 腼然:惭愧貌。

④ 腥闻:原谓酒腥上闻于天。后用指丑恶的名声或恶名远播。

⑤ 违式:违反规定或程式。

歙县蔡令世信详批

此案吕松柏等两次具呈，经本府先后批县会学查复。查者，查其虚实也；会同两学者，不以学官为疑也。查阅该学移文，愤气满纸，若欲生吞活剥此牛经纪而后快者，呜呼噫嘻，谬矣！既无实据，既无凭证，从何指为有人刁唆，有人指嗾？既用牛经纪解牛，焉得不持刀？且恐庖丁之刀不及萧何之刀之利也？从何指为持刀逞凶？持一千四百文而易一牛，傲然曰"吾官价"。官价，牛经纪且帖耳①顺从焉，此天下畏法之良民也，从何指为不法痞棍？又从何指为诬告官长？牛经纪本府之子民也，府学书斗亦本府之子民也，本府一视同仁，非有恶于书斗，亦岂袒护于牛经纪？若以市井无稽谰语，遽欲污僚属之名誉，又欲拖累苦楚无辜之小民，此本府无从索解者也！平情而论，县学新加之牛，既经缴肉四十斤，则县学之愿已足，府学"白付官价，未交片肉"二语当是实情。惟勒令补缴，不独本府无此压力，亦恐无此政体。所请传集质讯之处应毋庸议，免兔一案与此事毫无关涉。该典史斤斤自守②，为本府所素知。大声以色，转失止谤无辨之心，所请当堂对簿之处亦无庸议。仰即移行③，一体遵照。此缴。折存。另单并悉。

绩溪县文令化舒详批

择贤择爱，例有明条。未昏立后，出何法律？古之殇不殇，立后不立后，系乎冠不冠；今之殇不殇，立后不立后，系乎昏不昏。程曹氏所生三子不幸具【俱】殇，殇岂有为人父之道？所择二子既经当堂定继，铁案如山，无可复翻。程志濂伪造继书，有意刁难，迨理屈词穷，又借祠例以文饰之，荒谬至此，又何需乎该生之一押？着即如详立案，以安程曹氏母子之心。徽属陋习：凡暮年无子之人薄有资产，则刁族蠹胥狼狈而来，若敖以馁而含痛，盗跖以发冢为生，充其觊觎乐祸之心，使无子者并无家、无产、无坟墓而后快。此等刁风殊堪发指！嗣后无论何任翻控者，概不准理。如查有讼棍从中播弄者，并即从严惩治，以维风化而警刁顽。缴。原词存。

---

① 帖耳：耳朵下垂，驯服的样子。

② 斤斤自守：谨小慎微，自求无过。斤斤：拘谨的样子。

③ 移行：旧时公文的一种，行文不相统属的官署间。

休宁县孀妇李洪氏呈批

累世缠讼，骨肉相残，有何益处？前据李应庚来府呈诉，本府当谕以敦宗睦族之道，该职亦唯唯听命而去。一面批饬该县讯结录详，无论何造曲直，总以速讯速结为是。时历数月，何以不讯不结，亦不覆一字？殊属任延！仰休宁县立即秉公讯结，录详核夺，万勿置之高阁。切切！词黏并发。仍缴。

阳春班桂红云呈批

万寿庆典演戏三日，儿童走卒皆忭舞欢呼，愿跻公堂而呼万岁。此与百姓同乐之事，非地方官之独乐其乐也。若以与众乐乐之事，独使梨园子弟忍饥受饿，有咨嗟愁叹之声，不如其已①也。况更有狐假虎威者，得以上下其手乎。阳春班着免其传演，以示体恤。查去岁王前府任内，该差吴春有贿纵抗差情事，已经行牌②斥革。王任去未半载，公然复充，殊不可解。"戏差"名目并即永远革除，如有传唤面谕之事，尽可随时拣派。有需索留难者，立即从严惩办，以恤伶艰而去弊政。仰歙县分饬遵照，仍查明案情是否属实，录详核夺。切切！词黏并发。仍缴。

婺源县余查氏控余启呈霸产一案堂判

余查氏继余启呈八岁子昌宏为嗣，又继启稼子昌宠为嗣。所有继产虽议定二人均分，此为防日后兄弟争产计，乳臭黄口岂能撑持门户？查氏未亡，昌宏未殇，昌宏不得而私有之，岂余启呈所得而觊觎之？况明明昌宏九岁即殇乎。县控初批，所有氏翁遗产应仍归该氏掌管是也。查昌宏生于壬辰，殇于庚子，方九岁耳，余启呈亦自供属实。九岁下殇，岂有为人父之道？何以宗谱内虚增七岁，又捏假名家骐者为昌宏嗣？其是否余际昌得贿主持姑不深究，其以此欺朦该氏作永永霸产之计，此所谓司马昭之心，路人共见

---

① 不如其已："持而盈之，不如其已"之省称，意抓的过多不如放开手。比喻积累功德过其必有所失，不如不持，以保不失。

② 行牌：谓下发令牌或公文。

者也。余启呈自知奸谋败露，乃又有"候有子生孙承祧"之语，荒谬至此，何以族人调处无一据理力争者？此余查氏郁郁不平之所由来也。余启呈既攘契据于昌宏未殇之先，复霸占于昌宏既殇之后，余查氏之匍匐而府控而省控也，迫于不得已也。该职余显谟供谓此案系余炳章闹出，亦属不谙事理。余查氏以目不识丁之孀妇，所有禀稿口述托人代做自是人情，不得以此为有人架讼之据。本府衙门每月案件不下二三十起，自来稿居其大半，将一一搜拿讼棍乎？无论来稿、代书，全在听讼者之平心静气，有以持其平耳。余启呈所攘匿余查氏契据，限五日内缴出，当堂呈阅。此判。

歙县蔡令世信详批

自行①束脩，十脡②不为薄，非义不取，一介所必严。江国杰二子入学，经如许调人③始勉强缴脩洋三十元，其非出自行可知。该教授坚意不收，尚属廉隅④自爱。彼纵有呼尔蹴尔⑤之情，我岂有出尔反尔之理？既退还之，复追究之，是则涵养犹有未到处，不如其已也。至请捐入善堂一节，江国杰愿捐与否，亦应听其自为，苦【若】由官府督责之，此与缧绁⑥办乐输者何异？殊非政体⑦，非宜。仰即分别移行，传谕遵照。此批。

休宁县中书科中书李应庚呈批

查此案，造端于分府，中移于该县，继上控于本府。如环无端，各是其是，彼谓服侄殴婶，此谓服弟殴兄。其是否虚责姑不深究，该职弟捏情上控，岂该职先发倒制有以服人乎？百足之虫，至死不僵；再实之木，其根必伤。此本府不能不责备该职者也。家庭起衅，凡情理所不能喻者，则恃有官以解决之。官者父母，斯民者也，譬若二子阋墙，为父母者将听其自相残噬乎？

---

① 自行：主动；自愿。

② 脡：条状的干肉。

③ 调人：调解纠纷的人。

④ 廉隅：比喻端方、不苟的行为和品性。

⑤ 呼尔蹴尔：喻指无礼的、污辱性的施舍。语出《孟子·告子上》："一箪食，一豆羹，得之则生，弗得则死。呼尔而与之，行道之人弗受；蹴尔而与之，乞人不屑也。"蹴尔，践踏貌。

⑥ 缧绁：捆绑犯人的绳索。借指强迫。

⑦ 政体：为政的要领。

·55·

卷四　批判·礼科

将谓闭阁思过,讼者遂不敢复争乎。时历数月杳不断报,谓为泄沓[1],其将奚辞?此本府又不能不责备该县者也。仰休宁县立即勒集质讯,秉公定断具报,毋再任差延宕,别生枝节,是为至要。词发。仍缴。

歙县耆民毕家四呈批

齐女嫁卫,至城门而卫君死,入持三年之丧,诗人美之。国家定例:凡未昏守志者皆旌如例,然则未昏而改适者非礼与,曰礼也。先王制礼断不敢强人以所难。今日未嫁而夫死,有齐衰而往吊者,有捐躯而赴难者,此所谓卓绝坚苦之行,不可责之人人者也。王开仁之子已死,尔家将聘礼退还,则尔孙女之改适尽可由尔自主,何必追此无用礼单,转遂其居奇图诈之计?案情直捷,一讯可明。仰歙县立即比差勒传,速讯速结,报复察核。毋违。词粘并发。仍缴。

祁门县监生程康意、附贡程际隆等呈批

以五百两之母银,利上加利,滚折三千七百余两之巨款。母子相权,恐为文明法律所不容,该族祠规岂能逃于法律之外乎?细核粘抄。该族虽公款公追,其主动力当在程际隆一人,该生是否因直贾怨,本府尚难悬揣。以兄弟互讦之故,乃疑于学界联名皆由程膏渥之设谋贿串,此则词近周内[2],监督之认可,本府之批示,原禀具在,可细按也。果有诬蔑情事,该生既爱惜羽毛,本府亦乐为湔雪[3]。该生不必以假公济私者泄愤于程膏渥,该族亦何必杀人以媚人,受动于程际隆乎?惟该县如何讯谕,有无定断,未据声叙,无凭确核。仰祁门县立即讯明酌断,录案详核,并将学生攻讦一案从速禀覆,以彰公道而端士风。切切!词粘并发。仍缴。

---

① 泄沓:本指多言,啰嗦。后转指拖沓。

② 周内:弥补漏洞,使之周密。引申为罗织罪状,陷人于罪。

③ 湔雪:洗雪;洗刷。

祁门县附贡程际隆呈批

国有富民,强邻不敢生心①;族有富户,贫者待以举火。程膏渥之因何致富,本府不得而知;其是否不服众望,亦不得而知。必谓膏渥之昧良教唆、有意诬陷,何不寻出铁板证据耶? 为富不仁,固乡曲所不容;同根相煎,尤士夫所深戒。该族既一郡之著姓,该生亦一族之通人②,本府故不惮烦言忠告而晓谕之。究之公堂,裁判必凭公理,不能为膏渥曲意解脱,亦不能为该生特开新例。既经该县遴派正绅会同核算,亦是正当办法。仰祁门县立即催饬,算明禀复,酌断具报。切切! 词粘并发。仍缴。宗谱暂存。

休宁县附生李应元呈批

查县详,李应庚供称屋价实洋六千三百元,与现呈四千元不符,氏家应分屋价及应庚帮贴究竟共得若干元,李应庚得若干元,其余两房又分若干,均未明晰声叙③,殊难确核。案经县讯定断,自当确有把握,从此蠲弃前嫌,岂非好事? 即或兑付未清,可查照原议与房族中人商量清厘,何必匍匐公堂再事纠缠乎? 本府当堂审察,该生读书明理,气宇亦甚轩昂,前途远大正未可量,故不惮絮语以劝戒之。蠹书张云鹏声名狼藉,当另案讯究。李应庚不认殴婶犹之该生不认殴兄,情事相同,更毋庸刺刺置辩。该生试持此语以告尔母,尔母当亦释然无所蒂介也。着即遵照。此批。

婺源县余查氏呈批

余崇发所欠氏洋本息若干,应由该县查讯明确,断追给领,仰婺源县立即传集讯断具报,毋延,切切! 至呈控事件,叙明事理已足,何必舞文弄墨?词内忽引及羊欣、任昉两贤,谬相比附,读之令人颜赤。该氏既不能文,亦未必得之耳食④,其出自余炳章手不问可知,奈何昧依口直书之义,为是不虞⑤

---

① 生心:引起某种念头;多心。

② 通人:学识渊博,贯通古今的人。

③ 声叙:谓明白陈述。

④ 耳食:比喻不假思索,轻信所闻。

⑤ 不虞:指出乎意料的事。

之誉乎？不合应斥余汪氏附祠祀据，应饬其自行查检。附禀已当堂批还，词粘并发。仍缴。

歙县附贡汪文瑞等呈批

敛钱演戏，名曰保安，此神权时代之作用也，今非其时矣。叶步周请拨戏款以修水龙，化无用为有用，亦自言之成理。该生等读书明理，岂犹昧此？惟地方公益不仅消防一端，地方捐款亦非一二人所能垄断。如虑叶步周假公济私，尽可另举正绅以经理之。即以此项外助余钱，除岁修添购消防器具外，移作路灯、清道之用，较之媚神徼福①者，岂不更有实济？彼谓借会分润，此谓借题肥己，互相攻讦，两失之矣。仰歙县立即查明，秉公核断，示谕周知，报复查考，毋任争竞，是为至要。词及永豫商店词并发。

歙县永豫商店叶步周呈批

士也，农也，工商也，皆民也。即推之于官，亦非生而官者也，其义仍国家之子民耳。区区一小部分、小村落，画一鸿沟，曰若者为商业捐款，若者为居民捐款，是同舟而吴越之矣，尚何公益之可言？且所谓久处专制之下压力甚重者，本府亦百思不解。谓县令专制耶，有府道以纠绳之；谓府道专制耶，有督抚藩臬以考察之；虽封疆大吏亦且有不敢自专之时。不知所谓专制者目的何在？既以为压力甚重，该商何不寻无何有之乡，以吸取空气耶？案经批县查明公断，应候该县确核示办，非该商一面之词所得干请②，徒滋口实而启争端。仰歙县立即传谕，并速查照前批，妥筹核办具报。切切！词粘并发。仍缴。

府学教授周赟禀批

先师宫墙渐就倾圮，此不独学官之瘝③厥职也，凡守土者与有责焉。乃饬县筹捐，迄无一应，咄咄怪事！候再行札催，以大义责之。丁祭牺牲例准

---

① 徼福：祈福，求福。"徼"通"邀"。

② 干请：请托。

③ 瘝：病；痛苦。

作正开销,并非悉索敝赋①。据称牛经纪借此官差,公然窝买私宰,农民大受其害,如查有实据,或被人告发,着即移县请究。广文②一官,恃脩羊③为生活,取之非并伤廉,何以各生欠脩观望不缴?臣朔欲死④,吾道何之?阅禀为之恻然。据请移县请催,事属可行,应准照办。该教授著作等身,前所呈《九华志》《山门新语》等书类多见道之言,本府再三披览,甚为欣赏,他日藏之名山,传之其人,此不朽之盛事,又岂以一官之去留为轻重乎。读杜工部"但知高歌有鬼神,焉知饿死填沟壑"句,辄为之拔剑斫地,浮一大白⑤,请即以此语为赠。缴。

歙县永豫商号叶步周等呈批

搏心一志是谓之专,信赏必罚是谓之制,"专制"非恶谥⑥也。该商苦心剖明,谓"专制"二字非指城署,而言尤属误会,本府非恶此而逃之也,所歉然者因人俯仰、随俗、唯诺,做不到此专制地步耳。若得张江陵、俾士麦一流人物来守是邦,吾徽其有起色矣!阅该商递次呈词喜用新名词,似亦留心时务者,故本府率笔告之。至两造争执各事,由地方官持平决议,此是行政范围。着仍候县示遵行。此批。粘附。

府学教授周赟折批

查阅折开祭器图数及工程估价,并悉⑦殿祠之爵以磁代玉,应用铜爵,如无此良工,似可以锡代之;登旧制用铜,今改用黄色磁,有柱、有足、有纹,应

---

① 悉索敝赋:拿出所有的一切来供应。原指尽全国所有的兵力。悉:全部;索:尽;敝:谦辞,谓不精良;赋:指兵卒和车辆。语出《左传·襄公八年》:"蔡人不从,敝邑之人不敢宁处,悉索敝赋,以讨于蔡,获司马燮,献于邢丘。"

② 广文:即教官。唐天宝九年设广文馆,设博士、助教等职主持国学。明清时称教官为"广文"或"广文先生"。

③ 脩羊:用作束脩的羊。泛指束脩。

④ 臣朔欲死:"臣朔饥欲死"之省称。东方朔要饿死了。语出《汉书·东方朔传》:"朱儒长三尺余,奉一囊粟,钱二百四十。臣朔长九尺余,亦奉一囊粟,钱二百四十。朱儒饱欲死,臣朔饥欲死。"

⑤ 浮一大白:浮:违反酒令被罚饮酒;白:罚酒用的酒杯。原指罚饮一大杯酒。后指满饮一大杯酒。

⑥ 恶谥:含贬义的谥号。引申指污蔑之词。

⑦ 并悉:全部;全都。

另行绘图寄景德窑户一并恭造;铡鼎旧制用铜,今仍之耳,缘饰金两耳为蚁形,上有三峰皆云纹,三足亦同原图不符,应敬谨另绘;笾豆之属用竹木,应饰黄色。原议各一百八十二事两哲,可减为十六筐;原议三十事两哲,可改为二爵;原议哲十二祠十五配十二,可减为各三香鼎,可购置古鼎一尊。卣、斚、罍洗、罍尊、龙勺、元酒尊、牺尊、象尊、山尊彝之属,非咄嗟所能立办,勉强摹仿亦恐刻鹄不成①,容缓图之。余均如所议。办理工程一节,大成殿择要修整,应核实另估,明伦堂从缓。仰即遵照。切切! 此批。

歙县举人鲍鸿等禀批

据禀,请将该族御冬一户,循旧由本房收管,不归司祠经理,以期涓滴归公,事属可行。惟挨房轮流,又恐贫富不齐,贤愚不一,仍不免有浮冒侵渔情事,本府借箸而筹,似不若公举本房明达士绅以肩其事较为妥善。推举既定,以二年或三年为任期,连举连任。收支出纳岁由支众决算而宣布之,查有不实即行撤换,庶足以维义举而杜弊端。仰即一体遵照,再行妥议,秉公推举,禀候核明,立案饬遵。切切! 此批。

歙县候选教职鲍荪等禀批

义田之设,原为周恤贫族而起。该职面呈账记,见族内之绅而富者与四穷②利益均沾,此等办法已大非创始者之本意。该职前呈《鲍氏义田记碑拓》三册记载甚明,并不及御冬名目,是御冬一户与敦本体源本属两事,当日由本房收执亦具有深意,不得谓之非祖训也。昨据生员鲍鹏等禀,请援照旧章收回本房经管等情,当经批准,公举本房明达士绅禀候饬遵在案。至收支出纳,岁终宣布,如有不实,即行撤换。本府所以杜渐防微者,不为不至。既知同族未便相讦,更无容互生意见,将来体源敦本,亦即照此办理,总以涓滴归公为断。族学一事,本府极力提倡,族内即无余款,热心之绅富尚须担任其事。来禀谓"必不得已,惟有议罢学堂"二语尤属非是,试问学堂之设必绠四

---

① 刻鹄不成:"刻鹄不成尚类鹜"之省称。画天鹅不成,仍有些像鸭子。比喻模仿得虽然不逼真,但还相似。也指比喻仿效失真,适得其反。

② 四穷:指鳏、寡、孤、独四种人。语出《孟子·梁惠王下》:"老而无妻曰鳏,老而无夫曰寡,老而无子曰独,幼而无父曰孤。此四者,天下之穷民而无告者。"

穷之臂①而后可乎？此不可解者也！至该学堂岁费若干，学生若干，府中无案可稽，该职热心学务，应即担任补助，核实办理，以为阖族好义者劝。仍候行县备案。此批。粘附。

休宁耆民黄子玙呈批

收租办祭，既有祠规，应归祠议，必牵涉多人匍匐公堂，何为者？尔墓木拱矣②，本府尤不愿尔之负气缠讼也，尔族岂无明白事理之人？尔即抄批向族人商量公议可也。此批。

歙县生员汪勖等呈批

卷查，此案自光绪十四年两造互控，迭经曾前爵、督宪批饬该县秉公讯结在案，本府细核吴前县之原断及何前县之复断，皆系委曲求全之苦心，并非有意偏袒。乃两造一味固执，此允则彼翻，彼遵则此抗，是以黄前府有两造共建一祠之批示，敦族谊而弭讼隙，诚有如王前府之所谓"办法莫善如此者"，且生等既于前年十月将洋领回，何忽焉又生波折？尤所不解！虞芮间田③，尚有责成之日；葛藟一本，岂竟无悔祸之心？想该族不乏明达士绅，必能共喻此意也。此批。

歙县耆民鲍伦施等呈批

经管祠事，本无利之可图，有何害之可受？同是一本先人之手植，而庇荫者子孙皆当爱惜而保全之，公事公言，有何嫌隙？司马温公之居洛也，其族属或有相争不决者，一一为之剖析，皆解忿息争以去。本府忝守是邦，有董率训迪之责，此事已与鲍荪、鲍鸿剀切言之，一经道破，彼此即应释然，此

---

① 紾四穷之臂：扭断四穷的手臂。紾：扭；拧。《孟子·告子下》："紾兄之臂而夺之食，则得食；不紾，则不得食，则将紾之乎？"

② 墓木拱矣：坟墓上的树木已有两手合抱那么粗了。意即你快要死了。这是骂人之语。

③ 虞芮间田：指周初虞、芮两国有人因争地兴讼，到周求西伯姬昌平断事。后因以指能谦让息讼。《史记·周本纪》："虞芮之人有狱不能决，乃如周。入界，耕者皆让畔，民俗皆长。虞芮之人未见西伯，皆惭，相谓曰：'吾所争，周人所耻，何往为，祇取辱耳。'遂还，俱让而去。"

卷四　批判·礼科

后皆顾全大局,勿纵寻斧①可也。仍仰该房族等善体此意,劝喻解释,勿负本府殷殷训诲之至意。着即一体遵照。切切! 此批。

祈雨告文

维大清光绪三十四年七月甲申朔越十有五日戊戌,徽州府知府刘汝骥率同僚属谨斋戒,虔告于敕封辅德大王徽州府城隍尊神之座前曰:维神视听,达滞宣湮。惟官职司,布泽行仁。恒旸恒雨,咎征有因。幽明不隔,厥责维均。五月之交,霪雨津津。蛟洪暴至,沈灶鼃邻。哀鸿残喘,方待抚循。旱魃肆虐,忽又四旬。谁守兹土,咎戾丛身。上疏自劾,以谢吾民。官虽民虐,神与民亲。胡神不吊②,视民越秦③。三日不雨,禾铄稻薪。五日不雨,饥馑洊臻。甘霖一沛,民气苏伸。敢告神祇,鉴此鞠辛。尚飨④。

酬神告文

维龙飞御极之三十有四年岁次戊申七月甲申朔越二十有一日甲辰,徽州府知府刘汝骥率同僚属,谨以牲醴之宜答告于敕封辅德大王徽州府城隍尊神之座前曰:维神福佑下民,燮阳理阴。一闻呼吁,立沛甘霖。昔人有言,雨粟雨金。奚为后我,民其呻吟。甘泉灉涌⑤,任人酌斟。伊神所赐,匪止蹄涔⑥。途无喝⑦病,禾无蝗侵。恐惧修省,责在距心。何以报之? 莫测高深。云车风马⑧,神其陟临。尚飨。

绩溪县张令廷权禀批

近日官府祈晴祈雨,辄视为照例文章,不知恒旸恒雨咎征有因,全在为

---

① 寻斧:用斧。语出《左传·文公七年》:"此谚所谓'庇焉而纵寻斧'者也。必不可。"
② 不吊:谓不为天所哀悯庇祐。
③ 越秦:古代越国与秦国相距邈远,故并称以喻漠不相关的人或事。
④ 尚飨:亦作"尚享"。旧时用作祭文的结语,表示希望死者来享用祭品的意思。
⑤ 灉涌:喷涌。灉:水由地面下喷出漫溢。
⑥ 蹄涔:指容量、体积等微小。
⑦ 喝:中暑。
⑧ 云车风马:指神灵的车马。

地方官者时时恐惧修省,即偶有愆忒①,亦无感而不通之理。已据该县续禀于七月十八、二十等日连得透雨,一律均沾矣。有秋可卜,深慰且喜。余批勘报秋成情形禀内,仰即知照。仍候各宪批示。缴。禀粘发。

歙县民妇黄许氏禀批

同是饮食男女之人投入净土,有自行皈依者,有由家贫出卖者。该僧虽有法术,岂能执市童而髡之?该氏侄肇青,其由伊父黄桂顺得有些许身价不问可知,不然氏侄既于四月初六日祝发②,迟至数月,伊父何默尔无言?谓串通游手数人将黄桂顺带至黄岑渡地方致死,究竟如何致死?曾否报验?囫囵含糊,尤属任意填砌。佛法以慈悲为主,家族以统系为宗。该氏既愿将尔侄还俗蓄发以承似续③,未为不可,不必以僧妖学蠹骇④人视听也。既据控县饬提,应静候讯断,无庸来府越渎,无抱违式。并斥。

又批

前据该氏具控,即经详尽批示,非为该僧解脱,恶该氏之额外生枝,迹近图诈也。且查阅粘抄,前县有"签差押回"之批示,是以饬其听候判断。不料该僧海云恃有护法善神,本府之棒喝置若罔闻,殊不知买卖人口本干例禁,岂该僧能逃化外?况所持卖据未必尽足凭乎。仰歙县立即吊验明确,传集质讯,定断具报,毋任缠讼。切切!禀粘并发。仍缴。

歙县举人鲍鸿禀批

该节妇赵吴氏事奉翁姑辛勤操作,卒以苦守病殁。濒危之日犹哀集历年所蓄,得银百元交由士绅助作节孝祠款,其志可嘉,其情实尤可悯。本府披览志乘,我徽有"闺阁邹鲁"之称,该节妇出自寒微,深明大义如此,可谓蓬不扶而自直,木多节而弥坚者矣。应准如禀,谕饬司事先为缮主入祠,仍由

---

① 愆忒:过失,差错。
② 祝发:削发出家。
③ 似续:后嗣。
④ 骇:古同"骇"。

该职绅等采访事实,造册禀候,汇请旌表,以彰劲节而慰幽魂。着即遵照。此批。票洋存拨。

黟县叶延禧等禀批

昨据僧朗然来府呈控,即经批县饬传应讯人等讯断在案。释氏以空彻为上乘,道家以虚无为宗旨,四大皆空,六尘不垢,何恋恋于一荒废破庵自寻烦恼?所尤不可解者,叶氏累叶①儒冠,彼此又谊关同族,何以为僧道争庵自纵寻斧?实属多事!此等寺庵处此天演世界,久应在陶汰之列,火其书,庐其居,原非苛刻,无益庙产提归地方公用,有部章在。仰黟县立遵前今批饬,集讯酌断,具报勿延。切切!禀发。仍缴。

黟县附生叶登瀛等呈批

僧,道宗教虽殊,其为太仓之耗鼠一也。各挟私见,同室操戈,叶思明不足责,叶延禧等尤不足责,独怪该生等皆从师范毕业来者,何悍然为羽客②护符?不顾清议,致有是无意识之纷争。据称,叶进富等拥校扭辱、截路揪发,似此野蛮殊属可恶。该生等试平心静气以思之,亦或有自侮之道也。该庵无关祀典,应即拨充地方公用,毋庸再行集议另召住持,以杜纷扰而斩祸根。仰黟县立遵前今批饬,迅速查讯明确,即予定断归公,其余枝枝节节亦不烦言而自解矣。勿违。切切!词粘并发。仍缴。

绩溪县增贡周之德等禀批

国恤百日期内,官员军民人等例均不准剃发,前经本府查章晓示在案。凡属食毛践土③具有天良,髡钳④城旦⑤、脱帻秃鹙⑥姑置不论,自非有胸无肝,

---

① 累叶:犹累世。

② 羽客:道士。

③ 食毛践土:毛:指地面所生之谷物;践:踩。原意是吃的食物和居住的土地都是国君所有。封建官吏用以表示感戴君主的恩德。语出《左传·昭公七年》:"封略之内,何非君土;食土之毛,谁非君臣?"

④ 髡钳:古代刑罚。谓剃去头发,用铁圈束颈。

⑤ 城旦:秦汉时的一种刑罚名。秦服四年兵役,汉为五年刑期,夜筑长城,白防敌寇(站岗)。

⑥ 秃鹙:亦作"秃秋"。水鸟名,头项无毛,状如鹤而大,色苍灰,好啖蛇,性贪恶;嘲人之无发若秃鹙。

何取此濯濯者以为美观耶？据禀□□□①貌章剃发，如果属实，殊违定制，候即传验核办。此批。

周之德等禀批

日前据禀，传验该经历家属，称已赴休就医，此或是校人烹鱼②之伎俩。该生等谓避匿内室托故不面，抑何侦探如是之神速耶？查该经历原充警局委员，本府不时巡察到局，邂逅之时甚稀。此次传验，据称赴休就医，无论托故与否，事前并未禀明，旷官③之咎实属无辞以解。应即先行撤差④，以示薄惩。着各知照。此批。

周之德等禀批

昨据休宁县刘令函禀，本月二十五日准某经历函称，现一息奄奄，病将就木，又奉藩宪檄饬速催祁门交代欠款，当于二十二日禀请病假，次辰抵休，顺道访医赴祁，惟假期届满，非三日所能就理等由，据情转禀到府，核与生等前禀"避匿内室"之语，尤不相符。该生等既不能登子反之床⑤，本府更无从觅长房缩地之方⑥。剃发不剃发总以验过为据，若以耳为目，不能遽下断语也。又日前接有邮递俳诗数首，内有"欲我默无语，公宜速报酬"二语，阅之令人冲冠，亦令人喷饭。生等本为纲常起见，即有谓生等欲挟此以索报酬者，本府不以为疑也。言者无罪，闻者足戒。伯有之魄⑦已夺，季子之舌⑧尚

---

① 原文如此。

② 校人烹鱼：典出《孟子·万章上》。比喻善良的人们常常被小人欺骗，而这些小人却总是因此沾沾自喜。但小人终究是会让人看低的。校人：管理池沼的小吏。

③ 旷官：空居官位。指不称职。

④ 撤差：撤职。

⑤ 登子反之床：指春秋时宋人华元夜赴楚师，解国难而自为人质之事。典出《左传·宣公十五年》：楚师围宋，"筑室反耕者……宋人惧，使华元夜入楚师，登子反之床……宋及楚平，华元为质。盟曰：'我无尔诈，尔无我虞。'"

⑥ 长房缩地之方：传说中化远为近的神仙之术。典出晋葛洪《神仙传·壶公》："费长房有神术，能缩地脉，千里存在，目前宛然，放之复舒如旧也。"

⑦ 伯有之魄：指冤死之人变为厉鬼复仇。"伯有"乃春秋时郑大夫良霄的字。他执政时和贵族驷带发生争执，被杀于羊肆。传说死后变为厉鬼作祟，郑人互相惊吓，以为"伯有至矣！"

⑧ 季子之舌：指能言善辩。"季子"乃战国著名纵横家苏秦的字。苏秦凭借三寸不烂之舌，劝说六国合纵抗秦，并兼六国宰相。

存。无论燕璞三献①，即秦庭七日之哭②，本府亦不以为渎也。仍应候验明，再行核办，着即知照。此批。

周之德等禀批

是否各得十元了事，该生等但当自省。果问心无愧，又何恤乎人言？□□□③往省运动报仇之说究系何人捏造？令该生等不敢出头，该生等何不努力出头？即就所闻者跟究④下落，忽伸忽缩，若吐若茹，抑何顾虑？乃尔⑤此满苟得之所谓悖战于胸中者也。□仍静候验办，勿庸畏首畏尾，率以道路传言，作无谓之窥，伺其知之。此批。

周之德等禀批

"□□□⑥身系职官，非小民可比。"生等之言是也，本府之所以立即传验者在此。若该生所控者是民非官，本府早以挟嫌讦诈大声呵斥之矣。恭读乾隆十三年六月高庙谕旨："山东沂州营都司姜兴汉、奉天锦州府知府金文淳，皆于孝贤皇后大事百日内剃头，已降旨交刑部治罪。今既明正其违犯之罪，更当曲体其愚昧犯法之情，更恐外省见有此两案谕旨，虑蹈徇隐⑦之咎，纷纷参奏国家无此体制等因。钦此。"煌煌祖训，仁至义尽。本府前批所谓"凡属食毛践土具有天良者"，此也。百日内不剃发，此本众所共知之事，何所谓效尤不效尤？本府惟有自惭教化之不行耳。传验一节，该经历临时他往，本近规避，本府批饬撤差，已足示儆。该生等尚以传验为请，尚哓哓以比较长短为词，试问三十余日发长若干，与五十日发长若干，该生等能定其标准否？吹以求之，擢以数之，恐未必毫厘不差也。相喻无言可耳。着各知照。此批。

---

① 燕璞三献："燕璞"即指和氏璧。楚人和氏得玉璞，两献楚王，两遭刖足。第三次楚王使治璞，得白玉，琢以为璧，世称"和氏璧"。

② 秦庭七日之哭：原指向别国求救兵。后也指哀求别人救助。典出《左传·定公四年》："申包胥如秦乞师，立依于庭墙而哭，日夜不绝声，勺饮不入口，七日。秦哀公为之赋《无衣》，九顿首而坐。秦师乃出。"

③ 原文如此。

④ 跟究：查究；追究。

⑤ 乃尔：竟然如此。

⑥ 原文如此。

⑦ 徇隐：徇私隐瞒。

绩溪县职员周汝坤呈批

查阅抄粘,周锡淦、锡淮兄弟二人,锡淮无嗣,锡淦本不应以殇子懋学为锡淮后,许氏所生子懋培幼殇,尤不应为之立后,揆之律例、礼经①,均属不合。周锡淦初意本以防同族之争,并以博少妇之欢,不意朽骨未寒,子孙已操戈相向,此亦锡淦所意料不及者也。究之此案,衅情并非为继续起见,不过为家产起见。周锡淦所立分书,子孙自当遵守。周汝坤不听理处,固不知天显之义。周汝埙竟以祖训为乱命,且横加庶祖母许氏以不安于室之恶名,尤属荒谬。仰绩溪县验明分书,秉公定断,勿任同气②相残。切切!词粘并发。仍缴。

歙县民人孙开文禀批

尔祖孙国瑞创有微产,皆由尔曾祖士安携带至胸抚教精能之所致。粘抄笔据③已首言之。士安既抚国瑞如己出,无论有无继书,有无自置家产,凡承国瑞之余荫者,又岂可视士安之子若孙为涂人④?饮水思源,食海知咸。诚如县批,孙骆氏系尔叔祖母,自当酌量贴补者矣。孙骆氏之夫孙国琇在日⑤,游荡废事,本无足责。孙骆氏有子尚未成立,以孀妇稚子流离失所,原孙姓合族颜面所关。舆至尔家揪发碰头,缠讼不休,又岂尔孙开文一人之福?本府剀切劝导,孙开文年幼无知,仍然不受理谕,实属少不更事。仰歙县立即讯断结报,以斩葛藤。孙骆氏亦不得过生奢望,抗断干咎。禀粘并发。仍缴。

休宁县岁贡生韩熙禀批

公益,美名也。近日民智大开,"合群""义务""组织""机关"名词已成为口头禅,断不至有乡愚无知少见多怪之事。何保护为?来禀所谓"预备为实

---

① 礼经:古代讲礼节的经典,常指《仪礼》而言。
② 同气:有血缘关系的亲属。
③ 笔据:即字据,书面证据。
④ 涂人:路人。
⑤ 在日:在世之日。

卷四 批判·礼科

行之母,研究又预备之母"自是确论。惟"公益"二字范围甚广,《禀叙》与《简章》又不无差点,该生等其切实研究可也。此批。

歙县附生朱学孔禀批

查阅粘抄,歙县王村地方自道光年间创设六邑厝所,停寄旅榇,限期掩埋,泽及枯骨,惠及游魂,前人好义之诚可谓无微不至。数传而后,司其事者不善经营,每岁施棺掩埋寥寥无几,善举遂同虚设。无怪遗人口实,致有提公产以充学费之事。本府细核情形,权衡轻重,学堂固不可不兴,善举要不能中废,且事关六邑停寄旅榇,非歙邑南乡一隅之狭义,其理尤甚明显。应遴选公正义绅清厘接管,以妥幽魂而昭核实。仰歙县立即遵照,速筹办理,具报,勿任争兢。切切! 禀粘并发。仍缴。

歙县民人洪瑞麟呈批

胡氏夫故再醮,既由其姑叶江氏得价立据,并有媒妁可证,则非尔之串抢可知。成婚已逾两月,贫富命也,愿从不愿从断无自由之理。以恩义论,胡氏自绝于前夫家,不能自绝于母家,为胡氏母者也是亦尔之岳母也,如果匿留不放,实出情理之外,是必有人从中唆使图诈无疑。仰歙县立即验据集证,追给完聚,详覆察夺,毋任违抗。切切! 词粘并发。仍缴。

歙县民人叶其铭等呈批

此案洪瑞麟、叶胡氏先后呈控,均经批县讯断在案。据呈,洪瑞麟纠党抢捆,当胡氏喊叫救命之时,该民等已经目赌【睹】,隐忍不发,实属无此情理。叶胡氏在洪瑞麟家已寄宿两月有余,毋论荐寝与否,其姑叶江氏何以默无一语? 前后呈词互相推勘,其由叶江氏出据嫁卖已无疑义,该民等巧为辩护,欲盖弥彰,实属荒谬。总之,此等案件皆为图财起见,并无名节之可言。叶胡氏以甘节认作苦节,洪瑞麟何苦以怨耦①强作嘉耦②? 合之未必两美,离之未必两伤,但鹬蚌相争,渔人享利,终不能使洪瑞麟人财两空方为平允。

---

① 怨耦:谓不和睦的夫妻。
② 嘉耦:互敬互爱、和睦相处的夫妻。语出《左传·桓公二年》:"嘉耦曰妃,怨耦曰仇。"

仍仰歙县传集叶江氏一干人证确讯实情酌量办理可也。切切！词发。仍缴。

歙县民人洪瑞麟呈批

胡氏独具只眼，该民不满三尺，勉强凑合，非嘉耦也。胡氏既悍然不顾两月相从之雅，该民尚思寻百年偕老之欢，可谓痴情男子，即使如愿以偿，其能终安于室否？该县断令退还财礼，该民恰好别寻嘉耦，何必徒争闲气？惟偿款有无立限，叶江氏能否清交，胡氏由其母家领回是否不复嫁卖，未据抄录堂判，无凭确核。仰歙县立将讯断情形录案详覆察夺，勿再稽延。切切！词粘并发。仍缴。

歙县蔡令世信详寿民叶光衍五世同堂看语①

核看得四品封职寿民叶光衍精神矍铄，条达福持②。九十日耄，亲沐五朝圣泽；曾元继起，犹传百忍家风③。女偊④貌似婴儿，信充符⑤之不爽；庚桑化及畏垒⑥，更善俗之有征。允符⑦成例，宜荷恩荣。合将送到册结加结，具文详送，仰祈宪台鉴核，俯赐转详请咨，实为德便。

歙县孀妇吴程氏呈批

查阅粘抄，尔凭媒聘定洪吴氏之女为孙媳，业于三十二年十月初一日接婆过门，是年尔孙媳才十三岁，不幸两月之间尔孙夭亡。毋论曾否成婚，名分已定，嫁守由尔自主。洪吴氏既非应卖之人，程根祥即不得借口霸占。仰歙县立

· 69 ·

① 看语：审断案子的文辞。

② 条达福持：条理通达，福德长久地得到保持。语出《庄子·至乐》："名止于实，义设于适，是之谓条达而福持。"

③ 百忍家风：张公艺百般忍耐的家风。语出《旧唐书·孝友传·张公艺》："唐郓州寿张人张公艺，九代同居。麟德中，高宗祀泰山，路出郓州，至其宅，问其由。公艺请纸笔，但书百余'忍'字。"

④ 女偊：《庄子·内篇·大宗师》中之人物，年长"而色若孺子"。

⑤ 充符：充：充实；符：证验。指庄子对"德"的充实和证验。语出《庄子·内篇·德充符》。

⑥ 庚桑化及畏垒：指庚桑居畏垒山传道之事。《庄子·杂篇·庚桑楚》："庚桑，楚者，老子弟子，北居畏垒之山。"

⑦ 允符：符合。

即传集人证,秉公讯断,具报,勿稍徇抑。切切!词粘并发。仍缴。

休宁附生吴廷芸呈批

同是一本一荄一枯木,有相䘏相济之义,一经涉讼,必致大伤感情,反为不美。查阅抄粘,县批极为允协,该附生应即平心婉商,其勿断断负气。该生侄吴长荣等亦当推念亲谊,其勿阳阳不理。故总宪①清德②硕望③,久为时髦所推重。该生叔侄等当以先德家声为念,一经情商,必不能漠然无所动于中也。着即持批转传,一体知照。此批。粘附。

祁门县生员盛清呈批

大和尚化缘小和尚享福,大和尚欠债小和尚还钱,此是公理。宁建文控追该寺欠钱能否让缓,该僧原可以自行清理,奚烦该生之出为狡赖?想该僧二和亦不过酒肉和尚,该生以黉门④秀才公然作护法善神,事不干己,任意填砌,实属荒谬。仰祁门县立即集讯,断究结报,勿任越渎。切切!词粘并发。仍缴。

绩溪县廪贡生程作霖等呈批

神之在天上也犹水之在地中也,云车风马⑤本无迹像之可寻,又乌能测其陟降⑥之所在?语曰:"祭神,如神在。"该生读书明理,正应将此意化导乡愚,乃劳劳扰扰,以接送神像之故致起争端,敬神适以亵神,求福反以得祸,岂非大惑不解?究竟挟忿纠众起自何造?仰绩溪县立即集讯,察究酌断,具报,勿稍徇抑。切切!词粘并发。仍缴。

---

① 总宪:御史台古称"宪台"。故明清时,都察院左都御史号称"总宪",左副都御史号称"副宪"。
② 清德:高洁的品德。
③ 硕望:重望;高名。亦指有重望的人。
④ 黉门:古代称学校的门,借指学校。黉:古代称学校。
⑤ 云车风马:指神灵的车马。语出晋傅玄《吴楚歌》:"云为车兮风为马。"
⑥ 陟降:升降。

婺源县耆民方新焕等呈批

方三富即吴三富,应承吴祀自是正理。惟方孟亮故后三十余年,所遗之产皆系吴三富承管,何以方姓迄无异言? 亦无人为之议后? 想系孟亮在时方姓无可继之子,因以赘婿入继,亦未可知。惟县中先后讯断因何两歧,未据抄录第二次堂谕粘呈备核,究竟是何情形尚难悬测。仰婺源县即将是案节讯定断,缘由缕晰,详候察夺,毋违! 状粘并发。仍缴。

祁门县民人胡玉田呈批

该女叶娣既字该民为妻,事阅二十年,年逾三十岁,何以伊母刘仰氏迄未容该民完娶? 男婚女嫁、贫富各听天命,非确犯有奸盗证据者,断无离异退婚之理。县讯因何断离给洋? 许列和有无纵子奸占情事? 仰祁门县立即复集讯断,录案详复察办,勿稍回护率延! 切切! 词粘并发。仍缴。

婺源县魏令正鸿详批

据详已悉。余崇发所欠余查氏先翁旧债本有折簿可凭,乃余崇发立意赚吞,狡不到案,致余查氏拖累二年之久,实属可恶。姑念该族出为排解,余崇发自知理亏,出银洋一百八十元以了余查氏旧债,公理已自昭然,仁人不为已甚①,应准如详销案。该绅等推诚劝导,于公理、族谊两得其平,深堪嘉许。并即录批传谕知之。此缴。原词存。

---

① 不为已甚:不做得太过分。多用于劝诫别人对人的责备或处罚应当适可而止。已甚:过分。

卷五

批判·学科

歙县生员张廷楷等禀批

筹地方之公款办地方之公益,地方官不能独肩其责也,不能不借重于绅,官与绅且不可有意见,况绅与绅乎? 绅与绅冲突是谓同室操戈,同舟共溺。据禀,抽收珠兰花捐每岁抽洋五百元。生等拟办两等学堂,公也;许绅鸿熙拟归入劝学所,亦公也。许绅谓生等抵制抗捐,生等谓许绅等挟嫌报复,则各有意见存乎其间,似乎假公以济私。兄弟阋于墙,外御其侮①,处此深目高鼻耽耽虎视之世界,不讲合群之公理,乃因一朝之忿、一语言之不合致起蛮触②,甚非本府所望于生等者也。平情而论,劝学不能枵腹,然非许鸿熙之所能把持;花户既已认捐,亦非萧政彪之所得抗拒。劝学员妥为商量,则各图都断无反对;各图都普及教育,则劝学员与有荣施③。应如何量予通融妥筹善全之法,仰歙县立即遵照集讯定断,通详立案,勿稍回护率延! 切切! 禀黏并发。仍缴。

歙县修业生罗萼禀批

此案已经札行休宁县速复核夺,事关公益,地方官断无不赞成之理。本府学殖荒芜,正拟与此邦士绅研究自治之要素,凡因公接见者,无不倒屣④欢迎以去。生等热心兴学,尤所钦佩。苦口茧足,此一份子之义务,又何妨少屈玉趾以匡不逮耶! 至以私函来,以回片去,向来无此办法。原禀发还。此批。

---

　　①兄弟阋于墙,外御其侮:比喻内部虽有分歧,但能团结起来对付外来的侵略。阋:争吵;墙:门屏。语出《诗经·小雅·棠棣》:"兄弟阋于墙,外御其侮。每有良朋,烝也无戎。"

　　②蛮触:比喻因小事争吵的双方。典出《庄子·杂篇·则阳》:"惠子闻之而见戴晋人,戴晋人曰:'有所谓蜗者,君知之乎?'曰:'然。'有国于蜗之左角者曰触氏,有国于蜗之右角者曰蛮氏,时相与争地而战,伏尸数万,逐北旬有五日而后反。"

　　③荣施:誉人施惠之辞。语出《左传·昭公三十二年》:"俾我一人无征怨于百姓,而伯父有荣施,先王庸之。"

　　④倒屣:急于出迎,把鞋倒穿。形容热情迎客。

歙县蔡令世信禀批

据禀,此项花捐拟以六成拨劝学所,以四成拨入南乡学堂,妥协之至。事关公益,地方官不能不统筹全局,如此委曲求全,当亦为明白晓事人所共谅。萧政彪如再固执不遵,则是有意抗违,当摈之学界之外。至近日财政困难,罗掘四出,不肖士绅往往借办学题目以自私自利,又何怪纳捐者之啧有烦言乎!学堂无论官立民立,地方官皆有监督考察之责任,非实力搏节①不可。仰即传谕凛遵,速行妥议定案,并谕劝学所一体查照,毋违。此缴。

紫阳师范学生方光烈等禀批

据禀各节果非子虚,不但为学界之蠹,抑亦政界之蟊贼,候札饬祁门县严密查办,详复核夺。惟查阅禀词,有持论过高之处。本府视学生如子弟,不得不以逆耳之言告诫之,如谓"非学堂出身,不能深知管理"一语,方今学务萌芽,自不能不降格以求,若就学生之言而充之,彼学部大臣及各省提学使何一是学堂出身?其不满学生之意可知,又何论自桧以下②者乎!如谓"所聘教习只认中文、地理、历史、算学、体操,其余无论,非其所能"等语,查《奏定章程》及中外臣工奏行各件,各州县小学堂皆以中文为重,并汰去洋文洋语,俱有深意,就此数者而言,除体操而外,谈何容易?果有一长,已翘然自异矣。核其语意,若以中文为无甚紧要者,所谓"其余者"更不知指何项科学。责垂髫以举鼎,求砭石于聋聩,毋乃不知缓急,不知先后。至禀尾不署年月,尤属非常疏忽。并候照会监督,分别申斥,传谕各学生刻苦向学,不必放言高论。切切!禀发。仍缴。

绩溪县文令化舒详批

劝学与筹捐是相需甚殷之事,又是两相龃龉之事。该县于教育宗旨,注

---

① 搏节:节制。
② 自桧以下:典出《左传·襄公二十九年》,吴公子札至鲁国,观周乐,各有评论,"自郐以下,无讥焉",即未作评论,后用以形容不值得挂齿,或不值得一驳的东西。桧:也叫"郐",西周时分封的诸侯国,在今河南省新密市东北。

重讲经、读经、改良私塾,自是扼要之论。惟据该绅调查,学生至三千九百八十九之多,莘莘学子有若虎贲,岂非幸事?而校舍何地、教员何人,未经指实开报,不知此学生浮萍聚散如不系之舟耶?抑大树下可以习礼耶?抑如端木氏所言:"夫子焉不学?亦何尝师之有耶?"①殊不可解!仰即传谕该绅切实列表,以求实际。至所请办捐一节是否可行,仍候各宪批示。缴。册存。

绩溪县文令化舒禀批

捐廉俸,提中饱②,热心教育,搜索枯肠,意良可嘉。惟推收书③私取规费虽相沿已久,此大干例禁之事,并不得谓之"中饱",何有于急公好义?该令既有所知,自应严禁彻查,以苏民艰而祛蠹害。区区缴洋二元,试问该书等从何取偿?或且以奉有明文胆大手辣,又安能禁不倍蓰④取偿乎?与狐谋裘⑤虽不得无后灾,教猱升木⑥则后患将无已时。此端一开,窃恐推书饱欲死,百姓饥欲死,即少数之学生亦未必有鼷鼠饮河⑦之效果,此为政者不可不预防其渐也。又《奏定章程》小学无洋文洋语一门,该令添附英文教习既非定章,殊不可必。仰即知照,仍候各宪批示。缴。

歙县耆监方朋等禀批

此案前奉学宪批示由司并案议覆,再行饬遵等因,自应静候核议示遵。近日米价已涨至六元以外,虽由日本告籴之请,受其影响,难保非奸商居奇,有意垄断。我徽山多田少,虽丰年产米不足三月之食,全恃浙赣接济以救民艰。若不权轻重,遽开米捐以兴学,此与剜肉补疮者何异?窃恐一疮未愈,百孔随之而溃乱,此本府所焦心苦思而局蹐⑧不安者也。惟据称年少愚民有

---

①原句当为"夫子焉不学?而亦何常师之有?"语出《论语·子张篇》,乃子贡所言。

②提中饱:清政府从光绪二十年(1894)起,将各级官吏例行贪污的款项等陋规浮费收归公有,称为"严提中饱"。

③推收书:书院职事之一。经管书院田产或租谷或折租之银钱等事宜。

④倍蓰:亦作"倍屣""倍徙"。谓数倍。倍:一倍;蓰:五倍。

⑤与狐谋裘:比喻所谋之事有害于对方的切身利益,终难达到目的。

⑥教猱升木:教:传授知识技能。猱:猴子的一种。教猴子爬树。比喻教唆坏人干坏事。语出《诗经·小雅·角弓》:"毋教猱升木,如涂涂附。"

⑦鼷鼠饮河:比喻欲望有限。语出清刘文培《南山虎》:"驱尔如羊尔首俯,鼷鼠饮河只满腹。"

⑧局蹐:亦作"跼脊"。形容谨慎恐惧的样子。

拆学堂、打捐局①之谣,此等刁风久为法律所不容,浙江淳安之事可鉴也。无论所禀是否实情,应责成该耆监等传谕劝导,认真约束。如有暴动情事,定惟该耆监等是问。着各凛遵知照。此批。

徽绅、附贡生程全等禀批

此案磋议②一年,两县学、商界各持一议,迄未就绪。本府忝领一郡,学务、民艰、商困三者不能不兼筹统计。昕夕③焦思未能决议,致两县士绅裹粮茧足,重劳省宪慈廑,此本府之咎也。该职绅等公拟办法,消融邑界,念兄弟阋墙之训,明同室缨冠之义,本府披阅来禀,深为欣悦。惟据称,拟将米麦捐名目即行删除,于原有每袋出栈下力内酌加二分,以资抵补。至"临溪各米业,每袋自输二分"等语,究竟此捐是何名词,商民有无疑阻④,歙绩两县士绅是否均认可行,尚难悬揣。今日地方筹捐有若国际交涉,一字不可含糊,界限稍有不清即有无穷后患,此不可不先事防之。仰仍传谕歙绩学商两界蠲弃猜疑,会同具禀,并声明切实办法再行定案转详,是为要键。切切!此批。

歙县蔡令世信禀批

学堂之难办由于经费之难筹,经费之难筹由于开支糜费之太多。据禀各节自系实在情形。本府察阅各属报告,休宁海阳学堂每岁进款八千余元,学生则仅十六人;祁门东山学堂岁入不下四千余金,学生不过二十余人,其尤可骇者,历年堂长接替并未有决算报销,或至宵遁⑤而去;黟县岁入尤丰,婺源称是,绩溪次之,然均以经济困难为辞。该县小学堂岁支二千余千【元】,比较观之,犹为彼善于此者也。所有开支该县拟作十个月计算,此原从核实撙节起见。惟近日学界潮流日益膨涨,其降志以从者往往窃美名以去,稍为认真整顿,不目为反对,即抵为阻挠,其不遭唾骂者有几?歙多君子,想念及筹捐拮据情形,当亦缩衣减食,不断断此区区少数之薪水也。

① 捐局:清代专掌捐纳事务的机关。其在中央者为京捐局,在地方者为外捐局。

② 磋议:商谈;协议。

③ 昕夕:朝暮。谓终日。

④ 疑阻:疑惑隔阂。

⑤ 宵遁:亦作"宵逦"。乘夜逃跑。

惟事关全局,非一郡一邑所能决议,是否可行,仰候学宪核示遵行,并候抚宪批示。缴。

祁门县赵令元熙禀批

据禀已悉,仰候抚宪核示遵行。查阅上年下学期收支清册,诚如所禀,殊欠撙节。其伙食、杂支等项有无浮冒,尚难悬揣。县礼房①一项按节既支办公,开办劝学所又支英洋四元,甚至礼差、茶房亦且索取规费,任意侵蚀,实属浮滥。应即认真整顿,核实厘剔。并将礼房津贴改为每年六元,按上下学期分给。此外无论何项,不准巧立名目于学款内滥行开支,毋违!切切!并候学宪批示。缴。清册、八项表均存。

祁门县赵令元熙详劝学章程批

《详》及《章程》均悉,该董所陈各节甚有见地,第四条尤为当务之急,惟必沿袭义塾名目,其义犹狭而不广。徽州聚族而居,祠堂、文会,此自然适用之校舍。一族之中得贤且达者主持其事,就原有祀产而推广之,除岁时祭扫外,尽数移作培植子弟之用,族学之兴当翘足可待。又据称,西乡历口学堂本年开校,骤添数十余人,何以官立学堂招之不来,从无额满之日?甚至各都私贴钱文,始勉强来学,尤属无从索解!比较观之,其原因亦可不言而喻,岂得尽诿诸风气之闭塞耶!仰即传谕该董切实劝导,随时报告为要。余仍候抚宪及学宪批示。缴。

黟县罗令贺瀛详送附生汪炆桥《私立崇实小学堂规章》批

经费由发起人担任,仍收学费以补助之,办法莫善于此。该生甫经毕业,即能以其所学者转饷其乡之子弟,又独任开办经费,不责以世俗之偿,热心毅力洵近日学界中之难能而可贵者。惟查阅《学生姓名表》,越国子姓十居八九,此纯乎族学性质,原定私立名称似不若名为"碧山汪氏公立族学"较为翔实。本府于族学一事极力提倡,我徽聚族而居,就祠堂、文会而扩充之,

---

① 礼房:明清时期知县衙门办理祭祀、考试等事务的下属机关。

尤属轻而易举,其以此校为椎轮大路①可也。仰即转行该生,传知嘉奖,仍督饬认真经理,期收实效,是为至要。并候各宪批示。缴。表册存。

屯溪茶业公所董事洪廷俊、程恩浚等禀批

凡关系一般公益之规则,必双方适用,始能作为执行之证据。其有怀恶意而冒然请愿者,是谓一方之私益,即官厅许诺之事亦当在取消之例,此环球之公理也。据称,杭州报关行②十余家向由各茶商自由贸易,若归仁昌生专司其事,诸多窒碍自是实情。且运送取扱人非有特约不得另求报酬,未曾运送遽普律每箱抽洋二分,何怪各商之啧有烦言!以十七万箱计之,其私益赢于报效者且不啻三倍,是直以运送取扱之营业作公司专利之讲解,揆之公理,尤多刺谬。应准将前案注销,由该董等照议抽捐,岁交中学堂经费一千元,以符原额而免窒碍。仰即传知,一体遵照。此批。

歙县州同衔洪廷楫禀批

查阅粘抄殷景修等原禀,《章程》本为力杜捐客私设牙行、轻出重入、把持侵欺诸弊,《广告》内声明买卖进出一律官秤,似与花户有益无损,惟每花十两加捐二分,则是重叠抽捐,不啻以暴易暴。且无论何项规则,必双方适用方为有效,苟有一方不遵守此条件,更不得假强力以迫胁之。本府细核情形,所谓公司者,此不过问屋③营业,犹未脱牙行窝【窠】臼,实觉未尽允洽。仰歙县查照何福顺等昨禀批示,一并议覆察夺,毋延!切切!禀黏并发。仍缴。

歙县珠兰花户、监生许元吉等禀批

案经本府两次批县妥议详覆,据称已饬商会查复,率循旧章,仍听自行

---

① 椎轮大路:原为"椎轮大辂"或"大辂椎轮",后常被误用为"椎轮大路"。大辂:古代华美的大车;椎轮:无辐条的原始车轮。原指大辂由椎轮逐步演变而成,比喻事物的进化,由简到繁,由粗至精。后人亦称始创者为"大辂椎轮"。语出南朝梁萧统《〈文选〉序》:"若夫椎轮为大辂之始,大辂宁有椎轮之质。"

② 报关行:从事代客办理货物报关手续的商行。

③ 问屋:直接从生产者处得到货源,负责代销,或者收购后推销给二级批发商的商家。

买卖,殷景修等亦呈请缓办。是则公司之议业已取销,何必添砌空言,鳃鳃过虑①? 着即将认定劝学所花捐每百两二角之款赓续收取,如数缴县,以凭拨济急需。该花董等并不得串同捐客把持侵欺,倘于二角之外多取分文,致干②查出或被告发,本府惟有执法以绳。其后其各懔遵知照,毋违! 切切! 此批。

歙县内阁中书程锦龢、庶吉士许承尧等呈批

来牍备悉。此案自上年十月间奉抚宪札催开办,刻日出示,刻日发给厘局联票,刻日派董随收,此非实行开办之证据乎? 不得谓之"任其延宕"也。该箔商等一味诿卸,终以"商情困顿,无可再捐"为词,诚有如贵绅之所谓对于地方义务放弃已甚者矣。贵绅以此捐为学额扩充、学务发达之希望,岂为地方官者庞然大物,漠然不关痛痒? 然官司只能劝导,未敢勒捐。哓口瘏音③,听者充耳,不知更有何术以盾其后,此中为难情形当为有识者所共谅。郡城经费无着,前经禀请归六邑分任,当奉抚宪批饬。以外五县既请邀免分筹,不能再加抑勒。惟锡箔捐一项果能切实筹办,亦可酌分若干,以资经费等因,果使有术转圜,或可强迫从事,一举而公益两全,岂不更餍经济之欲望! 乃相持日久,该商等既抱牢不可破之主义,贵绅等亦无一活动之机关,似与此次宪札谕绅集商妥筹之宗旨未曾体会,未尽吻合。若传集该商晓以大义,则不待贵绅之请求,上年九月间已刺刺不休,聒以逆耳之言矣。候再剀切劝谕该商,俾晓然于省宪之德意,并据情详覆各宪核示办理,希即查照。此致。

绩溪县学界汪希以等禀批

蒙、小学堂并无监督名目,二都周星所办学堂系何名称? 所筹经费系何公款? 曾否议章禀报有案? 近日自命为学界中人而文理不通者比比皆是,即如此禀亦不免此病。惟所称聚赌嗜烟,究竟有无其事? 抑系该民人等挟

---

① 鳃鳃过虑:形容过于忧虑和恐惧的样子。鳃鳃:恐惧的样子。

② 致干:上级向下级机关发出的文书中,表示严厉地告诫下级的用语。致:以致;干:触犯,涉于。意即如若违背命令,必招致触犯过失而受到惩处。

③ 哓口瘏音:形容说话之多,费尽口舌。哓:话多;瘏:疲劳致病。

嫌诬控,以遂其报复之私?仰绩溪县立即秉公查明,具复核夺,勿稍徇延!切切!禀发。仍缴。

绩溪县绅学界葛光汉等禀批

二都周星迭据有人禀控,当即批饬斥退。旋据该县禀复,复饬专提彻究在案。据禀各节核与周宇涵前禀大略相同,周星由赌界、烟界羼入绅界,污我学界,遂蚕食及于农界、屠界、私塾界、孀妇界,又串通差役界、图保界、蠹书界、讼师界、亡命界为虎附翼,择肉而食,种种劣迹不胜偻指①。天壤虽大,实不过人禽两界,出乎此则入乎彼,此不容混迹于人界者也。仰绩溪县立即遵照先令批饬,按款彻究详办,勿延!切切!禀粘并发。仍缴。

紫阳师范学生胡熙等禀批

近日环球大通,省界、郡界之说久已消融。对外人之激刺而言,搏搏赤县,茫茫神州,皆我父母之邦也。该生等生长绩溪,负笈来郡,相距不过数十里,尚未出新安一步。来禀谓期收新知,归以灌输桑梓,何囿于乡曲所见,不广如是?本府所望于学生者甚远且大,故为该生等推广言之。二都校长周星前经有人控告,已饬秉公查复在案。该生等又联名请惩,其不洽士论毫无疑义,应即先行斥退,并查明种种劣迹,有无"土知县"之名,从重惩办。地方自治之政策粗有萌芽,而"土知县"乘时而起,攘臂而来,此辈得志,辜权奸利,后患方长。仰绩溪县查照节次批示,彻底根究,据实禀办,勿稍徇隐!切切!禀发。仍缴。

绩溪县张令廷权禀批

周星以药铺帮伙,又夙染烟癖,聚赌横行,公然自名监督,摊派勒捐,学界怪象可谓无奇不有,荒谬已极!周纯璧等混迹渔利,假公肥私,应即一律斥逐。并专提周星到案,按节次控告各条彻究,通详察办,一面会同正绅公举闲练②学务之士人接办该学堂事宜,以免中辍而求实际。仰即遵照指饬分

---

① 不胜偻指:一般作"指不胜偻"。形容数量很多,扳着指头也数不过来。同"指不胜屈"。

② 闲练:熟练;熟习。"闲"通"娴"。

别具报,勿稍徇延! 切切! 此缴。

婺源县童生王彬禀批

此项按村摊派学捐,业经本府详请停止,自不能再事勒追。潘廷佐与尔虽有讼嫌,案结即应冰释,亦何至纠众寻仇? 所称潘廷佐教唆潘荣干等盗刈早稻,截抢洋元,究竟何人见证? 制造军械,结党骚扰,此何等罪名? 尔乃怀挟前嫌,以之牵扯混控耶。本府随堂察讯,该童目动言肆①,实非安分之人。乃屡思插足学界,染指学捐,不遂所欲,则舞刀弄枪以搏击攻讦为能,亦多见其不知量矣。似此荒谬,本应责惩,姑宽,先行申斥,倘再无理取闹,定即发县讯惩不贷,懔之! 切切! 此批。

绩溪县商会司事高维干等呈批

学务、警务同为新政大题目,全在官绅一气公共维持方有起色。近日士夫学说皆误会“权利”二字,日以竞争为事。不独学界、警界屡起冲突,即学界中人亦且有同室操戈互相攻讦情事。究其眼光所注射者,不过此阿堵中而已。若如所呈,警局筹定之款小学堂再三拨去,警务将不可支,亦非正办。仰绩溪县立即查明原有经费若干,拨归学堂若干,是否足敷巡警之用,务须并顾兼筹,勿稍畸重,是为至要! 词发。仍缴。

绩溪县东山高等官小学堂学生宋征等禀批

查《奏定章程》内“教员当按所定日时上堂授课,毋得旷废贻误”,又“学堂教习有不得力者,随时辞退”等语。据称,该教员胡嗣运年老耳聋,旷课任意,照章应令辞退,自不能听其恋栈。该县已聘孙训导接授教科,胡嗣运尚思破坏,如果属实,甚瞀无道。惟事属空言,无凭查办。该学生有志上进,但当确守规则。孟晋潜修,谁能尼之? 又谁能害之? 学堂非垄断之区,更非修怨寻仇之地,其有刁绅、劣衿盘踞生事者,本府断不假借也。着各遵照。此批。

---

① 目动言肆:指神色不安,语调失常。

绩溪县师范传习所学生曹杰等禀批

自学务日渐孳生,士夫攻讦之风亦纷至沓来,而未有已甚,至投匦告奸,含沙射影,互相倾轧,互相报复,见恶者固多诬蔑,见好者亦一味铺张,或别有用意,所在纷纷扰扰,其影响于学务、地方者甚巨,实为人心世道之忧。此案业经批县会董调查禀复,公是公非①,直道在人,自不能逃舆论。应候查复核办,该生等但当努力自修,不必废学涉讼,着即遵照。此批。同日许士荣等封递一禀并发。

绩溪县副贡生胡嗣运禀批

查阅教授课本,该职贡枕葄经史②,学有本源,问答各条贯穿百家,文约指明,求之小学皋比③中,实堪独踞一席,此亦近日之经师也。寻次绅绎④,嘉慰何已!该学生宋征等乃敢以"教员旷课任性,有意破坏"等语率尔⑤来府具控,实属淆乱是非,不知自爱。查东山学堂于三十一年二月禀报开办,招考学生二十五人。三十二年上学期开学时已一哄而散,仅存汪士成一名。此二年间陆续招募,其实在在堂者不过十数人耳。证以三十三年九月文令之禀报,宋征等十名自三十二年正月入堂起至本年暑假止,实不过五学期,其余黄宗培等八名尤年数程度不符毕业奖励,岂能含胡攘取?学生率意要求,堂长不加约束,已属有瘝厥职,乃欲虚裁表录分数以掩饰之,有一守正不阿者又煽动校外人诟骂而排挤之,此孟子所谓"揠苗助长",贾生所谓"逆,首尾衡决⑥"者也,若不择尤⑦惩戒,何以副名实而式浮靡?仰绩溪县立即秉公查明,严切整顿,据实禀复核办,勿稍瞻徇!切切!并行该职贡知照。表册存,教授稿十本随禀附发。

---

① 公是公非:公认的是非。语出唐刘禹锡《天论·上》:"人能胜乎天者,法也。法大行,则是为公是,非为公非,天下之人蹈道必赏,违之必罚。"

② 枕葄经史:葄:垫。枕着经典,垫着史书。形容专心一意读书。

③ 皋比:亦作"皋比"。虎皮。古人坐虎皮讲学,后因以指讲席。

④ 绅绎:亦作"抽绎"。理出头绪。

⑤ 率尔:轻率。

⑥ 逆,首尾衡决:全句为"本末舛逆,首尾衡决",意为颠倒、悖逆。语出汉贾谊《治安策》。

⑦ 择尤:挑选突出的。尤:特异的,突出的。

绩溪县东山小学堂堂长周懋和禀批

自古党人各立门户，互相标榜，不必皆小人也。特以其一时意气之私，激而成庙堂交哄之象，故援春秋之义①以责备之。该职素有名誉，胡教员学问优长，又该职贡推毂②之人，何积不相能③如是？物先腐而后虫生，人先疑而后谗入。一有隙之可乘，遂有从中构衅者将坐收渔人之利，胡荣璆特其显焉者也。案经饬县查复，自有水落石出之日。胡教员已乞退矣，该职贡何又斤斤缠讼？殊不可解！语有之："礼义之不愆，何恤乎人言？"④该职从此力加整顿，力戒浮靡，便是止谤自修之道，是在该职贡好自为之。仰绩溪县传知遵照。至该学生等不知安分用功，率行攻讦师长，其不守堂规亦可概见。曹锡章等应如何酌惩之处，仍由县查明禀复，否则各科教员将以学生爱憎为进退，流弊曷有穷极！并即知照。禀发。仍缴。

绩溪县副贡石嗣宗等禀批

教员、堂长各挟意见，互相攻讦，此个人之交涉，于学堂无与也，于绅学界全体更无与也。本府历次批县谆饬整顿，正所以保全学堂，又何败坏之？足虑近来人心不古，无奇不有，同校相攻讦相排挤之事尤属习见不鲜。一言以蔽之，无意识之争竞而已。案经迭饬查明禀办，是非曲直自有定评，见好见恶皆非确论，不必多此一举。着即知照。此批。

绩溪县廪生曹诚琪禀批

胡荣璆朦没公款，此另是一问题，与学务无涉。查阅粘单，所追者皆甲辰年以前之租，自乙巳年书院改设学堂之日应即切实厘剔，何以听其朦没以至于今？即今年未闹风潮之先该廪生等何以寂不过问，直至风潮既起乃推

---

① 春秋之义：春秋时代通行的义法，即以王命为重，处理好上下、大小的关系。

② 推毂：推动；协助。毂：车轮中心的圆木，中有圆孔，可以插轴；泛指车。

③ 积不相能：表示双方长期以来互不亲善，不和睦。积：积久，长期；能：亲善。语出《左传·襄公二十一年》："栾桓子娶于范宣子，生怀子。范鞅以其亡也，怨栾氏，故与栾盈为公族大夫而不相能。"

④ 礼义之不愆，何恤乎人言：没有违背礼义，何必顾虑别人的议论呢？语出《荀子》所引《诗》逸诗，原文当为："礼义之不愆兮，何恤人之言兮？"

波助澜以排倒之？事虽因公，迹近报复，转足贻人口实。应俟学界互讦之案查明定断，再行另案彻追。着即遵照。此批。粘附。

绩溪县附贡生方城等禀批

学堂甫有萌芽，经费漫无限制，以今日之学员例从前之蒙师，已不啻再获而又倍之。甚至庖煇①、舆台②亦自高价值，得享优等之利益。既得之，而患失之宜也。主计者日守此秘密主义，其慕膻③者已耽耽逐逐④于其旁，以抵瑕而蹈隙⑤，风潮之起有自来矣。所禀冒支分肥各节言之凿凿，必非尽属子虚。仰绩溪县汇入迭次批禀，查明覆办，勿延！切切！禀发。仍缴。

绩溪县优附生程秉昌禀批

女以自媒而贱，士不以自荐而羞。平原好客，毛遂脱颖而出；齐桓求贤，九九⑥挟策而至。古有之矣。韩昌黎《答吕鏊山人书》："自度世无孔子，当不在弟子之列。"⑦该生乃自称品之所成不及渊宪⑧，行之所操亚于夷齐⑨，何出言之谦也？处士屡征不起，一闻高轩⑩则魂飞心荡，此盗名之行耳。昔有呈身御史⑪，该生愿尽义务，不惮为呈身视学，何所见之大也？方今环球交通，有志之士适异国挟重资以购文凭者所在皆是。该生既有毕业文凭，持此以

---

① 庖煇：泛指烧锅做饭的下人。庖：厨师；煇：通"熏"，烧烤、熏灼。

② 舆台：古代十等人中两个低微等级的名称。舆为第六等，台为第十等。泛指操贱役者，奴仆。

③ 慕膻：比喻因爱嗜而争相附集。语出《庄子·徐无鬼》："羊肉不慕蚁，蚁慕羊肉。羊肉，膻也。舜有膻行，百姓悦之。故三徙成都，至邓之虚，而十有万家。"

④ 耽耽逐逐：形容贪婪追逐的样子。

⑤ 抵瑕而蹈隙：意近"抵瑕蹈隙"，指攻击别人的弱点或错误。

⑥ 九九：指古算法。《汉书·梅福传》："臣闻齐桓公之时有以九九见者。"颜师古注："九九，算术，若今《九章》《五曹》之辈。"

⑦ 此段引言原文当为"自度若世无孔子，不当在弟子之列"。

⑧ 渊宪："渊"指颜渊，即颜回；"宪"指原宪，即子思。二人皆孔子学生。事见《论语》。

⑨ 夷齐：即伯夷和叔齐。事见《史记·伯夷列传》。

⑩ 高轩：高车，贵显者所乘。亦借指贵显者。

⑪ 呈身御史：《旧唐书·韦澳传》："（韦）澳登第后十年不仕。伯兄温与御史中丞高元裕友善，温请用澳为御史，谓澳曰：'高二十九持宪纲，欲与汝相面，汝必得御史。'澳不答。温曰：'高君端士，汝不可轻。'澳曰：'然恐无呈身御史。'"后以"呈身"谓自荐求仕。

遨游公卿间,大酒肥鱼①黄金白璧②易易③耳。该生乃不肯求举于众人,又何自谋之拙也?本府忝领一郡,不能拔生于青云之上,良用歉然。仰绩溪县就近查明,证诸舆论,是否堪胜视学之选,据实通详复办,勿违!切切!禀发。仍缴。

紫阳师范学堂监学、举人黄家驹禀批

据禀已悉。该举人学术纯正,识见明通,本府素所深知。惟学堂职员本府初无任免之权,此次因洪监督辞职而去,该校主持无人,该举人本系监学,故敢详明学宪,请暂摄监督事宜,此该举人责无旁贷者也。近日学堂职员已寓职官统属之意,非昔日皋比自去自来可比。学堂攻讦大半系个人私怨,尤与全体无涉。现汪绅国杰被讦,已径情直遂④而去。中校监督将虚左以待⑤,何该举人遽作鸿飞冥冥⑥之想耶?尚望该举人勉力支撑,勿萌退志。至来年应行预筹办法,以及佣聘教习诸事,尽由该举人主任担当,无所用其退逶。仍候学宪批示,再行饬遵,希即知照。此批。

内阁中书程锦酥等禀批

来牍具悉。此项箔捐经司局详奉前抚宪严切⑦批饬开办,该商等仍抗不输纳,实觉无从索解。府中再三开导,笔舌焦秃,依然无济,威信之不能孚人亦可概见,深用怃然⑧。今贵绅议请札县饬缴较有把握,自应照办。候即檄饬休宁县谕令箔商遵缴学捐,以尽义务,并行该卡知照。至按现在时值估定加捐,诚如所云,不免又生枝节,自应毋庸更议。希即查照。此覆。

---

①大酒肥鱼:谓酒席丰盛。大酒:醇酒。

②白璧:平圆形而中有孔的白玉。

③易易:很容易。

④径情直遂:随着意愿,顺利地得到成功。径情:任意,随心;遂:成功。

⑤虚左以待:虚:空着;左:古时一般以右为尊,但在车上例外以左为尊;待:等待。空着尊位等候宾客、贵人。也泛指留出位置恭候他人。

⑥鸿飞冥冥:冥冥:遥空。大雁飞向远空。比喻远走避祸。

⑦严切:严格。

⑧怃然:形容失望的样子。

休宁县刘令敬襄禀批

据禀已悉。此案经牙厘局宪详奉前抚宪严切批饬,由局出示晓谕,行卡随正厘代收等因,转行到府,即经本府粘抄批示及禀折札行该县。该箔商等何复援督宪批局"会董妥议"之说谓为"静候议覆,非敢违抗"?是否该县并未录批转谕?抑该商等佯作不知?殊不可解!中学堂经费旧有茶厘五千两,本年夏间据茶业公所禀每年报效银币一千元,经本府批准立案,此通省共知之事。本年中学甲乙丙三班学生实有六十九人,谓五六十人尚是冥漠无据之词。每年每生缴膳费二十元并非学费,有《学堂决算表》在。即使该镇添设小学,此另是一问题,与此案了无关涉。学务、商情二者并重,本府岂不知之?今夏该镇水灾,铺捐邀免,本府又岂不知之!惟此案系奉前抚宪批定之案,千折万磨谁能撼之?本府惟有奉令承教,再接再厉,虽万弩齐发,集矢一身,遑恤其它①。仰即转谕迅速输捐,勿任跋扈。切切!仍由县通禀各宪只候批示。录报缴。牙厘局宪前次详奉院批再抄发。

绩溪县学界附生程裕济、增生胡恒善等禀批

肉价层递增涨,肉铺之因捐取诸买户者每斤决不止二文,代收为难,何如索性不售?放下屠刀,立地可以成佛;偶尔大嚼,无肉亦且快意。固不问各户之愿与不愿也。缧绁塞于道路而榜曰"乐输",金钱印入脑筋而口称"公益",此二种人皆本府深恶痛绝之人。稍知政体者,遇地方捐税之事,盖不知枯肠几折,不律几停,以为准驳。联合筹捐者惟学界,联合阻挠者亦惟学界。来禀所谓若海阳学堂一旦发达,恐因捐锁押之人非一班馆所能容,抑何其言之谑而虐也?易地以处,平心以思,有率尔迁怒者,恐又当按剑相嗔矣。于王绅世勋一人何尤,叶聚生应缴学费若干是否交差看管,应静候休宁县核饬遵办,毋庸该生等出为辨护。着各知照。此批。

歙县拔贡吴永龄等禀批

多财者损智,贫而无力者则又失。学生等恫然忧之,此范文正为秀才时

---

① 遑恤其它:哪在闲工夫担心其它的事呢。表示顾不上其它的事。遑:闲暇;恤:担忧。

之抱负也。据禀,拟提户库中饱为邑城兴学经费,事属可行,应即照准。惟洋余一项究竟是否确有此数,府中无凭钩稽,仰歙县立即核明饬遵具报,勿任蒙盖!切切!禀发。仍缴。

歙县增生叶光禄禀批

零星小数箔商低首认捐,大宗箔商仍未输纳,遵札出示无效,遵议饬县追缴无效。一宗事作出两样,认捐不认捐,纯以势力强弱为衡,何以服人?何以对士绅?本府于宪饬事件无不奉令承教,孜孜行之,独此事矢尽援绝①。自告才力不及,万一士绅不见谅,虽加以阻挠学捐之咎亦俯首而无辞。应候禀请宪示,以定进止。此批。

紫阳师范生张舜□②等禀批

私塾不能改良,教育何由发达?自非造就多数师范,不足收画一整齐之效。据称,歙县蒙塾多至千余,平均计之,一塾得学童十人,是千塾已有盈数学童矣,本府为之一喜。又称,为塾师者大抵句读弗清,别字触目,其出身不同,其迂谬拙劣、卑污浅陋则无不同。张禹不识"刚正"字,许敬宗不识"忠孝"字,谬种流传,诚有江河日下之势。文公有知当隐恫之矣,本府又为之一叹。该生等哀哀呼吁,欲举此迂谬拙劣、卑污浅陋之千百塾师一学期内陶汰之,非有大知慧者不能也。匠石运斤③成风,尽垩而鼻不伤,善矣;儵与忽④报混沌之德,日凿一窍,七日而混沌死,本府又为此惧。是否可行,姑候体察情形,会商饬办来禀。首列之张生,直犯今上御名第二字,亟应敬谨改避,并即遵照。此批。

---

① 矢尽援绝:作战中箭矢都用完了,援兵断绝了。也比喻处境非常困难。

② 此"□"为避光绪帝爱新觉罗·载湉讳,当为"湉"字。

③ 匠石运斤:原指木匠石抡斧砍掉郢人鼻尖上的白灰,而没有碰伤郢人的鼻子。后用以形容技艺精湛。匠:匠人;石:人名;运:抡;斤:斧子。典出《庄子·徐无鬼》。

④ 儵与忽:典出《庄子·应帝王》:"南海之帝为儵,北海之帝为忽,中央之帝为浑沌。儵与忽时相与遇于浑沌之地,浑沌待之甚善。儵与忽谋报浑沌之德,曰:'人皆有七窍以视听食息,此独无有,尝试凿之。'日凿一窍,七日而浑沌死。"

休宁县中书科中书李应庚禀批

李应元迭次寻衅讹诈,既经该县差传,自当酌予惩戒。该职与宁绅、郑绅议设小学一所,此公益事,与家务事绝无干涉,何为中止? 何为扯杂牵入此呈词内将毋? 移花接木,欲加以阻挠学务之罪名耶? 此则可以,不必既据一再呈县。仰休宁县分别讯惩具报。切切! 词粘并发。仍缴。

歙县附生张璜等禀批

"筹学捐于既瘠且贫之民,徒受苛捐之名,有害而无利。欲筹一有利无害之策,莫如提中饱。"此语实为中肯,实有见地。我国财政主计者仰屋久矣,究之,漏卮者居其半,中饱者居其大半。安得综核①如张江陵、清皦如阎文介②者,出而一栉梳之乎,街口船税固所谓太仓之一粟也。粘单所开各捐是否确有此数,仰歙县详查,明确应如何提成拨充学费之处,即行妥议具复,以凭核饬遵办,毋稍瞻徇! 切切! 禀内列名张生,直犯今上御名第二字,敬以朱规别之。名列胶庠,不宜率尔如是,应即赴学声请注册。禀粘并发。仍缴。

绩溪商学同人、附生程裕济等禀批

叶聚生欠缴学捐若干,是否抗捐拘留? 现尚在押。该生等须知,因学抽捐本万不得已之事,"权利"二字非口曾闵而心跖蹻③者所能攘取,"义务"二字又岂能执途人而晓之? 所谓自愿认捐者,不过公牍欺人之语,大半强迫从事耳。既据一再禀请,姑仰休宁县核明饬遵具报。禀发。仍缴。聚泰等店及该附生等前词禀各批,均抄发。

---

①综核:谓聚总而考核之。

②阎文介,即阎敬铭(1817—1892),字丹初,陕西朝邑人。道光二十五年(1845)进士,历户部主事、湖北按察使、署布政使、署山东盐运使、山东巡抚、户部尚书、军机大臣、总理各国事务衙门大臣、协办大学士、东阁大学士等。追赠太子少保,谥"文介"。为官清廉耿介,理财专家,有"救时宰相"之称。

③口曾闵而心跖蹻:嘴上喊着孝行,心里想着偷盗。喻虚伪贪婪之人。曾闵:曾参与闵损(闵子骞)的并称,皆孔子弟子,以有孝行著称;跖蹻:盗跖与庄蹻,古代传说中的两个大盗。

休宁县刘令敬襄详批

近日文明巨子劝办学堂，大半持风气未开之说，本府向不以此语为然。堕民①、蛋户②尚且有志向学，我国神明之胄不应狉獉③至此。推原其故，因贫而失学者固居其多数，仍办学之不善耳。该令到任未及一年，劝学所、教育会以次成立，并劝办小学多处。各乡士绅均闻风而起，联袂而兴，教育普及之希望当不至徒托梦想，嘉慰何已！至近日学界恶习，往往立一招牌虚张门面，借此以为勒捐利己地步，尤为学务之大障碍。该令事求实际，不敢以空言搪塞，率尔转详立案，尤非俗吏所能。果尽如该令之实心任事，吾徽吏治其有起色矣。仰仍随时劝导，切实□核，以副九年预备人民识字义者二十分之一之宗旨，是所厚望。余候各宪批示。缴。

绩溪县增生李嘉善禀批

学费皆地方脂膏所出，学堂非游手噉饭④之所。该校经费本属无多，职教员三人足矣。此三人者又必名誉完全，实心任事，始无负发起人之苦心，亦可不负担任出资者之雅意。姚晋卿等既非公举，何以贸贸然来？殊不可解！小学添设洋文与《奏定章程》不合，以粗识之无风丁之学童，遽使其习格磔钩辀⑤之殊语，耗时伤脑，尤非所宜。候谕饬县视学王绅昭三查明斥退，严示限制，妥筹办法，以垂久远。着即知照。此批。

黟县增生汪蓉镜等禀批

据禀该生等拟在田塅、蒪村两处开办蒙学，姚国宜阻挠破坏等情，阅之

---

① 堕民：又称"怯邻户"，明代称"丐户"。元明清时受歧视的部分平民，被视为"贱民"的一种，不得与一般平民削籍、通婚和同列，亦不许应科举，多任婚丧喜庆杂役等事。据清茹敦和《越言释》载，绍郡八邑和宁、台、金、衢、严、处、徽州等古越地均有堕民。

② 蛋户：不务正业的游民。

③ 狉獉：亦作"狉榛"。原始野蛮。

④ 噉饭：吃饭。喻指生活。

⑤ 格磔钩辀：鹧鸪的叫声。语出唐李群玉《九子坡闻鹧鸪》："正穿诘曲崎岖路，更听钩辀格磔声。"

甚为诧异。各姓子弟有各姓之父兄，非姚氏所能进退；各祠会费有各祠之长老，更非姚氏所能把持。各办各学，各酿各钱。悬壶者不卖假药，牌号自传；招股者不想骗钱，花红自厚。此言虽浅，可以见道，可以自反，固无俟聚讼为也。惟寒士以此为生，得一馆地即不异得一铜山，此中况味，过来人当备尝之。舒生既留原馆，何旧东自食其言？汪生既有关书，何轴山忽夺其席？果如所禀，将丧斯文，东道主人不应前恭后倨如是。仰黟县查核确情，妥为区处，勿任向隅！切切！禀粘并发。仍缴。

休宁县翠岩小学堂堂长吴凯勋等禀批

经费本有定限，学堂之接踵而起者正未有艾。饥嗔饱喜，此固人之恒情；此润彼枯，未免有乖公道。若非一秉大公议详立案，交涉家持利益均沾之说相持不下，将何以应付之？仰休宁县迅即查明原案核议，通详察夺，勿延！切切！禀发。仍缴。

新安中学堂监督黄家驹咨呈批

既经所转入之学堂考试相符，准其就学，是该生黄晋祺乃转入之学堂之学生，非原先肄业之学堂之学生也，将来毕业奖励即由所转入之学堂办理。此时若将该学生原先肄业之学堂分数或修业文凭声明备案，亦未为不可。惟该生所转入之崇正小学堂学级、学年，本衙门无案可稽，仍由所转入之学堂直接该管①衙门声明核办可也。此复。

黟县罗令贺瀛详批

近日兴学宗旨以教育普及为要，该县明达士绅皆能组织族学以为之倡，迭阅详册，欣阅殊深。丰川、案川两校，其经费统取资于本族祀会赢余，办法甚是，并由四团文会费内每年补助洋一百元，既经公认，亦属可行。惟叶氏南阳族学未曾筹有经费，恐非持久之计。该族为南屏望胄，仕宦联翩，方兴未艾，应不乏热心教育之人能出其余资以扶植之，此尤本府亟为嘉许者也。仰即录批，分别嘉奖，仍督饬认真经理，以收实效，是为至要。并候各宪

---

① 该管：掌管。

批示。缴。另详南阳、案川小学二件粘发,表册均存。

学务佐治官陈令元瑞、代理绩溪县叶令学仁会禀批

此案现复迭据方城、胡良荣、程士桂等联名数十人接续来禀,以投票选举之堂长仍不能餍众望,以教育会长、劝学总董开会举定牒请之。查账员当众调查簿据确核明白之议案,仍不能箝制攻讦之口,似此无理取闹,实于学务前途大有妨害。仰新任县桂令立即会同王视学、胡会长确核妥议,通详定案,声明此后无论何人挟私讦控,概不准行,以遏浇风而杜争讼,并移委员知照。仍候提学宪批示。缴。各禀抄发。

绩溪县岁贡胡荣璆禀批

账以簿据为凭,有何罗织①? 应照查账员结算,依限清缴,是谓知几②。倘再饰词狡赖,惟有押追二字,其勿悔! 仰绩溪县立即转饬懔遵知照。禀发。仍缴。

祁门县岁贡生李训诰禀批

合则留,不合则去,凡事皆然。该贡生知难而退,辞去教员,原无不可。所不可解者,该贡生拂衣而去适在与堂长龃龉之时,该学生等卷堂而去又半系该生亲族中人,谓非煽动挟制,实觉百喙难辞。学生率众罢课,此一种桀骜不驯之习气正须陶冶,为父兄者反从而耸动之,岂非误其终身? 岂非自寻晦气? 一县之大,不患无可招之学生,不患无可佣聘之好教习。该贡生果无挟私破坏之心,正应从此息喙,否则阳示远嫌③,阴怀阻挠,上宪具有见闻,毋谓一禀可文饰也。着即知照。此批。

---

① 罗织:无中生有地编造、构陷。

② 知几:谓有预见,看出事物发生变化的隐微征兆。

③ 远嫌:远避嫌疑。

绩溪县东山小学堂堂长、廪贡生胡晋接禀批

该堂长受事以来,申明旧章,改良教育。其不安分之学生,独能不避嫌怨切实陶汰,芟夷稂莠,正所以扶植嘉禾。权限所在,如是方为尽职。倘该革生等非理妄干,挟嫌报复,定当照章追缴学费,从严示惩,决不能使一二无理取闹之人又兴无名之师①也。希即查照,仍将甄别情形移县转申学宪备案。此缴。

绩溪县廪贡生胡晋接禀批

该生接充堂长以来力求整顿,期渐改良。曹作朋初无异词,即斥退学生亦为实行规则,并未訾为不应,何必哑哑②不俟终日③?无论后之来者未必得人否也,即得人矣,又岂能乡人皆好,得免风潮?现象如此。士绅互相倾轧,学生愈长虚骄,此非地方之福也。既据径禀学宪,姑仰绩溪县饬候批示遵行。禀抄发。

休宁县劝学总董王世勋禀批

因会演戏,因戏聚赌,贪人大嚼,好人遭殃,此种恶俗言之实堪痛恨。如剃草然,非铲断根子不可,不然虑野火未尽又有春风之嘘拂也。以报赛、田祀之资作户诵家弦之费,一转移间化无益为有用,永斩祸根,何幸如之!应候如禀,出示谕禁,希即查照。此复。

祁门县杜令英才禀批

该县官立小学堂开办已九学期,毫无成绩可观,自是实情。据称,上年《册报》不实,下学期学生实只十九人。试问该县改良以来,本年上学期学生又有几人?所谓改良者安在?所谓进步甚速者又安在?不过百步、五十步

---

① 无名之师:没有正当理由出征的军队。

② 哑哑:急迫。

③ 不俟终日:等不得一天过完。形容急不可待。

之间耳。至谓"李训诰等忌嫉汪生,捏名上控,委员曾令遂力斥辞退",语近臆度,亦未免负气。南乡两等小学、西乡两等小学、东乡初等小学既称加意整顿,均有可观,应即传谕嘉奖,益加奋勉。《私塾改良章程》久已通行饬办,近奉《部行简易办法》,尤属切实可行,仰新任县孔令立即查照指饬,分别认真办理。切切! 仍候各宪批示。缴。章程、表均存。

休宁县临川小学堂堂长、增生程家炜禀批

查该村重阳会年年闹事,经该前县谕饬各祠会首①提充学费,签允无异,并经本府出示禁止,各在案。葛其文有何护符可以霸款图抗? 如果属实,殊为刁顽。仰休宁县立即查案饬追,申禁具报,勿违! 切切! 禀粘并发。仍缴。

徽州府茶业董事、花翎知府衔洪廷俊等禀批

来牍阅悉。该绅等输资建校,并筹定常年经费,热忱、能力均堪嘉慰。惟现在实业待兴孔亟,体察我徽情形,农、林、蚕三科目尤为当务之急,原拟"两等小学"似不若改为"初等农业学堂"名实尚属相符。如虑学生程度不齐,并准设立预科二年,再行升入本科,与大部原奏及《招考限制章程》皆相吻合。希即会同熟筹妥订规章,另行见覆察核②。所请给示札县及颁发钤记之处,应即照准,仍俟详章到日再行核明,转详立案可也。希即查照。此覆。

绩溪县四品封典胡位召、举人石文瑞等禀批

·95·

兴学非难,筹款为难。肉捐既可不拨,该职举等果热心兴学,尚应勉为其难,别筹挹注③方法,无逞意气,无抛义务,是为至要。着各知照。此批。

卷五 批判·学科

---

① 会首:旧时民间各种会的组织的发起人。也叫会头。

② 察核:审核;审察。

③ 挹注:谓将彼器的液体倾注于此器。后亦以喻取一方以补另一方。

婺源县魏令正鸿详沱川初等小校改为两等请立案批

如详立案。查阅学生名册只有十二人,应即赶紧招足,多多益善。原章第十七条"本校只备蔬菜,以俭约为主"只是正论,所有荤腥由各生自备似欠妥协。师生一堂会食,皆有一定钟点,断不能另起炉灶,独树一帜。本府借箸而筹,似不若每星期间酌定荤腥两簋几次丰俭较为适中。仰即传知该绅等查照。仍候抚宪暨学宪批示。缴。

歙县诚正两等小学堂朱惟升等禀批

朱衍、朱霞想均是紫阳苗裔①,以五十余元之会费致起竞争。朱惟升等攻朱衍烟瘾甚大,朱学孔等攻朱霞文理不通,旗鼓相当,几演恶剧,明知两败俱伤,何苦相持不下?究竟两造孰为实心兴学之人?抑应否利益均沾之处?仰歙县立即考查真确,核明议详察夺,毋稍偏倚!切切!禀粘并发。仍缴。朱学孔等禀并发。

婺源县魏令正鸿禀批

此项简易识字学塾愈多愈好,揆之近日情形,实为对症好药。据禀,该县会同劝学所汪绅开安已劝设十有五所,办事勤奋,良深嘉慰。此外,穷远乡僻仍当逐渐推广,总以"莫不饮食,莫不识字"为的。"十室必有忠信②,满街都是圣人。"此本府所朝夕企望者也。仍候各宪批示。缴。总表存。

---

① 苗裔:后代;子孙。

② 十室必有忠信:即使是十户人家的地方,也一定有忠诚信实的人。指处处都有贤人。语出《论语·公冶长》:"子曰:'十室之邑,必有忠信如丘者焉,不如丘之好学也。'"

卷六

批判·兵科

休、婺、祁、黟、绩五县会禀批

敲骨吸髓以筹款，因循敷衍以办新政，是今日之通病，是本府最痛恨之事。据禀沥陈①办公竭蹶②情形，至民间除筹赔款各捐外，断不敢另设别法。贤有司关怀民瘼③，此言一出便是万家生佛④，此本府所深为嘉许者也。惟郡城巡警不可中止，经费不可不预筹，此中困难情形有不得不重言以申明之者。查郡城巡警创始于黄前府，已经通禀立案，巡警之隶于府，不隶于县彰彰明矣，历任皆奉行无失，本府不能扩充之，方引咎于无穷，乃听其废坠乎？灯捐停则警费无出是固然矣，然灯捐乃普通停收，不独徽郡为然也。统全局计之，实行禁烟以后，岁入捐款当骤减数百万有奇，此数百万者设奉部指拨改解，督抚大宪能诿为无法筹抵乎？事虽大小之不同，其理则一也。至谓郡城地方归歙县管辖，巡警应归歙县承办，则尤不免误会。查京师地面为大宛所属，警政则由大部举办，省城地面为怀宁所属，警政则由臬宪督办。巡警者，民政之总机关也。地方既有长官，即当由长官握其枢纽。本府断断不敢以长官自居，本府亦地方官也，守令官阶虽差，其亲民则一也。谓地方由县令管辖，然则知府一官岂至贵而无位、高而无民之境界耶？抑岂新安大好山水真容卧治⑤耶？不但此也，郡城方面寥廓，而巡警现额只有二十人。此二十人者，昼夜梭巡已时虑捉襟见肘，此后再图扩充，自当由歙县独力规画。设并此二十人而亦废弃之，万一风鹤有警，本府赤手空拳，内无爱妾⑥、骏马，

---

① 沥陈：竭诚陈述。

② 竭蹶：亦作"竭躩"。颠仆倾跌，行步匆遽貌。原指走路艰难，后用来形容经济困难。

③ 民瘼：百姓的疾苦。瘼：疾，疾苦。

④ 万家生佛：旧时指受百姓爱戴的地方官。

⑤ 卧治：源自典故"卧治新安"。言南朝梁武帝令徐摛出任新安太守之事。《梁书·徐摛传》："徐摛，字士秀，东海郯人也。……摛幼而好学，及长，遍览经史。属文好为新变，不拘旧体。……摛文体既别，春坊尽学之。'宫体'之号，自斯而起。武帝闻之，怒召摛加让。及见应对明敏，辞义可观，武帝意释。因问'五经'大义，次问历代史及百家杂说，无不应对如响，帝叹异之，宠遇日隆。领军朱异不说……遂承间白高祖曰：'摛年老，又爱泉石，意在一郡，以自怡养。'高祖谓摛欲之，乃召摛曰：'新安大好山水，任昉等并经为之，卿为我卧治此郡。'中大通三年，遂出为新安太守。至郡，为治清静，教民礼仪，劝课农桑，期月之中，风俗便改。"

⑥ 爱妾：此言"爱妾"意乃用"爱妾"换骏马，源自典故"爱妾换马"。唐李冗《独异志》卷中："后魏曹彰，性倜傥，偶逢骏马，爱之，其主所惜也。彰曰：'余有美妾可换，唯君所选。'马主因指一妓，彰遂换之。"

外无雷万春①、南霁云②，而所属六县将作壁上观乎？抑将诿为自顾不暇乎？愿贤有司熟思而审处之也。本府初学作吏，不敢喜事，亦不敢废事。月前道出渔亭，黟县胡令慨然为民请命，即以此事相告，本府怒焉如捣③，亦岂愿重累吾民，蹈石壕吏④、折臂翁⑤之覆辙？及到任考查情形，则径情⑥不敢，欲罢不能，午夜傍徨，不知所措。仰即遵照前府节札，妥筹协济之方，迅速具覆，毋再借词诿卸，是为至要。此缴。

祁门县赵令元熙详批

据详已悉。此项拨充经费之茶规，既据联名禀请邀免，应即照准。惟核阅该茶号天裕祥等原词，其中多荒谬之语，不得不明白批示为该商等告之。查陈代令原禀与绅董叠经筹议均愿赞成，自当确有依据，谓"不谙商情"容或⑦有之，谓"捏为会议"，果何所见而云然⑧？苛派勒捐，此本府深恶痛绝之事！果有抑勒，白简⑨具在，试问有何功之可邀？有何事之可希冀？该商等于旧冬奉到谕示之日，有则言有，无则言无，认可不认可，据实声明可也，何必移口诋毁如此诪张⑩？后之来者亦有去任之日，其政策能每人而悦乎？又安知不推翻前案甚于今日之所云云乎？总之，筹款一事，当官者不饱私囊，不取非义，便无疚于心，无愧于百姓。为商民者既隶帡幪⑪，则捐税义务无所逃于天地之间。惜我国官民程度均未足以语此一二，不便于己者，遂乘机而坐享其利耳。仰该县悬牌示谕，俾众周知。缴。

---

① 雷万春(？—757)，唐朝名将。安史之乱时从张巡守雍丘，抵抗安禄山军，在城上面中六箭，坚守不动。后从张巡守睢阳，坚守不屈。城陷后，与张巡同遭杀害。

② 南霁云(712—757)，魏州顿丘(今河南省清丰县)人，唐朝名将。勇武过人，"安史之乱"时从张巡镇守睢阳，屡建奇功。后睢阳陷落，霁云宁死不降，慨然就义。

③ 怒焉如捣：忧思伤痛，心中像有东西撞击。形容忧伤思念，痛苦难忍。怒：忧郁，伤痛。

④ 石壕吏：唐杜甫诗《石壕吏》中趁夜强征兵、连年老力衰的老妇也不放过的差役。

⑤ 折臂翁：唐白居易诗《新丰折臂翁》的主人公。折臂翁为逃兵役而"偷将大石捶折臂"。

⑥ 径情：任性；任意。

⑦ 容或：或许；也许。

⑧ 云然：如此说。

⑨ 白简：古时指弹劾官员的奏章。

⑩ 诪张：欺诳。

⑪ 帡幪：本指古代帐幕之类的物品。引申为庇荫，庇护。

绩溪县张令廷权申批

游手嗜赌有若慕膻,非一纸文诰所能禁也。据称,不时微服访查,有犯即提。该令果能耐劳苦,事必躬亲,自当办到。禁烟一节,调查给照,限制购食,此最是吃紧办法。若于词讼原被中证强示区别,恐多流弊。原告吸烟词不受理,恐不免阏抑①下情。有窒碍难行之处,该令其斟酌尽善,随时劝谕可也。仰即知照。此批。

屯溪镇商号德厚昌等禀批

武职有无吸烟,业经参府照章调验取结遵办在案。据禀,任恒智嗜好甚深,委靡不振,如果属实,何以在差两年有余未据揭禀?殊觉费解!惟是否确有嗜好,姑候移请参府将原验情形见覆核办,着各知照。此批。

屯溪德厚昌商号等禀批

查今岁攻讦任弁之商号,亦即去岁保留任弁之商号。然去岁保留之禀,该镇绅董及盐、典、茶各商皆列名,故立即照准。今岁攻讦之禀,盐、典、茶号各绅董皆未列名,其出自一二人之私见,非阖镇之公论可知,故犹待察核。夫以一镇之小小公益,尚且忽爱忽憎,意气用事。如是,遑论其大者、远者哉。所好好之,所恶恶之,舆论佥同②,地方官岂有不俯从舆论之理?若两方面争执各事,则以长官之裁决为断。此是行政范围,固不独此事为然也。前禀已明白批示,此禀本可不必批发。近日诉讼攻讦事件,以一二人之私怨煽动全体或控名邮递者居其多数,本府故纵笔及之,应静候核办,勿多费笔墨足力。此批。

商号德厚昌等禀批

该镇警局一差,本非稍有气骨者所能办。见好于此者必见恶于彼,奴隶

---

① 阏抑:抑制。

② 佥同:一致赞同。

视之久矣。合则留,不合则撤,一言可决,安得如许闲暇,取"夜半临深池"①之呓语,一一而解喻之?禀粘列名者二百余家,又不能传案解说,一一察其眸子,姑付之一笑而已。此批。折附。

黟县城议事会议长余攀荣等禀批

来牍具悉。光绪三十三年本府到任之始筹办郡城警费,赖诸绅协力认筹,幸无废坠,本府深为嘉许。现在今昔情形不同,即如警务一端,各县皆须扩充举办,同此困难,自未便挹彼注兹,又多一层担负。所有原解一文肉捐,应准其免,再解郡专充该县教练所之费。仰黟县立即遵照办理,并照会余绅等一体查照。至郡城巡警未归歀办以前挪亏经费二百余元,并即由府另筹弥补,以示体恤。切切!禀抄发。原禀存。

硝磺分所司事方义盈禀批

查阅黏抄,该司事禀控汪俊有私买硝磺情事,业经该县分别提传究办。该司事不候讯明,辄迁怒于承书,犹可说也,乃率谓该县"御下仁慈,书生本色",一似长官之为属员出考语也者,无乃②口不择言?究竟是何情节,仰休宁县彻底究追,分别惩办具报,勿稍含胡。切切!禀发。仍缴。

---

① 夜半临深池:比喻面临极危险的情况而不自知。典出南朝宋刘义庆《世说新语·排调》:"盲人骑瞎马,夜半临深池。"

② 无乃:难道不是。

卷七

批判·刑科

黟县布政司经历衔程济达呈批

红拂①夜投李靖,绿珠②身殉石崇,该职妾未必有此肺肠,该职既有专房③之宠,亦当有金屋之藏,何故使饱则扬去此等贱婢?即使汶阳归我,恐亦非完璧返赵,岂独该职焦心?本府亦甚为该职虑之。至所称娶该妾时礼宜媒妁彰明较著,尤属荒谬!此事若出自筚门圭窦④,原无足责。该职既煌煌衔顶,又自称书香世家,此本府不能不训诫该职者也。惟据称汪观盈等串谋诱拐,霸匿不放,该差捕等留难索费,亦视为奇货可居。如果属实,殊属目无法纪。仰祁门县立即改差严提,悉数拿案,分别详惩察办,并移行黟县知照。切切!词粘并发。仍缴。

歙县民人曹九十投井捞救一案堂谕

核阅曹九十供词,语无伦次,似系曾患疯迷者。惟前夕投井之后尚知呼救,迄巡警差役救出,又叩头道谢,有"无恩可报"之话,似非疯子。且人非穷困无聊,谁肯轻生?曹九十头戴红风帽,身穿洋缎马褂,此岂穷汉形式?曹九十果系真疯,则投井之后必不知呼号求救。伊家诇府城十有余里,果求死所,何处无之?又何必投寻府署之井?其中恐有隐情。一夫含冤,此守土者所惭愧也。候亲提研问,果有冤屈,固当昭雪;即系一时昏迷,亦当责成该族及伊胞弟妥筹善后之方。兵房写生孙镇淦奉传入署,虽系无心凑合,若非遇事留心,立时呼救,则曹九十之性命不保,将来亲属控告,且成千古之疑案。

卷七 批判·刑科

---

①红拂,相传原名张出尘,隋末"风尘三侠"之一。据唐传奇《虬髯客传》载,红拂原为司空杨素府中婢女。因手执红色拂尘,故称"红拂女"。一天,李靖赴杨府拜谒杨素,向杨素畅谈天下大势,神态从容,见解非凡,且李靖身材伟岸,英姿勃勃,遂获红拂芳心。红拂于当天夜里投李靖住所,以身相许,结为夫妻,并辅助李靖建立功业,成就千古佳话。

②绿珠(? —300),西晋石崇宠妾。中国古代著名美女。为石崇,自己坠楼而死。

③专房:指实际上作妾的婢女。

④筚门圭窦:亦作"筚门闺窦"。比喻贫户居室。筚门:荆竹编成的门,又称柴门。语出《魏书·逸士传·李谧》:"绳枢瓮牖之室,筚门圭窦之堂,尚不然矣。"

孙镇淦着传谕奖励。救蚁①埋蛇②,尚食厚报,公门中好修行,该写生其无负期望之厚意。此谕。

歙县民女胡月仙喊呈批

刘洪氏分投诬控是否郑启维之串捏③抬害,一面之词,殊难臆断。惟据该民女呈有郑启维亲笔信件,始涎其财,旋讦其阴,其为索债逢怒可知。朋友有通财之义,男女无私相授受之理,郑生既控该女为劣迹多端,何以告朔书券笔札往还? 毋亦玷胶痒而忘瓜李④耶? 刘洪氏之子刘至长,年方十五,经该女带堂呈验,本应饬刘洪氏领回,惟据该幼孩伏地哀鸣有"张裁缝与其母欲置死地,不敢回家"等语,证以裁缝张正顺之伏据,彼幼孩断非诳语,则该女之见怜收养并无恶意,亦不辨而自明。万一幼孩回家果有意外之惨,"我虽不杀伯仁⑤,伯仁由我而死。"此亦父母斯民之责也。胡月仙以独居无偶,女子又处营营青蝇⑥之地位,前遭强盗破户席卷一空,情殊可悯。乃据禀,十三夜仍有匪徒撞门情事,若不严加惩创,恐匪徒益无忌惮,又演出不可思议之恶剧。种种情节闪烁离奇,人心之坏,风俗之偷,一至于此,良堪浩叹。除将幼孩函送该县派人看护外,仰歙县立即查照禀情批示,传集应讯人证质明究断,并将盗案讯获,分别具报,毋延。切切! 至刘洪氏不安于室⑦,

---

① 救蚁:典出南朝宋东阳无疑《齐谐记》:"富阳董昭之,尝乘舡过钱塘,江中央见有一蚁,着一短芦,甚迫遽。昭曰:'此畏死也。'便以绳系此芦,着舡头。蚁缘绳出。中夜,梦一乌衣人从百许人来,谢云:'仆不慎堕江,惭君济活。仆是蚁中王。君若急难之日,当见告。'后昭之遇事系狱。蚁穴狱,昭(之)遂得脱。"后以"救蚁"或"董昭之救蚁"为行善救生而得报之典。

② 埋蛇:典出汉刘向《新序·杂事》:"孙叔敖为婴儿之时,出游见两头蛇,杀而埋之。归而泣,其母问其故,叔敖对曰:'闻见两头之蛇者死。向者吾见之,恐去母而死也。'其母曰:'蛇今安在?'曰:'恐他人又见,杀而埋之矣。'其母曰:'吾闻有阴德者天报以福,汝不死也。'及长,为楚令尹,未治而国人信其仁也。"后以"埋蛇"为善行仁爱之典。

③ 串捏:谓串同捏造事实。

④ 瓜李:瓜田李下。比喻处在嫌疑的地位。

⑤ 伯仁,即周顗(269—322),字伯仁,晋安城(今河南省汝南县)人。渡江后任荆州刺史,官至尚书左仆射。永昌元年(322)王敦于荆州举兵,以诛刘隗为名进攻建康,王导诣台待罪,刘隗劝元帝诛灭王家,顗为王导仗义执言,而王导不知此事。王敦入石头城后放纵士卒劫掠,王敦问王导周顗何如? 王导未答,顗遂为王敦所杀。事后王导见周顗申救之表,大哭曰:"我虽不杀伯仁,伯仁由我而死。"

⑥ 营营青蝇:嗡嗡营营飞舞的苍蝇。比喻专进谗言的人。语出《诗经·小雅·甫田之什·青蝇》。

⑦ 不安于室:指已婚妇女乱搞男女关系。

已有张正顺伏据可凭,不必更提张正顺庭质,以省烦扰,并即遵照。禀粘并发。仍缴。

歙县州同衔叶松等禀批

窃桥石耳,即获正盗,按盗无人看守器物计赃科断罪,亦不过笞杖,何致任差株连,几成大狱?若如所禀,该差江华既获要证故匿不交,计诱地保,始则牵涉程观春,旋又诬陷朱星如,继复嗦攀王富顺,锁拿送押,拷诈开销,彼差役房书多逮一人即多一分之财,门丁管班按成分肥,何乐不一气呵成、互相朦蔽?纵有发其覆者,彼此巧为辨护,以致本官所闻所见无非安分胥吏、守法家丁,惟小民实有不可胜诛之罪,即令饱受私刑,卖妻鬻女,似属自取之咎。独不思该丁役等家无立锥,又未给有薪工,而服物起居、威权声势直驾本官而上,狱吏之尊自昔已然,于今为烈。其故果何在欤?闻该县管班二人,每人岁入不下二三百金,入押有钱,否则刑辱随之;出押有钱,否则多方留难;或捏他故以中伤之,必填溪壑①而后已。此中暗无天日之举动,每为本官所不及知,并为思虑意想之所不料,是尚可稍忍,须臾不亟为拔去凶邪耶!仰歙县立即将该差江华即新奎密速致案发拨,严讯追赃禀办,一面将是案改差勒集,讯明例究,其余无干冤押之人当堂立予省释,饬令速回安业。并将管班二人即行撤遣,另派谨愿者俾充斯役,仍随时严谕督察,不准婪索分文,以杜民害,是为至要。禀粘并发。仍缴。

歙县附生兼袭云骑尉王鉴等四十人禀批

前据叶松等联名具控,本府核其情节,所发指者在差役江华勾通班馆②家丁拷诈开销,致王富顺鬻其幼女得洋十二元一节。至案内窃石情节,本府固未尝越俎也。生等既喋喋有词,姑即禀中疵谬之语一一指斥之,查叶松等联名至三十人,其求见者六人,有候补知县,有优廪,有附贡,不得谓此三十

---

① 溪壑:溪谷。亦借喻难以满足的贪欲。
② 班馆:亦称“班房”。明末至清在国家正式的监狱之外由地方官吏非法设立的关押轻微未决人犯及干连人证的场所。与所谓差馆、押馆、卡房、便民房、自新所、知过亭、支捆亭、中公所等,均名异实同。

人者皆乌有先生①也。生等谓捏呈公禀，何所见而云然？查阅生等原词，至再至三，并无王富顺之名，惟王富顺同谋窃石乃出自该差之口，岂足为据？生等迟之今日从而附和之曰："确是同谋"，又何所见而云然？且生等所谓同谋者，犹是想当然之词也，本府姑下一断语曰："王富顺确是正窃。"生等讲公益，讲谈判，请问应讹索否？忽谓谎词耸听，忽谓不敢无婪索情事，何自相矛盾如是？无人告发则亦已耳，既经有人告发，岂能置而不问，为虺不摧，为蛇奈何②？以是为横生枝节，谬矣；以是为挟制官长，尤谬矣！请问生等何不敢究问之？有该县洞求民瘼，为本府所素知，果有其事，岂独该县内疚于心？抑本府杌陒③愧汗④之处！言者无罪，闻者足戒。此本府与该县去噎求通之苦心废食云乎哉，非生等所及知也。仰歙县遵照前批严讯究追，分别惩办，禀复核夺，万勿今日养痈⑤，贻明日噬脐之悔。切切！词粘并发。仍缴。

歙县监生吴高升禀批

一涉讼事，则差役张牙舞爪以待，曲直未分，弱者废时失业，黠者转因以为利，惟恐其案之速结，此小民难言之隐痛也。故地方官体恤民艰，总以速讯速结为第一要着。查阅县批，一再勒提，不为不严，何以杳无集讯之期？谓差棍玩庇，自非无因，且历来讼事大半被控者情虚畏究，吴清沛系首先发难之人，何以缩项藏头、匿而不见？其捏情倒制尤属显然。仰歙县立即严比勒集，讯究速结，以警刁顽而安良懦。切切！词粘并发。仍缴。

婺源县附生王锡时呈批

打醮⑥拜佛，取水送水，纷纷扰扰，此愚夫愚妇无意识之举动，岂足感召天和？不霎时间，烧香顶礼忽变为放火斗殴，我佛慈悲，何不洒杨枝甘露以

---

① 乌有先生：虚拟的人名或事物。语出汉司马相如《子虚赋》："楚使子虚使于齐，王悉发车骑，与使者出畋。畋罢，子虚过姹乌有先生，亡是公存焉。"

② 为虺不摧，为蛇奈何：小蛇不打死，大了就难办。比喻不乘胜将敌人歼灭，必有后患。虺：小蛇；摧：消灭。

③ 杌陒：同"杌陧"。不安定。

④ 愧汗：谓因羞愧而出汗。

⑤ 养痈：亦作"养痈"。谓不治疗肿毒而听其滋长发展；比喻姑息养坏人坏事。

⑥ 打醮：道教徒设坛念经做法事，为人求福禳灾。醮：祈祷神灵的祭礼。

澹祝融氏①之狂焰耶？生亦胶庠中人，迷信至此，何怪其它？业经该县质讯，罚洋作赔，具结了案，从此无猜无忌，和好如初，岂非好事？惟据称"被告不讯不结，由该革书许良玉串弊"等语，卷查良玉革卯已久，前据委查禀复，无论何人撞遇，皆得扭获送办，何复有充当刑书②串弊之事？是否捏耸？均宜彻究。仰婺源县立将此事肇衅③及讯断缘由克日录详察夺，毋得徇延。切切！词粘并发。仍缴。

委员、歙县县丞叶学仁禀批

据禀已悉。此案现又奉抚宪批示迅速彻究详办等因。仰即将业经拘管之许良玉、胡锦修二书及应讯之王天佑，先行会县派差押解来府，以凭研鞫④详办。前札皆指名饬提，不难按图而索，何至指鹿为马？既据称所提三人询非被告正身，姑予酌核省释，其未到人证仍由县按名严提，随时解郡，迟则再行委提。王锡时再三省控，代父鸣冤，伊父王天和乃又有赴郡"非所愿"之语，尤属无此情理。总之，该县书役积毒已深，此案本府逐细密查，已确有所闻，若再姑息养奸，吾民尚有生气⑤耶？并录批传知婺源县一体遵照，勿违。切切！此缴。

歙县孀妇鲍陈氏呈批

乞恩自新原无不可，惟查核氏子所犯情节凿凿有据，并非出自一二人之口，氏谓："子犯何案？奸逞何证？"然则该族长鲍贞桂等所禀控者皆属虚诬耶？该犯有母未必知奉此母，该氏有子不如无此子，该氏果思子迫切，其叩恩原禀族长等出具永滋不事之切结，再行核办。此批。

---

　①祝融氏：本名重黎，号赤帝。以火施化，后尊为火神、水火之神、南海神。死后葬南岳衡山之阳，后人为了纪念他，就把南岳最高峰称为祝融峰。

　②刑书：掌管文书的狱吏。

　③肇衅：启衅，挑起争端。

　④研鞫：勘问；审讯。

　⑤生气：生机。

休宁县龄令安详批

查监犯项下黄昆源一名,原请监禁五年,今限满已逾二年,久在应释之例,岂得以无人具保为辞长此淹禁①?盖有钱便可保人已成各县通弊,此中冤滥无所控诉者不知凡几,该令岂不知之?关金寿一名,本年二月十一日亦满原禀三年之限,均应释放,或交族属领管,以省羁累,又未结。项下储汪氏一犯原拟罪干凌迟,案情何等重大,据称患痫时发时愈,迄又三年之久,岂竟无可取供之一日?迭奉宪饬清理积案,诲者谆谆,听者藐藐,居心延宕,殊属不合!仰即遵照指饬,逐一遵办具报,仍按月陆续造册,详送察核,毋再玩延讳饰,致干重咎!切切!并候督抚宪暨藩臬宪批示。缴。册存。

桐城县人金荣发呈批

如谓疑窃截留,何不即行送案?案经告发,既抗传不到,又以"无力偿还"为词,似此办法则白昼攫人者皆可以此四字开脱之。程春生等纠众截夺,悍然无忌,即尽数追赔,尚应确查情形,科以相当之罪,岂能率徇程埔之请,遽予含糊了事?致长刁风而贻口实。仰歙县立即饬传郑明德、程春生等彻讯明确,秉公究断,分别报办,勿延。切切!词粘并发。仍缴。

歙县革生洪汉云上控章炳勒索一案堂判

此案业经本府一再提讯,已得梗概。方姓失去铁井圈本与洪汉云无干,事已经年,查无消息。洪汉云忽以传闻之言谓王堆偷去卖与吴永杰,主令方德玉等纠率多人向吴永杰家肆行搜索,又不能当场搜出赃据,何怪吴永杰之有所借口将方德玉等扭送县讯?方德玉深知悔悟,据供"历年方姓受洪汉云的累不知多少"等语,洪汉云之平空诬陷、借故讹索毫无疑义。卷查县讯,断结从宽,罚令洪汉云、方银仍等各出洋十元充公,于上年十二月初五日具结完案,限十日缴款。方姓旋即措缴,洪汉云始终避宕。本年正月二十九日经县差催,洪汉云反以已经缴过、差役勒索等情上控,诘以"尔款何日交清?"则

---

① 淹禁:监禁;关押。

沉吟半晌，以腊月初初^①为词。诘以"究系何日？"则以又初五日对。查县讯，于初五日断结，限状具在，岂有案未定断而逆料如数缴款之理？且方银仍所罚之款供于十二月二十日当面交启事官，方银仍可直接启事官，岂洪汉云必间接于差役之手？至所控"二月初七日又付章炳二元并皮背心"等语，讯系洪汉章向章炳借洋二元四角，留皮背心典当，以之还款，有眼见之胡恩、诏包姓二人可证，非章洪二人私相授受，岂能狡赖？洪汉云居心阴险，实属可恶，业已经县详革，应予从严惩儆，以申诬告反坐之律。着还押，听候详办。吴永杰、方德玉、方银仍均受洪汉云之害讼累二年，情殊可悯。案既讯明，着即回家安业，各自解释前嫌。县差章炳虽此案无勒索确据，应由县随时考察，犯即立惩。当票及余钱交洪汉云收领，各具遵结备案。洪汉云尚有被控各案，由县另行传证，分别讯断，可也。此判。

桐城人管廷镕禀批

尔弟之死事在上年十月，即使尔嫂、尔侄当时被阻不得视殓，岂尔不能赴县控请相验耶？桐城至休宁相距不过四五百里，乃迟至五月有余始行控县，尔果痛弟情切，何以濡^②缓至此？核词既不近情，诘讯年岁情形亦多不符，显系图诈，断难轻准。惟控关人命，姑仰休宁县访查实情，禀覆察核，毋违。切切！词粘并发。仍缴。

休宁县职妇朱汪氏呈批

氏子被控盗挖祖窖，经县传集讯断，原告朱鸿经结内既称并无实在证据，何以勒捐押缴、任意苛罚致五百洋元之多？门丁名目久奉宪饬裁革，何以该县阳奉阴违？门丁邓缙尚敢明目张胆需索规费，实属荒谬！仰休宁县即将生员朱裕良先行释放，录案详夺，一面查明门丁需索实据，从严究追报办，慎勿自误，致干亲提，懔切！词粘并发。仍缴。

---

① 初初：刚开始。

② 濡：停留，迟滞。

黟县封妇胡余氏呈批

该氏前月具呈,当经本府提讯,该抱告胡升茫然不知,并不悉该氏为何。村人此次具呈,该抱告又贸贸而来,再三诘问,始悉该抱告为府城人,抱告一次得钱四百文,由雇顶而来者。平空飞一来稿、雇一抱告,显系有人包揽,此等恶风实属可恶。该氏既奉县讯,何不将堂谕录呈?所称交差管押,由书运动,一味空言,尤属不近情理,岂得率准亲提?惟案经县讯究竟如何判断,仰黟县立遵前今批饬缕悉录详察夺,毋延。切切!词粘并发。仍缴。

分府革役孙进即孙金奎奉批监禁一案堂谕

该革役系奉抚宪批示监禁之犯,前据休宁县访查,与郑廷桂所控情节均属相符,案情确凿,讯供尚一味支吾,实属猾狡!姑念该革役母老子幼,从宽酌减年限,以示法外之恩。至该革役被拘之夕,本府闻有吞烟自尽情事,讯供系吞烟泡以之抵瘾,实非欲图自尽,并将洋火盒、余存烟泡当堂呈验。该革役身罹法网尚不思戒除烟瘾,实属冥顽不灵!着即勒令戒断,至看守夫役如有递给烟泡、互相隐朦情事,查明一律究办。此谕。

歙县民人方文光禀批

此案迭据汪吴氏以该民人诱拐卷逃、恋奸抗匿等情来府具控,声明于上年五月十八日控县批饬提究。该民如果凭媒价买、执有婚据,何不早为呈验挺身投讯?案延一载始行出诉,谓非设法装点希图抵制,其何能信?察核抄据情节,不符讯供,又极支离,着即押发收讯,以成信谳而遏刁风。仰歙县即传原告人等到案调查,婚据验明真伪,分别究断,报覆察夺,毋稍瞻徇。切切!禀粘并发。仍缴。违式斥。

婺源县附生许其忠呈批

王锡时上控一案被证久提不到,原告亦不到案,以致无从讯究,该县禀请照例注销,业经本府据情详请宪示在案,着仍静候宪批再行饬遵。代父受罪,此非其事,亦非其时,该生身列胶庠,承考用誉惟该生是望。《易·蛊》之初六、六五,其终身诵之可也。此批。

休宁县武生黄祺等呈批

每届茶市,屯溪附近一带赌匪麕集,作阱陷人,无知愚民一入彀中无不倾家荡产。迭经本府严饬拿禁,何尚悍不畏法?言之实堪痛恨。彼诱赌窝赌之人固属法不可恕,独怪读书明理之附生何亦贪利忘害、甘入下流?实属不知自爱。厥罪惟均事关地方利害,凡士民条陈,苟有不采,无不立见施行。该供事潘恩钦前次邮递禀件,察系因公,是以飞饬查禁。此次该武生联名具控,本府当堂审察,似系与附生汪邦杰同赌被困,出此先发制人之策,不然亦难保无索规不遂、借题泄忿情事。仰休宁县立即提案,研讯确情,并访查著名赌棍,择尤禀办,勿稍懈纵。切切!词粘并发。仍缴。

歙县朱家村铺户人等禀批

凡匿名邮递之件本不准理,本府亦经榜示在先。来禀仅以地称,茫无主名,较之浑称商界、学界者尤为不可捉摸。既有被告,即有原告。实则重办,虚则反坐①。更无中立调停之官府。所称传地保办公馆、办伙食、封闭店门、勒索夫马各节,又未尝一一指实,试问从何质究?果有受此剥肤之灾者,固无妨个人来辕申诉,本府断不姑息也。仰歙县查照备案,并查该丁金春荣有无索费骚扰情事,据实具覆核夺,毋徇延。切切!禀发。仍缴。

绩溪县孀妇程曹氏呈批

既据县委提集讯断饬、具切结完案,程茂华如有尸棺停放氏家,自当立予押迁,断不准其搅扰。所称被掳各物,本府按照单开略讯一二,谷麦数皆不符,手镯副数且以记忆不清对,其为任意填砌可知。究竟如何定断未据报闻。仰绩溪县立即录案详覆察夺,毋任渎讼。切切!词粘并发。仍缴。

卷七 批判·刑科

---

① 反坐:对诬告者处以刑罚。

歙县民妇张方氏禀批

尔夫果系务农良民,何以城守营兵专至尔家捉赌?既未捉获赌具,尔丈夫理直气壮随同进城恰好向官府鸣冤,有何畏惧蟊腾走脱?或尔夫欠交赌规,借捉赌题目以吓制之,亦未可知。该处距城十里,耳目较近,张海是否赌棍不难水落石出。仰歙县立即访查明确,禀覆核办,勿延。切切!禀粘并发。违式特斥。

休宁县附生李蟠根呈批

赌博为地方巨害,盗窃人命胥由此生,久经本府一再饬禁,凫溪口、黄畲口两处虽系祁休接壤之区,并非瓯脱①,何以赌棍开设摊宝毫无忌惮?实属玩法已极!各营县毫无所闻,更难保无差兵捕保庇纵容隐情事,本府前在屯溪河街一带亲自捉赌局数处,其明证也。仰休宁县立即会同祁门县约期驰诣该村,密拿著名赌棍,尽法惩办,并会衔出示严申禁令,以杜后患,均毋率延。切切!词发。仍缴。

婺源县贡生俞鹏翼呈批

俞友生是良是匪,已经营县获押有案,不辩自明。中菁之丑②本不可道,实逼处此黂夜③,在妇女房中捆送,是奸是盗,二者必居一于此,此等害群之马,实不可再事姑息。乃该县不加深究,希图省事,适遂其毒蛇反噬之计,殊不可解!仰婺源县立即专提俞友生到案严惩,究详察办。勿稍依违模棱,致贻养痈之患,是为至要。词粘并发。仍缴。

黟县从九衔胡承椿呈批

渔亭距县只三十里,何必舍近就远赴分府衙门控追?岂县属捕役皆坐

---

① 瓯脱:边地;边境荒地。

② 中菁之丑:有伤风化的丑事。中菁:内室,指中门以内。

③ 黂夜:深夜;通指寅时的黑夜,为凌晨3点至5点,古人认为此是人心最脆弱的时候。

地分赃,分府差役皆不名一钱之好百姓乎？殊不可解！且该商赴屯控告至
跋涉二百里之遥,何以来府控告仅飞一来稿,雇一抱告,该商并未出里门一
步？本府放告日期皆当堂研讯,以察情伪,似此荒谬本不准理,惟控关捕贼
伙吞,非严讯彻追亦不足起疲癃①而去蟊贼。仰黟县立提比追②,勿任弊纵。
切切！词粘并发。仍缴。

婺源县职员齐江禀批

该犯由永远监禁改为监禁十二年,现在年限未满,何以率行开释？恐有
贿纵脱逃情弊。乃敢妄称职员来府混渎③,诚有如黄前府之所谓"发短心长、
野性难驯"者矣,胆妄已极！本应押发④收讯,姑念该犯年逾六十,先行从宽
批斥。仰婺源县立即提案讯究,并速将因何疏纵⑤缘由限文到三日内专差飞
禀察夺,万勿懈延。切切！禀粘并发。仍缴。

歙县四品封职吴永麒呈批

查阅粘抄,控县三载,官经两任,迄未提集一讯,不过以一批了之。荡妇
更无忌惮,刁佃从而生心⑥,讼棍、蠹差又从中把持贿蔽而鱼肉之。此辈害群
之马若不严加惩创,安用司牧为耶？仰歙县立即勒差,限十日内速提一干人
等到案研讯,究惩具报,勿任玩延。切切！词粘并发。仍缴。

休宁县冤妇陈叶氏禀批

氏夫陈排子因何身死？何人处息呈请免验？氏夫兄陈莲蓬等是否听人
唆使始允终翻？未受教育之民不知手足为何义,兄弟口角原所难免,一听外
人离间,遂生出种种枝节,其愚尤属可悯。彼此谊属同胞,毋论陈排子是否
病故,陈莲蓬等当格外体恤,岂容再生衅隙？仰休宁县立即查案,饬遵具覆,

①疲癃:指苦难或苦难之人。
②比追:亦作"追比"。封建时代,官府限令吏役办事,如果不能按期完成,就打板子以示警惩。
③混渎:侵扰;渎犯。
④押发:押送。
⑤疏纵:纵容。
⑥生心:引起某种念头。

毋许外人干预,是为至要。禀粘并发。仍缴。

歙县职员江兆垲禀批

尔子启进故已七年,尔媳吴氏始终并未回家节守,尔亦寂不顾问。直至吴氏病故,始以暧昧情词猜疑妄控,希图追回衣饰。试问此六七年来尔父子既不以时抚恤,孑身孀妇非典衣鬻饰何所恃以为生活乎?粘呈秽语谓得诸死者贴身衣袋,情形更属不符,真所谓不知人世有羞耻事矣!此等事,明达士绅闻之皆掩耳而走,岂有暇为之函致劝理耶?尔尚自称职员,何胡涂至是?不准并斥。粘字掷还。

歙县武生吴国祥呈批

程振昌所执期票既系尔之亲笔,无可狡赖。若谓汪恒等捆吊逼据,此十月二十六日事,尔受此奇冤当日放出,岂有不即时喊控之理?何迟至二十日之久始在县控诉?且汪恒等既是赌棍,何为邀尔吃饭?何为又将尔平空捆打?前呈谓耸替抬害,犹可说也。经县核据谕缴,是赌是窃自当廉得确情,尔反谓出钱受诬,其刁健可知。仰歙县立即将此案确情据实录供,缕详察办,断不容含糊了事,长此刁风。切切!词发。仍缴。

黟县附生朱崧毓禀批

该生十一日邮递一禀,业经批县饬将汪香人等获押释放情形具覆核办在案。据称山深林密,土客杂居,守汛官兵仅十余人,警勇又属无多,地方如此空虚,盗匪乘隙思逞有由然矣。差捕疲玩积习固堪痛恨。近日守令中揖让救火①、酣歌漏室者十之四五,如龚渤海②之治盗者能有几人?各都图、村堡若再不同心协力,讲守望相助之义,其何以治?近奉抚宪严饬举办团防,实足以辅官力之不逮,消匪患于未萌。该生读书明理,当知此举为乡居必要

---

① 揖让救火:赵国书生成阳堪家中失火,其子去邻家借梯却过于拘礼,致错失救火时间。比喻做事机械,不讲效率。寓言出元末明初宋濂《燕书》。

② 龚渤海,即龚遂,字少卿,山阳南平阳(今邹城市平阳寺)人。有政声,汉宣帝时任渤海(今河北仓县东)太守,时渤海及附近各郡正逢饥荒,盗贼蜂起。遂至渤海后开仓济贫,鼓励百姓致力农桑,劝游民卖剑买牛务农。不数年,渤海大治。后官至水衡都尉。卒于任上。《汉书·循吏传》有传。

之事,推而广之。适遇有事之秋,执干戈以卫社稷胥于是乎在,岂必以落落晨星①之绿营、耽耽虎视之衙快倚若长城耶?着即持批会同各都董妥筹议办,是所厚望。切切!此批。保状②存。

歙县民妇程朱氏禀批

程进裕等谋杀程德昌,身死灭尸,未获。前据该氏喊控,并称氏夫程林昌被凶掳捆,即经批县会营分别拘放在案,事隔旬日曾否照办?何以又酿出支解程林昌之事?该氏及氏夫弟程福昌衰经③哭诉,并称举家幼小有性命之忧。为地方官者闻之能勿恻然?除饬将该氏家属、幼孩妥为保护外,仰歙县立即遵照,会营前往该处追起德昌、林昌尸身,分别验填详报,一面严限勒拿各要凶从重究办。切勿再延,致贻隐患。禀发。仍缴。

黟县耆民胡二魁等呈批

借尸图诈最为地方之害,迭经各宪通饬查禁在案。据称,徐子春尸身已经该县相验,确系发痧身死,死既因病,凭何噬诈?汪源桂、孙可旺更非尸亲④,何以移尸纠党如此愍不畏法?该县又何不严究诬罔⑤?反将胡丙荣等一并械禁,适中其毒噬善良之计,殊不可解!仰黟县立提汪源桂等研讯究办,并将验讯缘由填格通详察办。胡丙荣等果系无干,即行释放。切切!词粘并发。仍缴。

休宁县孀妇项金氏呈批

朱天喜等挟嫌诬窃,既经总董捕保人等理论调处、服礼息事,是非曲直已为众所共知,何又作出圈套栽赃朦控?即或词出一面偶被耸准,一经质

---

① 落落晨星:比喻非常稀少。落落:稀疏的样子;晨星:早晨天空中的星星。
② 保状:旧称由保证人填写的有一定格式的保证书。
③ 衰经:穿丧服。衰:古人丧服胸前当心处缀有长六寸、广四寸的麻布;经:古代用麻做的丧带,在头上为首经,在腰为腰经。
④ 尸亲:命案中死者的亲属。
⑤ 诬罔:亦作"诬调"。诬陷毁谤。

讯,当亦爽然①。何以滥罚、滥押、滥刑,以乡间眦睚②之细事视为审鞫③重囚之巨案?为民上者应不至仇视吾民。若此核词情节奇离,恐有不实不尽,至该衙门差役无事生事、勒索私费诚恐难免,已经监禁之革役孙进,即孙金奎是个榜样,何犹不知戒惧?亦应一并彻查。仰休宁县立即传集人证彻讯究断,详覆察夺,勿稍姑息!切切!词粘并发。仍缴。

歙县师范生王普安等禀批

程云兆如果被诬,必不能自安缄默,况有佳儿跨灶④,自当代父上书。该生等事不干己出为禀渎,何许子之不惮烦⑤?且少安而勿躁。所请札拿断难率准。此批。

歙县生员郑世鹏等禀批

昨据师范生王普安以程云兆被诬受害等情出头具禀,即经明白批示在案,何谓未沐批示也?嗣生员郑世鹏乘轿来署,直入公堂,要开中门,此等举动已属不知礼法,本府姑一笑置之。接阅禀词,大骂歙县胡涂,又有"皇恩加赐黑朝珠"等语,直是疯狂,当即掷还。该生等犹不省悟,又以歙县欺君为辞邮禀,耸听闪烁离奇,抑何藐玩乃尔?究竟此案是何实情?仰歙县立即查案,申覆核夺,勿延!切切!禀粘并发。仍缴。

黟县罗令贺瀛详批

据详送正月分命盗等项各册均悉。查该县押犯自汪香人等脱逃后未曾缉获,程松台又相继远扬,可谓囹圄一空。所谓拨所习艺者固是空言,所谓迭饬缉获者直诳语耳!似此宽纵优柔,何怪一般宵人群起而舞弄之?仰即严比看役玩捕追究下落,限一月内缉获到案,以起疲癃而儆玩懈。切切!此缴。册均存。

① 爽然:豁然;了然。
② 眦睚:怒目而视,借指仇怨。
③ 审鞫:审讯。
④ 跨灶:本指良马奔跑时后蹄印跃过前蹄印。比喻儿子胜过父亲。
⑤ 惮烦:怕麻烦。

黟县罗令贺瀛详批

据详送二月分命盗杂案等册均悉。"上控"项下汪蓉镜、叶延禧等案漏匿不列，遽称无案，殊属规避。未结命案江祥洸、程灶富二犯叠催勘解，置若罔闻，尤属颟顸①。仰新任县阎令作速清理，分别拟解，断结详销，是为至要。又该县盗风日炽，劫窃之案层见迭出，实属不成事体！该令下车之始应以治盗为第一重要之事，并即会同绅士参酌清乡办法，妥拟章程，禀候核夺。切切！仍候各宪批示。缴。

湖北广济县冤妇陈干氏呈批

氏夫陈复泰如系私售灯吸，原当枷责示惩，惟据称三月初五夜县差将氏夫捉去，初八夜将夫尸抬回，到案仅阅三何，日【日，何】以遽尔②毙命？既经该县相验，何以延今五十余日该县尚未通报？殊滋疑窦。仰祁门县立即将是案办理情形连同验讯缘由据实通详察核，差役江义、李发有无索诈威逼情事并即彻底根究，勿稍姑息！切切！词发。仍缴。

休宁县绅界程德楷等禀批

昔巴寡妇清③用财能以自卫，今程项氏以七旬孀妇乃至遭书差敲索，几至不保其命，言之滋痛。惟该氏居住休宁县属之榆村，歙县书差何以能越境锁带？该都董保又何以无一人诘阻？此中殊滋疑窦。程项氏究欠钱粮若无干赃，由何人过付④，差寓系谁氏停留，来禀又未缕晰声明。应令切实呈复，到日再行核办，以昭核实而杜借口。着即知照。此批。

①颟顸：糊涂而马虎。

②遽尔：骤然，突然。

③巴寡妇清，名清，巴郡人，姓不可考。《史记·货殖列传》："巴寡妇清……而擅其利数世，家亦不訾。清，寡妇也，能守其业，用财自卫，不见侵犯。秦皇帝以为贞妇而客之，为筑女怀清台。夫倮鄙人牧长，清穷乡寡妇，礼抗万乘，名显天下，岂非以富邪？"

④过付：双方交易，由中人经手交付钱或货物。

代理绩溪县叶令学仁禀批

土娼招赌卖烟最为风俗人心之害,况当此烟禁森严,领照吸烟之人尚须递年缩减以示限制,彼故违禁令之人岂能任其蚤距①相依,视娼寮②为逋逃薮③?葛玉恒、程灶祚皆当场被获之人,本应详革④例办,仅仅罚洋宽免未免轻纵。仰新任县桂令立即发封变价拨充巡警经费,一面勒拿该娼妇到案,提同葛玉恒等研讯明确,分别斥革详办,并移该代令知照。切切!此缴。

黟县附贡程肇璜等禀批

客民⑤吴怀先既经押候讯究,何以外委黎光煦率请保释?是否由余占鳌贿托?有无见证?姚澧即兰舫既系原告,何以甘受茶房勇役之欺骗亲立券据?果如所禀,何以身受其害之姚澧概不追究,惟生等来府具控?此中殊滋疑窦。"吴怀先与程荫榴为此案关系之人"。"此案"系指何案而言?有何关系?语尤模糊。姑念控涉武弁营私、官役需索,虚实应究。仰新任县立即遵照指饬查明彻究,并将程荫榴所置田契,有无影射及不合定章之处,一并查复核夺,均勿徇延!切切!禀发。仍缴。附呈《有恒心斋全集》存览。

歙县民人金有松呈批

既经董事遵照谕批代为劝处,两造自应照办,岂容各不相下,永无完案之期?至所称蠹役江华唆谋把持一节,查江华系三十三年间因案批饬拿办之犯,胆敢更名江盛复充县役,可谓积猾⑥。此案无论有无把持,断不容其盘踞公门重为民害。仰歙县立即拘提该蠹役江华彻究详办,一面查明该民与汪贵有互控情节切实覆讯定案,无任延讼。切切!词粘并发。仍缴。

---

① 蚤距:"蚤蚤距虚"之省称。蚤蚤与距虚为相类似而形影不离的二兽。一说为一兽。
② 娼寮:妓院。
③ 逋逃薮:藏匿之所。逋逃:谓藏纳;薮:人或物聚集的地方。
④ 详革:谓报请革除功名。
⑤ 客民:外地寄寓的居民。
⑥ 积猾:犹宿猾。一向为非作歹的奸猾之徒。

歙县职员程秉钧呈批

朱程氏夫故守志，夫母两家既无主婚嫁卖之人，柯太龙是何种强暴？胆敢勾通地痞朱金桃诱拐作妾。若如所呈，实堪发指。近日拐带妇女伤天害理之事层出叠出，狡黠之徒公然踞有三窟、视若无事，非遇案严切究办，断不能息此恶氛。仰歙县立即提集原被人证，追起被拐之妇，讯明按律究办，毋稍宽假！切切！同日朱李氏词粘并发。

歙县民女胡月仙呈批

谒者监何由有儿？未嫁女何必养子？该女对于胡德明虽有抚养之恩，实无母子之名义，世岂有无父有母之子？更岂有有姑无翁之媳？名之不正，莫此为甚。惟胡德明之聘程武，程武之归胡德明，汪文宝实主婚得聘之人，成婚两月乃诱令席卷一空，似此狡狯何异放鹰①？追回完聚自是正办。此案若归本府判断，应将胡月仙所立德明继书及所聘程武礼书一并追出，当堂撕碎，至汪文宝所骗聘钱应如数勒令退出，拨归地方公用，此亦移风易俗之妙用也。仰歙县立即勒差提集汪文宝等到案，研讯确情，遵照批示办理，勿延！切切！词粘并发。仍缴。

歙县附生萧士禄禀批

阅词及察讯该附生情状语言，不禁失笑。尔妻俞氏、尔已嫁三女乳名小女、尔子天赐被棍徒拐去，尔即病癫，全家眷属渺如黄鹤，何至容忍十数年不一控追？前据尔婿孙告化控称，伊妻，即尔第三女，由尔妻诱归拐去，是此一段风流罪孽皆由尔妻做成。尔女不知如何辗转，又落徐守中父子之手，孙告化突然撞获，赴官控追尚属有名。尔子年非幼稚，断不能谓他人父，又岂能听徐守中之掯留②不放？现词称"自幼被拐，遍查无踪"，查阅抄粘，乃又有"尔子天赐自幼随至戚【戚至】常镇，道员有年蒙给巨资"等语，果尔，则尔女尔子被拐后之下落，尔等又未尝不知之也，尤属自相矛盾，未便率准。着即

---

① 放鹰：比喻唆使女子诱拐他人财物。
② 掯留：留难；刁难。

知照。此批。

歙县民人孙锦富等呈批

藏一阿娇有大好处,藏一癫翁有何用处?同日萧士禄呈称,自全家被拐后十余年来,幸赖长婿供给。果然,则萧士禄之婿之人格尚胜于萧士禄之子。萧氏之归孙告化也,其父萧士禄言之凿凿出聘之年庚、岁月,与孙告化所供相同。尔等何为者也?彼萧氏、萧天赐未离襁褓之日能一一数之乎?亦知萧士禄哺养之恩勤否耶。萧士禄虽属癫痴,其急急望见其子女也固人情也,萧天赐果有天良,当匍匐而抱其父痛哭一场,乃到徽三月之久,其父求望见颜色而不得,反听人唆使牵扯,可谓不知有父者矣,本府甚为萧天赐恫之。萧氏固曾经沧海者也,一招招舟子①之孙告化原不足供其咀嚼,但妍识一无良无耻之徐姓,恐亦未必得好结果,本府甚为萧氏惜之。尔等事不干己,胆敢假不平则鸣之词捏情妄诉,无非萧氏之所亲昵之人给尔少许铜钱,尔等遂冒险出头,希图耸听耳。萧氏何人?乃向尔等作喁喁之泣耶,实属荒谬。业已严行申斥,再渎即行究办。该书记生近在附郭,岂不知此案梗概?乃率为一班穷极无聊之人任意填砌,颠倒是非,是直与旧日代书同一恶习,想亦在此腥膻旋涡中欣欣然食指动耳。着即将该生周之德停止办公一月,以示薄惩。仍仰歙县遵照前批,立提一干人证质讯断究具报。切切!同日萧士禄呈并发。

歙县附生萧士禄呈批

萧天赐不知有父,反听主唆牵扯,实属毫无人理。该生既失教养于前,还当思所以善全于后,一味缠渎,亦未免为人傀儡。此案迭据孙告化呈控,业经饬县讯究。尔子尔女本系一串牟尼②,相依为命,该生即投,候讯明分别领回可也。着即遵照。此批。

---

① 招招舟子:摆手相招的船夫。招:摆手相招;舟子:摆渡的船夫。语出《诗经·邶风·匏有苦叶》:"招招舟子,人涉卬否?人涉卬否,卬须我友。"
② 牟尼:即牟尼珠,亦称"牟尼珠",即数珠。佛教徒念佛、持咒、诵经时用来计数的成串珠子。多用木槵子等制成,每串以二十七颗、一百零八颗为常见。

绩溪县孀妇胡姚氏禀批

氏媳之死,原验尸伤,致命肿硬,其绳痕则并未深入,是死于伤非死于缢无疑。即如所称从俗【速】掌殴,亦必系解悬之时气尚未绝,此呼吸绝续之时本可望其苏醒,一掌再掌,焉得不死? 责以非理殴打,其又奚辞①? 仰绩溪县立即集证研讯明确,填格录供,议详察办,勿延! 切切! 禀粘并发。仍缴。

休宁县廪贡生吴尔宽等呈批

陈春九等开场聚赌,既经该县亲拿,何以该地保竟敢得贿纵逃? 如果属实,胆玩已极。仰休宁县立即严提讯究详办。至呈首联名十八人不伦不类,其中未必无庇赌索规之人,或所欲不遂始出头控告亦未可知。如郑廷桂者乃亦头戴职衔、口称公益,强附于衣冠之列,岂不为士林羞乎? 并传谕吴生尔宽、张生裕杰、余生正宜等知之。切切! 词发。仍缴。

歙县民妇吴黄氏禀批

黄福即黄清全犯赌被封事与氏夫吴绍儒无干,非确有把持证据,该巡检何冒冒然禀县查究? 若谓朱四因强奸不遂诬赌泄忿,既被尔侄妇扭住发辫,朱四情急自断发辫奔逃,应有断辫在尔侄妇之手,以制朱四之命已否呈县请验? 尔侄妇何以隐忍不发? 情节离奇,恐未能自圆其说。青年妇女,事不干己毋得出头兴讼。同日并据吴元贵等封递一禀,为氏夫力辨其诬。究竟是何情形,姑候札县先行查明禀复,一面饬提黄清全、江长顺核讯察究报办可也。着即知照。此批。

歙县民妇萧氏禀批

前案业经县讯定断,自应勿庸置议。惟胡兆麟等唆讼抬诈,既得现钱,复勒期票赃至八百六十九元之多,尚未满欲,仍复敲诈不休。此外因讼开销亦多至一千一百元,似此贿串妄诈,实属骇人听闻,目无法纪。候札县派差

---

① 奚辞:何敢言辞。

协同府役按名提集解府,以凭亲讯追究。该氏仍将过付店保遵用状式缮晰另呈查核,勿延。至所有期票应即一律取消,到期不准再付,并着该店商遵照,慎勿自误。切切!此批。

歙县民妇萧氏禀批

据禀各情已随堂讯谕,候即札县饬差随同府役补提江老利等一并解讯究办,并传谕汪均甫约束妇女不准滋闹,致干查究。着即知照。此批。

歙县附贡生胡烜呈批

出代排解①则可,枉法得赃则不可,该生既知谢资太重却之至再矣,何不力为拒绝坚持到底?此等不义之财,稍知自爱者去之,若将浼②我,乃辄谓受此区区似不为过,岂非明知故犯、见利忘义耶?原控该生得洋八十八元,今仅缴票洋四十二元,显系尚有隐匿,自应听候集质讯辨,以昭核实而杜借口。着即知照。粘票存。

歙县民妇萧氏控胡兆麟等唆讼抬诈一案堂判

此案萧氏控称在县讼费被诈去一千一百元,事后又勒逼现洋、期票至八百六十九元之多,种种情节实堪发指,节经本府亲提研鞫,已一一质证明确,毫无遁形。第一,审究事后被诈之款,追出胡明英现洋四十四元、期票四十二元,罗月余现洋四十元,程燕卿现洋三十元,黄长清现洋十五、票洋六十元、俞根远现洋十元、票洋十六元,刘诚则现洋十元、票三十元,县差汪发等票洋三十元,汪小喜票洋十六元,李老仰票洋十六元,萧仁杰票洋十元,又萧氏代汪均甫缴出现洋十元、票七十元,以上皆当堂追缴,有朱签附卷。第二,审究到案时被诈之款,金镯一只、金戒指一个、金烟袋练子一根由罗月余手内追出,金表练一条、如意挖丹一根由江老利手内追出,房费四十元着黄长清、俞根远吐出,差费一百四十元着江老利吐出,闻所未闻之阻讯费一百六十元着程燕卿、黄长清吐出,以上皆当堂追缴,有朱签附卷。孙汪氏得洋六

① 排解:排除危难;调解纠纷。

② 浼:沾污;玷污。

十元,念年老贫苦,姑免追缴。其余零碎花销亦从宽免追。以上皆此案狼狈为奸之人,按赃科罪何足怜惜! 姑念一鞫即服,核其情节较之敲诈良民者又不无一线可原。姑分别轻重,准其纳赎自新,后再有犯,加等治罪。胡明英即附贡生胡烜、武生刘诚则亦应斥革,姑宽,分别戒饬①,仍注劣。县差除周炳、汪发免责外,周亮、程辉、汪太、罗正均重责,仍革役。以上各人均饬本管官严加管束。汪均甫即府户书汪本元,虽系与萧氏姻亚②,分受罗月余、程燕卿之唾余,实属不知自爱,亦应责罚,仍革卯。李老仰、汪小喜、萧仁杰及未到案之萧士禧、萧纯、方老官姑免责提。惟事犯狡脱之胡兆麟、方嘉寿得赃最多,又系抬诈老手,仍饬拿究重办。徐长椿拐骗萧氏来徽,致生出种种鬼蜮,是谓自作孽。伊父徐守中不知训子,反以财行求央浼③江老利等出为打点开销,亦属罪有应得,从宽申斥免责。惟伊父子尚有匿藏萧氏衣饰、存折等件及亲笔借字,应追清另行发落。益生所开期票非口许虚赃可比,应一并照例追缴入官,作兴办农林及编纂要政之用。萧氏受此一番磨折亦知忏悔,所有追出金镯一只,戒指一个,金表练、金烟袋练各一条,金如意挖丹一根从宽给与萧氏领回,变价为伊癫父附生萧士禄养生送死,以报褓褓后未报之恩。此案讼费即按照新章由追款内酌提三十元分给书役④,以杜弊端。各结附。此判。

又堂谕

徐长椿押在益生号之朱宝春存洋折据当堂追缴,该号商叶维羲另抄假折来抵,殊非正经商人资格。假折涂销,并斥着原差押带追取真折,呈验给领。此谕。

歙县民妇萧氏禀批

金饰五件计五两,存洋折一扣计千元,已当堂给领,亲手签押;徐守中父子借字⑤及匿藏衣饰、存折等件既据称均已收回,姑免讯追;益生期票当堂追

---

① 戒饬:告诫。

② 姻亚:泛称有婚姻关系的亲戚。亦作"姻娅"。

③ 央浼:亦作"央浼"。恳求;请求。

④ 书役:犹书办。管办文书的属吏。亦泛指掌管文书翰墨的人。

⑤ 借字:借据。

缴,只二百九十元,其余数无可稽考,到官时再夺;育婴捐款批周教授禀内。氏父萧士禄一青青子衿①,落得妻不妻,子不子,年老无依,实堪悯恻,氏其遵谕为尔父置一大棺,以备不虞,存活时切勿使荷荷受饿,唧唧号寒,此本府为该氏说法也,又为该氏说偈曰:父一而已,氏其勿忘。此批。领状②附。

府学教授周赟禀批

学宫何地?萧氏何人?胡兆麟乃引近法门以为敲诈之地,徒使育婴堂受勒捐之名,冤哉育婴堂!鸟死鸣哀③、兽困犹斗④。知萧氏有死之心无生之气也,始将此已经入手之赃出其少许嫁于育婴堂,狡哉胡老兆!胡老兆本有名讼棍,又系逼诈萧氏案之头名渠魁⑤。本府亲提讯办,各被皆叩头伏罪,独老兆抗避不案,可谓积猾。已札歙县严拿究办矣。育婴堂捐款当日如何说法,是否乐输,本府尚难悬揣。至所称洋票系益生图记⑥,已与氏萧无涉,语亦近似,即由该教授与商号直接谈判可也。此缴。粘呈胡老兆。信票姑存。

婺源县民人王成们禀批

前据董晋瀛来府具控,当以"词甚隐约,碍难确核"批县查案具复。去后迄今逾月,尚未据县录报。若如所禀,董晋吉等借尸串控、搭台讹诈情形如绘,实属玩法已极!仰婺源县立即勒提被控人等彻讯追究详办,勿稍含胡轻纵。切切!禀抄发。

王成们禀批

此案,劣生蠹书句【勾】串无赖游民搭台敲诈,致尔父子破产荡家,几幽

---

① 青青子衿:指有才能的人。语出《诗经·郑风·子衿》。

② 领状:旧时向官府领取钱物时出具的字据。

③ 鸟死鸣哀:"鸟之将死,其鸣也哀"之省称。鸟快死了,它的叫声是悲哀的。语出《论语·泰伯》。

④ 兽困犹斗:被围困的野兽还要作最后挣扎。比喻在绝境中依然挣扎抵抗。语出《左传·定公四年》:"困兽犹斗,况人乎?"

⑤ 渠魁:首领;头领。

⑥ 图记:印章。

埋于黑暗地狱之中,言之恻然。幸该县再三研鞫,廉^①得真情,尔冤从此伸雪矣。尔亦当听候该县照例究办,毋再听该恶等甘言诱和之计。仰婺源县立即将此案讯问情节据实录供详革,从严究办,并勒缉在逃人犯,无使一名漏网。切切! 禀粘并发。仍缴。

王成们呈批

察尔形状,是一老实百姓;阅尔呈词,是一巧言先生。所不可解者,尔反为该蠹书曲为解说,是又入恶等之圈套中矣。应听候该县照例究办,毋得妄渎。此批。

王成们呈批

尔着一场官司据称被诈去花边^②八百之多,又株累一年之久,情实可悯。业经本府迭次批县彻底究追在案。究竟此八百花边是何人诈去,是何人吐出,该县如何判断,已否给领,尚未据录详示遵。乃该民再三来渎率请销案,断断无此办法。仰婺源县立即将是案研讯情形据实录详核夺,该赃如已追清,应即先行当堂给领,切勿使暗地授受,又剥削该民一层,是为至要。词黏并发。仍缴。

黟县民人余炳荣呈批

同赌输钱罪有应得,笞责管押均不足惜。惟该民年甫弱冠,从此悔悟自新,好好作生意去,尚可成一个好人,否则既入赌坑又陷讼眿^③,非特荡产倾家,且恐身命不保。回头猛省,时不再来,懔之勉之。切切! 此批。黏附。

休宁县龚令化龙禀批

书差作祟一经有人告发,虚实均应彻究,此当官者自己应办之事。据

---

①廉:察考,访查。
②花边:即花边银,也称蕃银。由机器铸就,边缘多有花纹,与中国边缘光滑的铜钱不同,故称。
③眿:同"眿"。

禀,该书昂迪臣查无各项劣迹证据,如果属实,本府平空饬革岂不可惜?大凡地方官对于外人函请之事,应行者即行,不应行者即据理辩驳,总宜直捷了当,断不可意存敷衍,更不必揣度外人之意,总以事之虚实是非为断。其所以放失主权者,则由一班不晓事之地方官操纵失宜有以致之。倘该教士再为函请,该县即据理辩驳可也。仍仰速将正案勒差传集讯断,详覆察夺,切勿借口宕延,致干未便。缴。

歙县监生吴永銮禀批

该监锁门看会,致宵人肤①箧而去,看会有何益处?所谓程苏氏与伊子荣泰串窃一节,该监固无实据,差禀亦不可信。总之,真赃正贼不能不上紧②缉拿。仰歙县立即查访明确,严讯究追,毋稍轻纵!切切!禀粘并发。仍缴。

歙县耆民洪钲昆等呈批

生者寻仇,死者遭殃,殃及二百余年之朽骨,其鬼不灵。捆一七十余岁之衰翁,其人焉用?果如所称,蛮野可恶。查核案情由斫一坟树而起,所砍之树恐非尔族所有,是尔等又未始③非祸由自惹。仰歙县立即勒提一干人等讯明断究具报。如洪正财实系被捆,并即先行押令释放,毋延!切切!词粘并发。仍缴。

歙县民人潘大有等呈批

尔潘姓、汪姓既与蒋姓立有广计户合同,自非蒋姓之仆人。即使尔等先人曾在蒋姓服役,亦断无子子孙孙世世奴仆之理,彼蒋姓勒尔出据,将焉用之?尔等可持批与该董保知之。所称捆人掠畜各节有无装点④,应听候该县查明虚实,酌量办理。着即知照。此批。粘姑附,结掷还。

---

① 肤:从旁边撬开。《庄子·胠箧》:"将为胠箧探囊发匮之盗。"

② 上紧:赶快;加紧。

③ 未始:未必,不一定。

④ 装点:张扬,夸大。

黟县监生李桂馨呈批

盗经卡过赃为卡截,自应赃盗并获,何以该卡勇不即擒获,任其远扬而去?究竟起获之赃有几?同行之盗若干?果从此上紧踏拿,何至两月之久一无缉获?捕务废弛实堪痛恨!仰黟县立即抖擞精神,勒限严比①该玩捕等无再玩延,致干重咎。仍先将起赃数目情形据实禀候核夺。切切!词粘并发。仍缴。

黟县江苏候补知府李显猷禀批

纠伙至四五十人,劫赃至千万金,强盗如此横行,有司所司何事?为之芒刺!事越旬日尚未拿获一犯,官懦捕疲亦可概见!该县盗案迭出,迄未破获,看此现状,亦未必无豢盗窝盗之人,除由本府密派侦探并悬示赏格②外,仰黟县立即加派干勇会营移县,上紧缉拿,勿再松懈,懔之。切切!此批。

黟县徐汪氏禀批

尔子徐兴充当捕快,劫案迭出,无一缉获,提府责比,罪有应得。应一月一比,至案破而止,岂事主朱先生所能祈免?既据称尔子病急,姑候提押察看,再行核夺。此批。

婺源县民人王成们控朱宗煌等借尸抬诈一案堂判

此案,革书朱宗煌听从劣绅董晋吉即董蔼仁借命做案,往看流尸③,诈谓指上有戴过铜顶针样子,实是裁缝老金,搭台架证分得赃洋二十元。革保王灶能听从作案,混供诬指,均属觖法④之尤。革书朱绍庄即朱坤成充当歇

---

① 严比:谓严厉追比。
② 赏格:写明赏给多寡标准的悬赏公文。格:例,标准。
③ 流尸:在流水中漂浮的尸体。
④ 觖法:枉法。觖:骨端弯曲。引申为枉曲,弯曲。

家①,复代混拟保结②,虽分赃无多,惟开销讼费显有浮冒;吴廷燮在场见付,虽狡供不承,第既知情分赃,即属通同一气③。朱宗煌应监禁十五年,革保王灶能应监禁五年,革书朱绍庄、革书吴廷燮应监禁三年,以除民害。金志和冒充尸亲吓诈多赃,已据王茂全供指确凿,情节本重,乃倚恃年老,茹供不吐,严加诘讯则假装聩聋,实属悖谬。惟年近七旬,不得不量从宽减,应管押二年。金纳梨贪贿作抱,匿赃不缴;程细即程列生不知案情得贿滥保,均属不合。惟金纳梨得赃无多,其受雇作抱察系迫于贫寒,不无一线可原,应管押六个月;程细滥保无知,业已因案久羁,应薄示惩儆,管押三个月。老金即金灶坤窃物潜逃本有不合,惟已被殴还赃,应宽免置议。王成们老实可欺,无辜被诈,及因讼花费至八百余元之多,情实可悯。该犯朱宗煌等狡黠异常,所得之赃断不止所认之数,限令朱宗煌缴洋三百六十元(内由金瑞养等家属凑缴二百元),朱绍庄、吴廷燮各缴洋一百八十元,程细酌缴二十元,又朱绍庄缴出讼费六十元,共洋八百元,当堂给予王成们父子如数具领,以恤良懦。逸犯董晋吉、金瑞养、金淮保、玉泉癞、金绩明、金竹高及余砚斋等获日另结。除将朱宗煌等先行解回外,候详请宪示饬县分别办理。此判。

---

① 歇家:旧时代打官司之人。

② 保结:旧时写给官府的担保他人身份、行为清白或符合某一商定的条款的文书。

③ 通同一气:串通在一起。

卷八

批判·工科

六县士绅、同知衔、增贡生程立达等禀批

桥路、道路，古皆有专官以涤除不蠲、稽查击互，若《周礼》之条狼氏[①]、野庐氏[②]是也。近日讲求路政，民政部《违警训条》亦且有"重车载运"之禁。我徽虽僻处山陬，独桥工之坚致、石路之广坦为他郡所未有。前据婺源李侍郎函称，担夫铁秤最为损路，曾以出示查禁为请。念畴昔[③]缔造之艰、行人跋涉之苦，保护而爱惜之，此守土者之责也。据禀前情，候并案出示，并檄行六县一律严禁。惟本府自入境以来，见有我马虺隤[④]者矣，未闻有车声辚辚招摇而过者不识，此牵车服贾者必须假道于我耶，抑过我而不假我，有留难需索否耶？仍仰各绅随时稽查有无滞碍，以利行旅而便交通。切切！此批。

府学教授周赟禀批

据禀，请发印簿五本分谕城乡绅董劝捐，以济修理大成殿等工不敷之款，体察各情诸多窒碍，应尽现有之款由该教授先行择修，躬自督率，勿再延缓。善政得财[⑤]，亦必信而后劳[⑥]，外五县摊捐一节姑从缓议可也。此缴。

歙县雷堨董事方声茂呈批

前据该监生具呈，当经批县详覆在案。该县尚未集讯禀复，则虚实尚未分明。查历年并无出示差催之案，惟二十七年春前府任内间一行之，亦系各董事公同具禀方能照准。该监生敢径自请谕，将毋持本府之示谕遂作为世袭铁券，兼以之吓诈农民耶，所请不准行。查历年讼牍已将盈尺，该监生满

---

① 条狼氏：《周礼》官名。掌清除道路，驱避行人。《周礼·秋官·条狼氏》："掌执鞭以趋辟，王出入则八人夹道，公则六人，侯、伯则四人，男、子则二人。"

② 野庐氏：《周礼》官名。掌从国都通达四畿的道路，使之畅通，并接待保护宾客，查禁沿路犯法与可疑之人。

③ 畴昔：往昔；日前；以前。

④ 虺隤：亦作"虺颓"。疲劳生病，疲极致病貌。

⑤ 善政得财：好的政令得到百姓的财富。语出《孟子·尽心上》："善政得民财，善教得民心。"

⑥ 信而后劳：要先取得百姓的信任，而后再役使他们。语出《论语·学而》："子夏曰：'君子信而后劳其民；未信，则以为厉己也。'"

口居功,并牵涉唐代世系,以为子叔疑①垄断之谋,殊属可笑!前塌董事程益谦等以方承业素向外贸、不谙塌务禀复,经王前府批饬不准挂名接办,铁案如山,无可游移。嗣据尔再三晓渎,刘署府批谕姑准尔子随同习学,未便率先给谕,原属格外体恤,不料得陇望蜀,画蛇吞象,从此生出如许鬼蜮,如许风潮。即如前控案情,尔谓胡松银受嘱扛讼、捏故生波、彼吴丐食等五月十八日之呈词,问是谁所授意,谁所贿嘱乎?本府忠厚待人,原不以察察为明,似此伎俩,岂能逃夫洞鉴耶?修理塌塘为现今第一要政,岂能容无知劣董盘踞窟穴于其中?私租踞谷一节尤应细心研究,以水落石出为止。仰歙县遵照节批集讯,禀详核夺,并即传谕该监生父子严行申斥,不准妄渎。切切!词粘并发。仍缴。

织布局董、生员郑承绪禀批

递年亏耗积至一千二百余元之多,似此小试其端已觉不可收拾,该生尚以有成效为词,何其巧于立言耶?据称存布值洋一百八十八元一角二分,究竟布存若干疋,疋估若干价,着即明晰呈复,并将各布送候点验,再行核饬遵办,毋稍违延。切切!此批。

织布局董郑承绪禀批

据禀,缴各色布疋候验收估价、发店代售归款,惟亏欠官款尚巨,应由该生速筹补缴。慎勿筑台②,自甘集矢③。懔切!此批。

歙县吕塌董事郑广镇等禀批

查册内每年支销南北渠府县纸笔多至十六千文,县差工食多至二十五千,同一塌而两头开销,需费之巨实骇听闻。本府不为已甚,既往可以不咎,未来者不能不稍加裁制。应自三十四年为始减半开销,即以所减钱二十千

---

① 子叔疑,人名,不可考。其不仅自己做官,还让自己的子弟都去做官,被孟子视为"龙断"富贵。典出《孟子·公孙丑下》:"季孙曰:'异哉子叔疑!使己为政,不用,则亦已矣,又使其子弟为卿。人亦孰不欲富贵?而独于富贵之中有私龙断焉。"

② 筑台:谓建造游观之台。

③ 集矢:谓箭射中目标。引申为"集矢之的",指众人指责的目标。

五百文专款提出，为堨民购储积谷，以备不时之用计。中稔之年，岁可储谷十石，十年以后偶有荒歉固不至张皇失措，即筹办各项公益，亦皆有所借手。该堨董等仍将所支薪资、伙食、饮胙及夫头①酬资等项力节糜费，实用实销，当更收聚米为山、集腋成裘之效果。本府不为遥制②，统由该生等认真经理，妥筹禀核，亦不得因循不覆，致负本府核实恤民之至意。仰即遵照。各录一道悬挂报功祠内，并候行县备案。此批。册存。

织布局董、生员郑承绪禀批

卷查该生代办机件，有已于三十一年十月禀缴息洋内开单划扣作抵者，此外并无禀明代办之件。本府因该生讲求实业，亏欠公款，宽以期限，不为不优示体恤。奉催率尔请抵，毋论工局现未开办，机件无处消纳③，即以数年运动不灵之旧机抵孳生不已之母金，公家、私家亦断无此办法。着即分期认还现银，以重公款，所请应毋庸议。仍先酌定期限，禀覆备案，勿再宕延。切切！此批！

歙县鲍南堨董事吴中僎等禀批

禀册均悉。堨尾泻水圳④着即于来年正月赶紧疏浚开通，勿再因循。桃虫可以啮木，蚁穴可以溃堤。该董等经验已久，必能未雨绸缪，仍将全堨情形切实察看修补，以保水利而鉴覆车。此批。册存。

歙县民人徐慎言等呈批

查阅皇呈堨图，所有圳坝壅阏⑤圮坠之处甚多。果如所称，该堨董所司何事？无怪农民之啧有烦言。应即切实履勘，不得以差查了事。余已于程志熊词内批示矣，着各知照。此批。粘附。

---

① 夫头：夫役的头目。

② 遥制：在远处加以控制。

③ 消纳：消受，容纳。

④ 水圳：人工修建的用来灌溉农田的水利体系，兼有泄洪的功能。

⑤ 壅阏：亦作"壅遏"，阻塞；阻止。

歙县职员汪训镛等呈批

　　既知汪德源改用大斗暗中剥削,该农户等便应立时送县请验,事后空言,从何比较?惟报销不实、经手三分肥几成普通习惯,此则在疑信之间。富碣为北乡一大村聚,自前董汪应鸣被诬引退以来,此攻彼讦,迄未得一秉公办事之人,实非地方之福,言之慨然。仰新任歙县立即切实整顿,查明碣工销册是否相符,有无弊混。部章,凡有嗜好或未经断净之人,概不准充当各项董事。并查验汪德源有无嗜好及包庇情事,据实具复核夺,毋稍瞻徇。切切!词粘并发。仍缴。

卷九

批判·宪政科

祁门县赵令元熙申报《选举人名册》批

　　申及册图均悉。该县划作五区,地方广狭、人口多寡是否分配匀当尚难悬揣。另册开呈选举人衔名,是选举人是调查选举人殊欠明晰。若谓此系选举人,胡清鼎以监生候补知县;黄光第以武生候选县丞;胡清灏以监生候补通判;姚受锐、胡元龙、汪克安、冯得桂、陈廷侯诸人仅有虚衔;汪浩钧、康权、洪蔚文仅一监生;许培骏浑称职员;李畅懋虽系附生,不及岁。既未声明别项资望①、财产,即与第三条"选举资格"不符。祁邑虽小,有五千元之营业及不动产者应不乏人,何以一无调查? 如康绅达、洪绅寿彭现虽宦游京外,皆该县土著、有名誉之绅,又何以不列册内? 恐遗漏者尚多也。分配议员之法以选举人多寡为标准,似此寥寥数十人,将来该县独无当选议员得无自悔! 率漏否又来申请发选举执照,查投票纸、当选执照皆由复选监督制就分发,此有一定阶级、一定时间,不可凌躐②无序。初选当选执照应于选举期二十日以前请发,今议员之额尚未奉抚宪统核,全皖选举人数分配派定、应发执照若干岂能悬拟③? 况未择定初选日期,更不得率请颁发。其选举人应用投票纸,亦必于期前二十日始发。《奉发章程》条理井然,此非可以率尔操觚④为也。仰即将《调查员办事细则》飞速申报核定,至选举人名数亦即另造妥册,必须将年岁、出身、官阶、品望⑤、财产、吸烟已戒未戒,均一一详细查明,不得含糊了事。其缮写各件尤须工整,不得沿袭胥吏蟹行字样,勿再率忽干咎。切切! 仍通饬所属知照。此批。册图姑存。

休宁县刘令敬襄禀设立初选事务所批

　　据禀已悉。此事为我国创举,调查一切固赖士绅相助为理,惟办理迟误

---

① 资望:资历和声望。

② 凌躐:超越;超出寻常顺序。

③ 悬拟:凭空虚构。

④ 率尔操觚:原形容文思敏捷,后指没有慎重考虑,写作态度不严肃,轻率地写,随意着笔。觚:方木,古人用它来书写;率尔:贸然,随便地;操觚:指作文章。

⑤ 品望:人品声望。

或将来乖舛①偾事②则地方官独执其咎,事务所设在本官本署具有深意。仰即划分投票区域,赶速调查、造册、绘图,送府以凭汇核,转请分配当选人数,一面由县择定初选日期,先期请发投票纸及当选执照,并将管理、监察各员衔名报候核明派定,均毋延误。切切! 至所长名目虽系沿用各省办法,究非馆章之所规定,是否允洽③,既据通禀并候抚宪暨筹办处宪批示。缴。

黟县罗令贺瀛详送《初选人名册》批

查核《选举人名册》,中区以西隅余氏、九都舒氏为最多,东区以西川胡氏为最多,西区以三都汪氏为多,南区以古筑孙氏、南屏叶氏、余村余氏为最多,北区以宏村汪氏为多,通德④高明,美不胜收,宜也! 其余单户稀姓奥谷邃岩,是否一无遗漏? 就渔亭一镇论之,为该县商业最盛之区,有五千元以上营业资本者只有六人,寄居者尚占其四,恐放弃者尚多也;东区西川是否西递册与图不符;中区九都舒氏、西区三都汪氏均未填切实住址,凡此数端均待商酌。至统核各册,年未满二十五岁以上者尤不胜偻指,此虽无关要义,与馆章、局章均属不符,恐亦当在暂行停止之例,本应发还改正另造,既据径详,姑候宪示遵行。仰即知照。此缴。图结均存。

婺源县杨令兆斌申报筹办选举批

据申该令集绅会议,咸谓该县僻处山陬,户鲜殷实,士习亦坏,合格当选之人未易多得等情,阅之殊堪诧怪。查此次选举本系采用《限制选举章程》,其不合选举资格者自宜格外矜慎⑤。然地非互乡⑥,里非胜母⑦,断不能以"士习亦坏"一语一笔抹煞。该邑幅员既广,人文亦盛,其茶商木客有五千元以

---

①乖舛:谬误;差错。

②偾事:败事。偾:使覆败。

③允洽:得当。

④通德:共同遵循的道德。

⑤矜慎:谨严慎重。

⑥互乡:古地名。是一个交相为恶的地方,据说在今河南周口,古时《淮阳志》称互乡。《论语·述而》:"互乡难与言。"《幼学琼林·地舆》:"美俗曰仁里,恶俗曰互乡。"

⑦胜母:古地名。司马贞《史记索隐》:"《淮南子》及《盐铁论》并云里名胜母,曾子不入,盖以名不顺故也。"

上之资本及不动产者更不乏人,皖南之望县也,该令何卒然出此愤语,此本府之无从索解者矣。自上年十月二十日奉到馆章,本府即日督饬各县刻期举办,随于二十七日撰刻简明告示,分致各县以提倡之,其余批札、手示络绎不绝。该令应亦一一寓目,乃三月之久迄无一字见覆,直至腊尾春初始草草以一申塞责,所谓另文详报者候至二十余日寂无音响,岂该令于奉发章程均未尝涉猎及之耶? 玩视①要政,不明时局,莫此为甚! 本应详请示惩,以儆泄沓②。姑先手示申饬,仰即会督士绅迅速调查,宣示草册,赶造正册,限二月十五日以前专差送府,以赎前愆③。懔之慎之,勿再玩忽! 切切! 此批。

绩溪县叶令学仁详送《初选人名册》批

查核送到人名册,尚属妥洽。惟记载选举人资格总以详核为贵,如"财产"须注明种类、价值,"出身"须注明某年某科入学、补廪④、出贡⑤、中举,余可类推。细核原册,尚多忽略之处:第五区八十七号程宗瑞系几品荫生? 何年得荫? 抑系云骑骑都世职⑥? 应令查明速报;第三区签呈⑦舒翘、冯端钲、冯敦祝、程志濂四名,第四区周沛昌一名,既充乡董多年,尚有资劳可计,均得有选举权,由府代填入册;第二区签黏胡世泽,第三区胡文骊、胡文骕,三员既系纳粟⑧得官,应有财产可计,何以未经调查? 应覆查服官省分、有无署代篆务⑨。姑仍签送,听候分别存删。各项师范生不以毕业为断,以文凭年限为断,不足二年者概从割爱。除通州师范毕业生程干棠一名外,芜湖徽州公学、郡城紫阳师范及该县东山传习所各生,一年毕业均不合格,已一律揭除矣。仰即遵办宣示,一体知照。此缴。册存送。

---

① 玩视:犹忽视,轻视。

② 泄沓:本指多言,啰嗦。后转义指拖拖沓沓。

③ 前愆:以前的过失。愆:罪过,过失。

④ 补廪:明清科举制度,生员经岁、科两试成绩优秀者,增生可依次升廪生,谓之"补廪"。

⑤ 出贡:科举时代,凡屡试不第的贡生,可按年资轮次到京,由吏部选任杂职小官。某年轮着,就叫作"出贡"。秀才一经成为贡生,就不再受儒学管束,也俗称"出贡"。

⑥ 世职:世代承袭的职位。

⑦ 签呈:旧时政府机关的工作人员向上级请示或报告时所写的简短呈文。

⑧ 纳粟:古代富人捐粟以取得官爵或赎罪。代指捐纳。

⑨ 篆务:犹政务。

婺源县杨令兆斌详送《初选人名册》批

此项《选举人名册》曾奉筹办处宪颁发定式,原为六十州县画一起见,若各县大小参差,自为风气,又何必多此一举?乃查阅送到《人名册》,既不遵照颁式,又不分区,填造笼统,舛错照转,定干驳诘①。除留一分存参外,应即交差发换,以求妥善而期迅速。仰即遵照定式分区换造,每区一样三本,十区共三十本,多雇书手②漏夜缮齐,限二十日以前专差送府,以凭核明汇申。倘再错误逾延,定即详请撤参③不贷,凛之。切切!至如一年毕业之紫阳师范生,凡未注明别项资格者,均不得有选举权,已于本人姓名上加盖"删除"二字,此次换造不必入册。其余私塾改良教员是否有案可稽,该令并即确核。此缴。册发还。

黟县罗令贺瀛详送《初选人名册》批

据详已悉。此次换造《人名册》,填注均尚如式,覆查亦颇详慎,事务所员绅实力经营,殊堪嘉许。仰候核明,分别汇转。此缴。册十五本存。

休宁县刘令敬襄申送《初选人名册》批

据申及册图均悉。查奉颁册式,只令填写姓名,无须填号。来册或加号或不加号,殊嫌参差。生员应注明年分,并无科分④之可言;所填出身与科分,年分上下又均不一律,如胡宗瀛之填写"己巳毕业进士",程澍之填写"丁未科主事",尤欠明晰。此次初造,姑免苛求。学堂毕业必与中学同等,师范须两年以上,法政讲习亦须足一年半,始可照准。一年内毕业者概不得援以为例,此馆章也。义塾非现在学务可比,店董非地方公益可比,职官文七品、武五品以上皆须曾任实缺者,"任缺"二字包署理、代理在内,办理厘卡非署代可比,此绅绎馆章而可决定者也。"教官与选"指本省言,在籍投票则可,在

---

① 驳诘:辩驳诘问。
② 书手:古代从事书写、抄写工作的书吏。
③ 撤参:撤职或弹劾。
④ 科分:科举中式之年分。

任所①投票则不可。教谕朱宇辉、训导崔有道何亦一并填入？殊属错误。城区八十号，东一区二十号，东二区十七号、四十六号，南一区十六号、七十九号、八十八号、一百五号、一百六号，南二区五十号、六十六号及五十五号，西一区六号、四十三号，西二区五十号，以上十七名既未声明别项资格，均不应入册。惟查四十六号梁登仕系属附贡，曾任浙江庆元县知县，是否漏填？抑有别故？五十五号余应龙在浙江毕业系何等学堂，几年毕业，均应覆查，以昭翔实。又，寄居人在寄籍投票原无不可，惟须在本籍呈请注销，经地方官批准，始作为寄籍有选举权之证据。册内，外府寄居如青阳人，同府寄居如绩溪人，最占多数，是否遵章办过？同省之人不能两处投票，即不能两名复见。即如东二区十五号胡位咸等，绩溪县已列入册内，是一人而化作二人也。其余寄籍人恐亦未能免此，将来抚宪统核全省人数、支配名额时甚多窒碍。应由县查明，径申省宪暨本府查考，此系通融办理。为换造误期起见，俟奉核定分配后，仍应另造划一正册为妥。其调查员名为区董者，并不在停止之列。仰即遵照办理，并照会事务所各绅一体知照。此批。册图存。

绩溪县叶令学仁禀更正选举人名批

此项《人名册》调查员固当详慎，仍在地方官之细心审定方为妥善。所有册内疏略之处，该令恐辗转覆查，致误分配限期，自是实情。既据禀明，仰候核入前详汇详察办。程宗瑞一名并准添注更正，以免剥夺。此缴。

歙县陈令德慈申送《初选人名册》批

据申及《册》均悉。查程绅锦稣、徐绅巽、徐绅谦皆漏填科分；鲍绅琪豹并误注顺天籍；二区胡士梅、九区程开均漏填住址；第一区李嘉善已据原籍绩溪县造入，其在本籍并未呈请注销可知；第一区洪绅寿彭，第四区徐镕、姚文徽、胡树智、胡启麟，皆属寄籍，应遵馆章办理；第十区二十七号谢升瑞，四十四号又有此名，通省之中一人不能两名，何以一县之内一人幻作二人？岂曾参杜子夏偶尔名姓之相同耶？殊不可解；第三区江枳办学务三年，第九区徐衡两准运判、徐之莘江西同知，何项学堂？有无署代？未据缕叙，碍难含胡列册。以上各节应由县覆查，以期核实。歙在唐宋为富州，在今日犹不失

---

① 任所：任职办公的处所。亦泛指任职的所在地。

为望县,何以选举人寥寥仅九百名?即本府所素知者,如外务部郎中吴绅荫培,前中学监督、中书科中书洪绅汝闿,吉林同知、署新城府知府汪绅士仁,候选郎中程绅源铨,举人程绅允徽,生员鲍伦煌、仰宗铖、仰观文等,皆有名誉之士绅,何以概未入册?此外遗漏者尚多也。选举权此至荣至贵之权,事务所即最重最要之事,似此含胡脱漏,本应发还覆查另造,期限促迫①,只好由府补查,以昭公溥。其调查员并不在停止之列。除分别增删汇详外,仰即遵照。此批。册存送。

婺源县杨令兆斌详换造《人名册》批

据详及换造《选举名册》已核明、汇转详送矣。惟定章"办公益""办学务"项下以著有成绩为断,尤必以本省籍贯为限,宣讲积谷等事项虽皆在公益范围之内,填注悉属空言,并无成绩,不应予以选举权。又,在浙江、江苏、江西入学之生员、副贡②人等,既非籍隶婺源,亦非商籍③,即与"本省籍贯"之说不符,亦难入册。除将册列程祥生、董志周等一百六十四人厘剔④签注⑤,另造清册汇送院处各宪核定外,仰即转谕一体知照。图表分别存送,申省公文二角发还,厘剔人名区号抄发。

祁门县杜令英才禀送《初选人名册》批

禀及名册、图折均悉。查第二区五十八号、五十九号吴永涛等二名,第四区一号、七号、五十一号、五十五号、七十六号、八十四号胡曰什等六名,第七区三十七、三十八、三十九、四十号,四十二、四十三、四十四号,五十四号陈显荣八名,或办积谷仅二十石,或称小学堂劝捐,或称筹办、襄办,是不过略有雏形,并无成绩。学务与公益并计尤与定章不符,已汇册呈请核删。区

---

① 促迫:急迫;匆促。

② 副贡:科举制度中,贡入国子监的生员之一种。清制,在乡试录取名额外列入备取,可入国子监读书,称为"副榜贡生",故简称"副贡"。

③ 商籍:"附籍"的一种。明清时期,商人如因经商而留居其地,其子孙户籍得以附于行商之省分,称"商籍"。

④ 厘剔:清理剔除。

⑤ 签注:在证件表册上批注意见或有关事项。

图内并未注明村堡①都图及每方里数，某村属某区均属无从查考，各区投票区所地址未据择定声叙②，亦无凭审核。第八区拟令进城投票，有无窒碍？内有许登杰等十五名住址均填写"本邑"，城内为此数人计则得矣，其余多数若执不便之说以难之，恐未免有放弃选举之事。西南东六区拟分两日派员轮流管理，有无流弊？恐又未免有桃僵李代、笑倩旁人③之事。以上各节皆当会绅预筹，妥慎经理。仰即遵照指饬，迅速办理，勿再因循。切切！仍候抚宪暨筹办处宪批示。缴。另单并悉。册、折、图存。

祁门县理问衔姚受锐禀批

查《选举章程》第二十二条："宣示人名册以二十日为期，如本人以为错误遗漏，准于宣示期内取具凭证，呈请更正。"又第二十四条："凡过宣示期限，即为确定不得再请更正"等语，此项人名册本府业经确定于前二月三十日汇请分配在案，惟念该县《人名册》系急就之章，又未及宣示覆查，遗漏自所不免。既据禀明，核与定章尚符，姑准通融办理。应予以选举权及被选举权，由府颁发投票纸，届时在城区投票可也。仰祁门县转饬知照。禀发。仍缴。

休宁县岁贡生余正宜禀批

调查一事本极复杂繁难，其遗漏最多者莫如第五项资格之人，自是实情，良贾深藏④，怀玉披褐⑤，自甘放弃者十之四五。至第三项资格之人，则皆有政治思想者也。如有错误遗漏之处，正好未雨绸缪，何既作壁上之观，又为此后时之鸣察？核禀词，语近攻讦，殊属不合。章程第二十四条指"未曾确定以前而言来禀"解释为"确定之后仍可续补"，亦属误会。此项《人名册》

---

① 村堡：围有土墙的乡村小镇。泛指乡村。

② 声叙：谓明白陈述。

③ 笑倩旁人：语出唐杜甫诗《九日蓝田崔氏庄》："羞将短发还吹帽，笑倩旁人为正冠。"意即笑请旁人帮忙正一正帽子。此"笑请"实乃强颜欢笑，万般无奈。

④ 良贾深藏：亦作"良贾深藏若虚"。会做买卖的人把贵重的东西深深收藏起来，不让你摸清底细。比喻真正有学识的人不在人前表露。

⑤ 怀玉披褐：怀抱美玉却身着粗布衣服。比喻有真才实学却不显露。语出《老子》："知我者希，则我者贵，是以圣人被褐怀玉。"

本府已于上月汇送在案，皦皦大名竟落孙山以外，未免向隅。既据具禀陈明，应准予有选举权，由府颁发投票纸，届时在城区投票可也。仰休宁县转饬知照。禀粘并发。仍缴。同日金廷焕禀并发。

休宁县岁贡生韩熙等禀批

君子与君子亲，小人与小人狎，各是其是，各党其党，臭味原难强同。究之公是公非，自有定论，此非可以口众我寡争也。法律本因时损益，无论何国臣民皆当遵守现行法律。《学政全书》，科举时现行之法律也。即此次选举仍注重籍贯，于流品①限制尤严，假"平等"名词缘饰以文其过，如此立言，殊属荒谬！且即就普鲁士论之，凡居一县之人分为三等，下等奴隶不在此数，平等乎？不平等乎？余正宜之为人本府原未深悉，就该生禀内叙述言之，运动举劝学总董无效；要挟送法政学堂无效；觊觎事务所所长无效；选举中学监督、捐派二美学款各节或与事实不符，或失劝捐宗旨。余正宜之性格、之价值亦可略见一斑。如此恭惟余正宜，恐余正宜闻之嗒然②若有所失也。除余正宜前禀业已批行不议外，恐该生等误会，本府见此禀词，亦以余正宜为人才，故特揭以告之，着各知照。此批。

休宁县同知衔监生余宗俊等禀批

各县人名册本府业经确定于上月间汇申在案，查宣示人名册馆章原有定期，凡过宣示期限断不能任意增添，所以重要政而杜流弊。惟念此次选举调查本急就之章，前据余正宜禀称，该县草册上月下旬甫行宣示，一时未及周知。本府曲体下情，虽不能补列册内，姑准给予投票纸，以明其不在剥夺之列。该监等以所纳地丁税指为财产凭证，本衙门无案可稽，碍难臆断，况即在宣示期内亦须取具凭证，呈请初选监督更正，方为不背定章。本府一视同仁，此非于余正宜有所假借，于该监等有所苛求也。至此后纷纷乞补，若竟概徇所请，尚复成何政体？应申明定章以示限制，将来复选被选，并不以初选选举人及当选人人名册为限，凡年满三十岁以上者，果学识品望众口交推，均得被选举为谘议局议员。失之东隅，收之桑榆，未为晚也。仰休宁县

---

① 流品：品类；等级。本指官阶，后亦泛指门第或社会地位。

② 嗒然：形容懊丧的神情。

牌示遵照,并候札饬各县一体晓谕知照。禀黏并发。仍缴。

歙县花翎同知衔、直隶候补知县许家修等禀批

划区调查,分区造册,投票所又必择区内适中之地,原为投票人便利起见。所谓第一区、第二区者,只类别之名称,并无先后意义,亦非此村附于彼村即为彼村之隶属品也。此次选举本急就之章,画区调查容有未尽详核之处。惟人名区册本府已于上月底核明汇申在案,自应毋庸更议。至自治区域本不以选区为限,将来奉到部章,尚应由该县会同各该绅等确实勘画,界线分明,以收使臂使指①之效。该绅等利害切身,关怀桑梓,正宜会商同志设所研究,为他日实行之预备,斯则揆事度情之刻不容缓者也。仰歙县转饬知照,一面分别照谕各绅筹设此项研究所,以殖自治根荄②。切切! 禀发。仍缴。

绩溪县廪贡生曹辅仁等禀批

既据联名禀称愿在寄籍投票,业已遵章具禀原籍等情,姑准查照《休宁县人名册》颁发投票纸给领,届期即在寄籍各区投票可也。着即知照。仍录批报明原籍及寄籍各初选监督查考。切切! 同日吴鹤龄等三人禀并发。此批。

歙县陈令德慈禀批

据禀呈投票、开票所地址及管理、监察各员姓名清折③已悉。管理员除第五区姚宗衡、第十区罗亨淦、罗亨瀚三人毋庸添派外,余均照来折派定。各投票所亦俱照办。监察员第一区应以许鸿熙、方文寯、程致泽、江友燮派充④,第二区以胡自渊、王庆春派充,第三区以杨维新、许霁峰派充,第四区以方夏、吴中僎派充,第五区以吴宏绪、张恩诰派充,第七区以江仁纶派充,第

---

① 使臂使指:像使用自己的手臂和手指一样。比喻指挥自如。典出《管子·轻重乙》:"若此,则如胸中使臂,臂之使指也。"

② 根荄:亦作"根垓""根核"。植物的根。比喻事物的根本,根源。

③ 清折:指奏折。

④ 派充:派遣充当。

八区以王兰、吴绍儒派充,第九区以许炳文、汪德源派充,第十区以谢升瑞、罗会珪派充。开票监察员即以第一区投票监察员充任。惟第六区所举监察员或非本区,或未列册,能否越俎而代不至误事,应着商定报核。仰即遵照。至请指示增删人名若干,现尚未奉筹办处宪核覆札知,未能作为确定。既据禀请,姑先抄册,随附批发,并即查照。此缴。折存。

休宁县刘令敬襄申批

据申及折均悉。投票所应指定处所,来文仅称某某地方,尚是浑含之词。应令择定公所确切,禀候核定,总以爽垲①轩朗为适宜之地。管理各员均准照派投票,监察员准以胡钦顺、许桂林、吴荣、方熙锦、程世璞、胡荣第、程恩灿、黄锡香、吴承铭、朱恩杰、潘光远、余兆麒、汪珍、吴国溶、胡树荣、余克宽十六人按区派充,开票监察员准以胡荣庆、方家灿派充,仰即遵办,并分别移行照谕各该员一体查照,敬慎将事。切切! 此批。折存。

休宁县岁贡韩熙禀批

近来联名具禀之事日益加多,或封交邮局径寄,或雇遣乡民赍投。既非本人亲呈,即无从知其真赝,其被捏、捏人,及有被告并无原告之事亦往往而有,一经彻查跟究②,长舌巧妇又率变为乌有先生。长官广开言路原所以通民隐③而纳嘉言,岂期若辈翕唇鼓舌,适以长诗张倾轧之风? 谁为作俑,可胜浩叹! 该生等或被捏名,或被牵及,若如所呈,此真咄咄怪事,虽有神圣,何处捉摸? 本府以俚语解决之曰:"见怪不怪而已。"着各知照。同日余正宜禀并发。

黟县罗令贺瀛申批

据申已悉。汇核先今呈送员名清折。所有管理员照章停止选举权,每区投票管理员只好延绅一人,应以程希濂、胡肇桂、叶登瀛、孙树昌、汪保和

---

① 爽垲:指高燥之地。

② 跟究:查究;追究。

③ 民隐:民间的疾苦。

派充,监察员应以余毓元、王淦、吴翔藻、余之芹、汪光甲、何宗逊、叶腾芳、孙樾、卢琪、汪樑十人派充;开票管理员应以陈训导、程定保派充,监察员应以余攀荣、程仲威、胡麟瑞、姚联达派充。仰新任县迅即分别照谕延定,以资襄办。至投票、开票处所,均准照所择地址办理,并即知照。此批。折存。又来文系闰月二十三日发,申三月十二日始行到府,驿夫疲玩①,实属可恶,应由县严谕整顿。紧要公牍仍遵前札,交邮局呈递。切切! 又批。

祁门县杜令英才禀批

禀折均悉。一邑之大,竟不能延致管理员三四人,殊属可怪。投票分作两日,果无流弊,岂不甚善! 是在该员绅等好自为之。公权本各人所固有,其各人有不甘者,原无妨各人上诉。学务与公益不能合计,三年成绩以扣足三年为断,先后解释至明。本府前于《汇详人名册》内声明应厘剔者,奉抚宪批暂免剥夺,业已转行饬知在案。所请免予摘除之处自应勿庸再议。另折开各区投票所,除城区外均未指定所址,显系尚未择定。仰即择定公所,妥速布置,另行报查。切切! 此缴。折均存。

绩溪县桂令岩禀批

据禀已悉。该县于初八日再行投票,初十日开票,得四百三十七票,以不足额五人除之折半,应以四十三票又十分之七为当选,即以四十四票计算,不能照初次二十九票为定额也。周懋和学款一案虽未清结,惟据会委禀报查账员会算,尚无弊窦,应有被选举权。又小学堂教员停止被选一节,谘议局职务须知系何人所撰,不能据为典要②。惟查局章第八条案语"小学堂教员若以被选举为议员之故,致旷厥职,殊于学务有碍"云云,细加绅绎,此条应专指复选被选而言。盖初选举乃选举此选举议员之人,初选当选乃复选之选举人也,既不停止其初选选举权,即不能停止其复选选举权。仰即遵照办理,并速将当选人衔名、票数及两次投开票报告情形详细开折禀报。切切! 此批即付来差赍回。缴。

---

① 疲玩:懈怠玩忽。

② 典要:可靠的根据。

歙县第八区耆民禀批

选政如何重要！罚则如何严明！果实有串通舞弊情事及不合被选举资格之人，一经判实，即遵馆章办理，断不能失宪政之信用，贻地方之后害。惟邮递匿名非正式之诉讼，姑存之以观其后。此批。

绩溪县桂令岩禀批

据禀已悉。调查员本不在停止选举及被选举之列，本府前于歙县休宁《人名册》内业经批饬更正在案。续查筹办处核正《休宁人名册》内亦有"局章，但停止管理员，其余参议、所长、区长、调查等员均不在内"等语，是此问题有此解决更无疑义。胡本琪等热心公益，担任调查[员]，与管理员事项迥异。该县原送《人名册》调查员原在其中，是公认其有选举权也明矣，及得票当选后，乃率谓与定章不符，何所见而云然？朱瑞麒为乡警总董，与局章第七条意义迥不相同，不但非官非吏，更无所谓巡长。查民政部《巡警学堂章程》第二十条"巡警教练所毕业生专作为地方巡警之用，其成绩最优者得派充巡长"云云。巡长者，一排之头目也。原禀以巡长比附官吏，是则于巡长名义分际①尚未了然。此四个当选人均与章程相符，该县照章知会，给予执照，均属正办，更无庸别求变通之方。又查章程内九十一条"凡选举诉讼事件，初选应向府、直隶厅、州衙门呈控。"现在初选事竣，此后如有此等诉讼，该县尽可饬令本人赴府投递，以重选政。否则邮递匿名，概不受理。仰即遵照。仍速将当选人名、资格、票数遵式造册申报，勿延。此批交来差赍回。缴。

婺源县魏令正鸿禀批

据禀，该县初选开票计实行投票者一千三百七十一人，以当选额十八名除之得数折半，满三十五票为当选，仅得王日含等八人。展至十五日加倍开列，次多数再行投票等情，查投票实数一三七一，以当选人十八名除之，为七十六票又十分之三，折半为三十八票又十二分之一，应满三十八票以上为当

---

① 分际：界限。

选。来禀以三十五票为当选，所差不止毫厘。或者事务所员开送票数清单用亚拉伯字码，致成鲁鱼帝虎①之讹，抑或此一千三百七十一人中尚有应行作废之票未据声叙，殊难悬揣。再行投票筹办处宪原有规定期限，该县展至十五日始行再选，自是为召集烦难慎重选政起见，万一仍不足额，有烦三选、四选，将如之何？恐知会管选人及收情愿书各节势必手忙脚乱，此层亦不可不先事虑及。总之，五月五日为本府汇集各县当选人姓名、票数之期，万万不可错过！仰即遵照定章妥速办理，依限填册申报，并将当选票额、因何不符之处据实禀覆更正，慎勿饰延。切切！仍候抚宪暨筹办处宪批示。缴。折存。

婺源县魏令正鸿禀批

据禀已悉。重行投票，实到人数几何？以得票若干为当选？未据缕晰②声叙。但照折开票数统计，已有一千二百六十四票，以缺额十人除之，应得六十票以上为当选，何以不及六十票之七人均作为候补当选？恐有错误。仰即将两次投票、开票人数、票数情形据实补报，连同当选人衔名、资格造册送候汇转，勿稍率延。切切！仍候抚宪暨筹办处批示。缴。折存。

休宁县刘令敬襄申批

据申，该县四月初四日开票，得实在投票人数六百二十三名，以当选额九名除之，以三十四票为当选，仅得当选吴嗣箴一人，尚缺八名。初十日再行投票，十四日开票，得补足当选票额者金沄等十人等情。查馆章第五十六条"非得票满该额以上者，不得为初选当选人。"该县初次投票人数应以三十五票为当选，来申以三十四票为当选，微有差池。惟吴嗣箴得三十七票，已过票额，自应当选。至再行投票，应照每次投票人实数另行核算，察核文内"得补足当选票额"一语，似系先后并计，殊与定章不符。究竟二次投票人数若干？以若干票数及额？未据逐一声叙，殊难确核。设有误会致全体无效，所关匪细。仰该县立即遵照查明第一次、第二次实到人数若干，检票若干，

---

① 鲁鱼帝虎：指传写刊印中出现的文字错误。语出晋葛洪《抱朴子》："谚云：'书三写，鱼成鲁，帝成虎。'"

② 缕晰：详尽而清楚。

有无废票,第二次以若干票为及额,金沄等八人得票是否满该额以上,务须缕晰叙明,刻日专差禀覆,以凭汇册详报。切速切速! 此批。

祁门县增生胡邦达禀批

凡《人名册》确定后即不能随意添入,该县批准补入,想初意变通办理,不知格于馆章而不能也。现逾初选一月之久,当选人久已举定,更勿庸议。惟"遗漏"与"剥夺"应有区别,此次该生等未入《名册》,是遗漏,非剥夺,虽暂失初选选举权,仍不失复选被选举为议员之权,该生等即以本府批词为日后凭证可也。此批。黏附。

黟县阎令希仁详批

据详及册均悉。二次开票,除作废外检得一百七十九票,应按不足五人之数除折,以得二十八票为当选,即汪先甲一名不愿应选,亦应以六除之折半,以得二十四票为当选。该县仍按八人计算折除,系属误会。除姚国宜、江汝猷、余毓元得票业已过额,应与第一次举定之余攀荣、舒文贵均准当选外,其孙樾等三名票额不足,断难通融,致碍全案。应再开列次多数六名举行三选,将来得票即按三人除折。仰即出示召集,遵照指饬迅速办理,专差具报,毋再率误违延。切切! 仍候抚宪暨筹办处宪批示。缴。册姑存。

祁门县杜令英才申批

据申及册均悉。该县初次投票无一当选人,再行投票应加倍开列次多数十二名,以当选额六名除实到投票人三百五十九十之数,应得三十票为当选,陈郊等八名票额均属相符。除康达、郑均二人不愿应选外,以李训诰、程际隆递推补充,亦符定章。惟落选四人姓名、票数未据声叙,否陈郊等共得三百是【是否陈郊等共得三百】五十六票,其余四人仅得三票? 盖初次既得次多数之人,二次决不能仅得一票,或竟不得一票也,应令切实缕晰报覆,以昭慎重。仰即遵照,刻日查明补禀,察夺,勿延。切切! 此批。册存。

休宁县刘令敬襄申批

再行投票,当选票额不得与第一次并计,亦非以第一次票额为准,应以第二次实到票数按未足之八人除折,来申仍属错误。查该县再选,得三百七十九票,八除之为四十七票又十六分之六,折半为二十三票又十六分之十一,自应以二十四票为当选,不能以二十二票为及额。除吴嗣箴初次当选,汪辉祖业已辞选,均毋庸议外,其再选当选名次应以金沄、王世勋、李鸿遇在前;吴国溶与黄锡香得票相同,亦可以抽签序之;次则戴禧麟、邵鸿恩、朱锡钧已敷定额。仰即遵照,迅速再行知会,一面传谕各该初选当选人,务于六月初十日以前检带执照来郡投票,均毋违误。切切! 此批。清折存。

卷十　禀详

徽州府禀地方情形文

敬禀者:窃知府于六月初八日接印视事,曾经通禀在案。知府到任以来日坐堂皇治事,取其专精直接,以除壅蔽①而免偷安,并随时咨询官绅,于地方情形粗有所得,谨就三月内力行筹划之事胪列八条,为我宪台陈之。

一、革除恶习。徽俗之最恶者曰迷信,曰嗜赌。醵钱②迎赛,无村无之,其所演戏出又多鄙俚③不根之事。一届秋令,其赴九华山、齐云山烧香还愿者络绎不绝,尤可怪者,七月十五日相沿于府署宜门招僧道多人作盂兰道场,知府手撰告示为纠正之。禁赌一事历奉宪台严饬,七月间派委密查,寂然不闻,现届冬防,岁晚④务闲或不免见猎心喜之人,禁赌尤为要着,知府已撰就四言告示,责成六县实力奉行。若夫缠足一事,此本普通习惯,惟徽俗尤甚,不缠足者则群以下户视之,大约三五岁女子无不足曲拳而行跛倚者,知府手撰告示,并饬绅学界随时演说,体察情形,感悟者不过十之二三,此事或非一朝夕所能见效,容徐筹劝戒之方。

一、实行戒烟。徽俗不论贫富,吃烟者十人而六七,面鳖骨削,举目皆是,此地方官之隐忧也。自禁闭烟馆以来,有殷姓者不遵禁令,知府密察得实,提案严惩,凡以烟馆为生活者始懔然不敢再犯。惟闻屯溪街口各处,水陆通衢,莠民杂处,犹未能一律划⑤除,并手撰告示重申禁令。体察情形,戒烟局所自属刻不容缓之事,府城旧有一局,虚有其名而已,当饬歙县实力奉行,外五县除休、黟禀办外,亦即专札严饬,速行开办。少一吸烟之人,即多一有用之人,有冻死饿死之人,断无瘾死之人。知府用白话浅说,随时劝戒,以此感悟者不少。

一、速结词讼。知府衙门每月案件不下二十余起,知府随收随讯,随批随发,遇有关风化案件,必反复批示至数百言而后已,次日午前必为榜示,既免悬望⑥,又省旅费,此知府区区之见也。惟批回复审则延宕如前,甚至有苍滑老吏,一见上控,愈激其怒者。就知府所属而言,府控案件以歙县为最多,

---

① 壅蔽:隔绝蒙蔽。多指用不正当手段有意隔绝别人的视听,使人不明真相。

② 醵钱:凑钱,集资。

③ 鄙俚:粗野;庸俗。

④ 岁晚:年末。

⑤ 划:同"铲"。

⑥ 悬望:盼望,挂念。

卷十 禀详

经知府面加督责讯结者已有十数起;休宁虽无重大案件,亦有十数起,尚一字未覆;婺源余查氏控余启呈霸产一案,五控不准,至激成府控、省控,现已奉批提审;黟县无一府控案件;绩溪讯结者亦有数起,惟候补巡检曹登瀛控妻一案尚未定谳①;祁门无名男尸一案、刘天富在押病毙一案,亦多疑窦,已驳斥覆审。久郁必噎,久屈必伸,此岂尽小民之过哉!查各县《词讼简明册》,每月所报者不过四五起,皆一堂断结,其实隐匿漏延在所不免,即人人清献,亦未必只有此数,拟请宪台一并申明例限,违即详惩,或牧令有所儆惕②,不敢以虚言尝试。

一、严惩差役。徽州健讼之风本甲于皖省,而差役之玩疲亦为他处所未有,种种弊端大抵皆由需索③而起,遇有联名告差役婪索④者,立即批饬责革⑤,从严讯究。近奉通饬《清讼恤囚章程》及《革除门丁陋规》勒石永禁,此辈皆稍知畏惧。惟见闻有限,鬼蜮⑥难穷。其愿者艰于一饱,狡者或另谋三窟。闻各州县承案有费,值堂有费,取保有费,和息⑦有费,鬼鬼祟祟,不可捉摸。既拔去眼前之丁,不得不并此附骨之疽取铅刀以割之。或仿照《天津讼费章程》从轻核减,犹为彼善于此,此则非知府所敢擅拟。

一、整顿学堂。府城学堂之规模较好者有二:一新安中学堂,一紫阳师范学堂。中学堂就试院改建,每岁经费由屯溪茶厘拨银五千两,师范即旧日紫阳书院,每岁息银有三千两,两校监督以许庶常承尧任之。查阅学生程度,其斐然可观者则面加奖励,其偶有放言高论者则照会监督申斥之,现已与监督约,每月月考知府到堂面试。惟该堂监督屡以经济困难为告,如锡箔捐一案,经前府黄守曾源通禀批准,迄今仍有阻力;珠兰花一案,绅与绅致生冲突,经知府作为调人⑧,晓以合群之公理,始和平了结,若再事罗掘,恐反对者愈有所借口,不得不慎重以出之。体察情形,欲教育之普及,仍以改良私塾为先着⑨,现已饬劝学总董实力奉行。

一、改良巡警。郡城之有巡警也,自黄守曾源始也。徽州风气,其稍识

① 定谳:指司法上的定案。谳:议罪。

② 儆惕:戒惧。

③ 需索:求取;勒索。

④ 婪索:谓凭借权势等向人索取财物。

⑤ 责革:处罚、撤职。

⑥ 鬼蜮:害人的鬼和怪物。

⑦ 和息:平息纠纷,劝其和好。

⑧ 调人:称调解纠纷的人。

⑨ 先着:谓必须先办的事。

之无^①者皆以当兵为耻。其始降格以求者,势也;其不能长此终古^②者,后来者之责也。知府查阅警兵,合格者十无三四,即督同印委^③改良警章,于查户、清道、巡夜事宜最为注意,现已按段【段】添设路灯,督饬警员、警兵彻夜梭巡。惟警费尚未筹定,刻已有悬釜待炊之象,迁就之处尚多。查郡城警费向由六县烟灯捐分筹接济,灯捐既停,此款遂成画饼,知府到任后即据休、婺、祁、黟、绩等县联衔邀免,惟查阅禀词有"自顾不暇"等语,知府不得不正言批饬,现据禀复筹办者仅黟祁二县,其余尚一味延宕,且休宁拖欠烟灯捐款至一千零四十余千之多,屡催不应,尤属疲玩。一郡之事自当一郡公任之,若相率效尤,只有不办一事而后已,此事仍乞宪台主持于上。或油滑之牧令,不致以个人之私见破坏已成之要政。

以上六条皆知府实力奉行之实在情形也。

一、兴修文庙。知府到任以来瞻谒^④宫墙岁久失修,丹青剥落,栋柱欹倾^⑤,蠹然^⑥忧之。查点祭器,一无所有,祭日则用最恶劣之磁碗当作豆笾^⑦,虽老妇燔柴^⑧之祭不应若此简陋,当即饬教授周赟敬谨勘估,及祭器款式一并绘图恭造,并分札六县速行筹款在案。查《礼部奏定章程》:文庙殿庑、墙垣通覆黄瓦,崇圣祠亦一律办理。国学、省垣自当敬谨遵办。徽州僻处山陬,恐无此财力,拟大成殿先覆黄瓦,其余修饰见新^⑨姑仍旧贯^⑩。据瓦木、油漆工预算,已需银币四千元之谱,祭器一节如登、铏、牺、尊之属,仍当借材异地,惟此时如何筹款尚无把握,俟筹有的款^⑪后当专案禀报。

一、试办农林。歙、休、祁、黟四县皆知府经过之区,茂林修竹蔚然可观,童山濯濯亦所在多有,此非山之性也。查看情形,自当从种树下手,而种植区域则莫如先地而后山,由近以及远。现查得府治右侧有公地及无主民地约九亩有奇;惠济仓及天宁寺故址约十二亩有奇;武庙左侧约八亩有奇,零

① 之无:比喻极浅易的字。

② 终古:久远。

③ 印委:印官和临时差委的官员。

④ 瞻谒:犹朝见;谒见。

⑤ 欹倾:歪斜;歪倒。

⑥ 蠹然:悲伤痛惜貌。蠹:悲伤痛苦。

⑦ 豆笾:祭器。木制的叫豆,竹制的叫笾。

⑧ 燔柴:古代祭天仪式。将玉帛、牺牲置于积柴上而焚之。燔:焚烧。

⑨ 见新:修理装饰旧屋宇、器物,使像新的一样。

⑩ 旧贯:旧制度;旧例。

⑪ 的款:确定可靠的款项。

星者不计;郡城西北门外有小教场一处,前后沙滩渐涨为沃壤,约二百亩有奇;东门外教场约三十亩有奇。其树艺则城中,宜果实、宜蔬菜,拟于明春种槿当墉①,编竹为篱,作为植物园;城外之地则宜竹、宜柏、宜玉米、宜苧麻。惟瓦砾砂碛,垦费较多,平均计之,每亩银币四元左右,或招垦,或集股,尚须与各绅细心筹划,俟开办后当另案禀报。

以上二条皆知府筹画粗有端倪之实在情形也。

知府初学作吏,见理未真,阅历又浅,疵谬②之处知所不免。就徽地言徽事教徽民,或于风化民智不无坠露轻尘③之益,用是④不揣冒昧,撮陈大略上尘⑤钧座,是否有当,伏乞大人鉴核逐条批示祗遵⑥,无任悚惶⑦之至。

禀屯溪火灾劝捐文

敬禀者:知府于本年七月十二日准移驻屯溪,同知朱丞牒开七月七日屯溪镇不戒于火,延烧一百二十余家,被灾者男女五百余名口等情,当即飞饬休宁县龄令前往查勘,妥为抚恤,并饬将被灾户口查开实数清折呈报在案。查屯溪为徽州巨镇,浙赣通衢,其土著者不过十之二三,其来此求生活者大抵皆数米而食⑧、桁薪而炊之客民居其多数。究之,无论为客民为土著,既受一廛⑨而为氓,自宪台⑩视之则皆茕茕无告之子民,自知府视之尤宜不分秦越者也。知府任事月余,既不能感召天和,消除沴戾,何意祝融氏大肆淫威,使吾民烂额焦头,有殃及池鱼之惨。转瞬秋风砭骨,虐雪侵肌,幕天席地,其何能支?吾民何辜?言之恻然。昔汲黯⑪矫诏发粟,活人无算,传之史册,播为

---

① 墉:高墙。

② 疵谬:差错;谬误。

③ 坠露轻尘:表示轻微、渺小。坠露:落下的露水;轻尘:轻微的尘土。

④ 用是:因此。

⑤ 上尘:旧时表奏函牍中表示谦抑的套语,意为有污尊长视听。

⑥ 祗遵:敬遵。旧时公文用语。

⑦ 悚惶:亦作"悚皇"。犹惶恐。

⑧ 数米而食:数着米粒吃饭。形容生活困难。

⑨ 一廛:古时一夫所居之地。泛指一块土地,一处居宅。

⑩ 宪台:御史官职的通称。后亦用为地方官吏对知府以上长官的尊称。

⑪ 汲黯(? —前112),字长孺,濮阳(今河南濮阳)人。西汉名臣。景帝时以父任为太子洗马。武帝初为谒者,出为东海太守,有治绩。召为主爵都尉,列于九卿。好直谏廷净,武帝称为"社稷之臣"。河内郡火灾,汲黯前视察,以所持符节假传圣旨,令河南郡开官仓赈济灾民,活人无算。播为

美谈;去岁美国金山火灾,唐人街一片焦土【土】,不数月泛舟廥至,立起疮痍,仁闻义声遐播中外。知府才不足济变,诚不足孚人,昼夜焦思,其何以安? 当捐银币百元以为之倡,并制就捐簿六册分致所属各县,转饬学商界各绅分投劝募,勒限一月内汇齐批缴,核实散放,自知涸辙之鱼非斗水能活,焚巢之鸟非一枝能栖,区区之心如是而已。再四思维,似不可无破格奖励之方,其有富绅义商慨捐巨款者,知府核实后拟请宪台旌门赐额,以旌善行而风薄俗①;其不能分人以财,而苦口劝募者,知府亦拟手书楹联或给札奖励,以为实心任事者劝。所有劝捐拯灾并拟请奖励缘由,理合专肃具陈,是否有当,伏乞大人鉴核批示祗遵,实为德便。再,此次火灾损失不资,惟尚无待姆伯姬之惨②,差足③稍慰宪廑。合并声明。

禀查勘屯溪水灾文

敬禀者:窃知府于本年六月二十日奉宪台五百里排单札饬,亲往屯溪履勘水灾,有应抚恤之处即就地速筹抚恤,并准在该处厘局先拨一千两以应急需,一面将被水及筹抚情形通禀核办等因,奉此仰见我宪台民瘼关怀矜恤灾黎之至意。伏查此次水患自五月十九以后连朝阴雨,二十四五两日又复大雨倾盆,山洪下注,休宁县西南一带适当其冲,其水性尤为湍急,知府闻信之下立即派委会县察勘,妥筹赈抚,并谕令设法疏消积潦,补种晚禾,以慰田家望岁之心。旋据查覆,屯溪附近一带自五月二十四日夜起至二十五日晚止,水势陡涨一二丈,沿河屋舍多被冲毁,街内店铺进水三五尺不等,米盐杂货颇多损失,幸未淹毙人口。次日水即消退,沿河穷民皆搭蓬以居,惟西乡渭桥等处淹毙大小丁口一十八人,其余虽遭淹浸,尚未大受损害。并据该县刘令敬襄查勘禀报,情形尚属相符。伏念屯溪沿河居民类皆穷苦,上年七月间祝融一炬,煨烬④之余数口之家本未易谋一饱,猝遭水患流离荡析,更将何以

---

① 薄俗:轻薄的习俗,坏风气。

② 姆伯姬之惨:言伯姬因坚守礼教而焚死之事。姆:古代对"妇人年五十,无子,出而不复嫁,能以妇道教人者"的称呼;伯姬:春秋时代鲁国王族女性,姬姓,名不详。为鲁成公之妹、鲁宣公之女、宋共公之妻。《左传·襄公三十年》:"五月甲午……伯姬之舍失火,左右曰:'夫人少辟火乎?'伯姬曰:'妇人之义,傅母不在,宵不下堂。'左右又曰:'夫人少辟火乎?'伯姬曰:'妇人之义,保母不在,宵不下堂。'遂逮乎火而死。"

③ 差足:略可。

④ 煨烬:指火灾。

卷十 禀详

·161·

为生？再四筹思辗转发棠①之请、联翩告籴之书尤恐缓不济急,仰荷鸿慈②立沛,饬在屯溪厘局拨银一千两交由知府逐处履勘,分别抚恤,哀鸿残喘得庆更生,感戴宪仁奚有涯涘③！知府遵即于二十二日前往逐勘,分别筹抚,除移屯溪厘局拨款备用外,理合将休宁水灾大略情形及知府动身日期肃泐④禀报,仰祈宪台鉴核。再,府城溪河同时水涨及丈,惟势若建瓴,一宵即退,其余各县未被水患之处菽豆收成结实,稻禾亦葱蔚可观,堪纾仁廑。合并声明。

禀请续拨赈款文

敬禀者:窃知府前奉宪台札饬查勘屯溪水灾,速筹抚恤,并准在厘局拨银千两以应急需等因,奉经将休宁县被水情形据实禀复,并报明知府动身日期,附缴排单在案。发禀后,遵于六月二十二日驰抵屯溪周遍履勘,该镇东隅河街一带店户约二百余家,椽瓦无存,尽为洪涛卷去,其穷苦小民共六百九十五名,已先由公济局洪绅廷俊等劝捐洋二千七百余元,每名放给洋二元、米一斗,闻宪台鸿慈立沛,皆扶老携幼而来。连日至上下黎阳、隆阜、阳湖各村勘验,其被毁房屋亦十之三四,迭经会同办赈绅董查明,被灾人数约一千名,连前次放过人数共计大小男妇一千六百九十六名口,遵饬在于厘局拨发湘平银千两,兑换鹰洋一千四百二十一元三角五分六厘,益以洪绅等筹拨洋二百余元,每名实给洋银一元(内有小口⑤一百三十九人,减半放给),此急速赈抚之情形也。又据洪绅面述,上海筹赈公所徽商谢筠亭、洪伟臣等汇洋五千元,汉口休宁商人汇洋六千元,又上海绅商电知筹米五百包、面一千袋,洪绅以转运需时,函嘱变价汇洋,未到。知府当与洪绅商办,拟将以上三款由公济局派人分赴休、婺、歙各县切实调查,再行一律核放。休宁渭桥等处已经派人往查,优加抚恤;歙县水南乡王村等处为屯溪之下游,前次洪水经过,由蔡令逐村履勘,亦间有房屋冲倒、豆苗淹坏情形。知府综查此次水灾,询诸绅耆人等,佥称为近数十年所未有,而以休宁为最重,歙县较轻,婺

①发棠:孟子为推行仁政,曾就齐饥劝齐宣王发放棠城积谷赈济贫民。后因谓开仓赈济为“发棠”。

②鸿慈:大恩。

③涯涘:尽头。

④肃泐:谨书。书札用语。

⑤小口:未成年人。

源虽未得切实报告,知府逐加探询,灾情当不减于休宁。灾区既广,来日方长,斗粟杯浆恐难遍济,惟有仰乞宪恩俯赐,准再拨银二千两,以期一夫不至失所,灾黎得获再生,不胜叩祷待命之至。除赶造放过灾民名册另行呈送外,理合将查放急赈情形缕晰禀报,仰祈大人鉴核示遵。再,昨接洪绅廷俊函报,六月二十七日奉督宪电汇银一万两协助赈抚,又知府于二十六日赈毕回署。合并声明。

禀赈务报销文

徽州府为汇册详报事,窃照知府前奉札饬亲往屯溪履勘水灾,速筹抚恤,并准在屯溪厘局拨银一千两以应急需等因,奉经知府即日前往会同各该绅董查明被灾人数,遵饬领湘平银一千两兑换银币,益以洪绅等前放急赈余款,统计大口①一千五百五十七人,每人鹰洋一元,小口一百三十九人,每人减半,共放过鹰洋一千六百二十六元五角,业经禀报宪鉴在案。旋奉藩司批歙、休、婺等县灾区既广,准再拨银二千两,由屯局垫发,督同各县会绅核实散放等因,知府伏思今夏水灾当冲②处所荡析离居者十户而四五,实以被淹毙命者为尤惨,此次奉拨赈款若照义绅挨户查放办法,恐未能每人而济,遂议将此项专作恤款,死者有所归,寡孤者有所养,较之普通赈抚似为扼要。此议既定,当即由厘局领回湘平银二千两,兑换鹰洋二千八百四十二元七角一分二厘,和盘打算,计淹毙者休宁县八十四人,婺源县六十七人,歙县十五人,共一百六十六人,每名各恤鹰洋十二元,由家属亲自具领,妥为掩埋,共用洋一千九百九十二元。黟县尚未放过官赈,其灾民喁喁③望泽,由该县据情禀请,亦未便独令向隅,当拨发鹰洋四百元。郡城附近穷苦灾民由歙县查放洋三百四十二元七角一分二厘,又由知府自行查放洋一百八元。十月之交,先后如数放竣。知府谨督饬员绅随时奉宣德意,民情亦甚安谧。并饬据各该县造册呈送前来,知府覆加确核无异,理合将两次奉发赈款分别查放缘由,造具清册,照录县册,具文详报,仰祈宪台鉴核。再,此案因催各县造册,以致详报稍稽④。黟县册仍未到。歙县册报银数相符,办法间有更改。合并

---

① 大口:户口中的成年人。

② 当冲:在道路的冲要处。

③ 喁喁:仰望期待貌。

④ 稽:迟延。

声明。

禀教士牧良请辨【办】吴克明等一案议结①文

敬禀者:窃于本年五月十六日奉宪台批,知府会同委员陆倅禀奉委会,讯休宁县天主教士请办汪社宝等阻教恃教一案,讯明断结,开录供折,禀请鉴核示遵,由奉批禀及供单均悉。此案昨据省城费司铎函称,牧教士要求三事,其二已经议结,惟吴克明恃教害人必须惩办等情,业经批饬该守查明究办,来禀以吴克明得贿,质之见证汪培冠等,所供洋数、包数均未符合,殊难凭信。不知得贿若干,非当局说事之人势不能眼同点数,无论吴克明之得贿与否,其自供以生员入教堂当通事,教士与知县通函由生员缮写,教民与生员不和、齐相倾害等语,汪培冠等均称吴克明得洋,包他汪姓无事,则其平素之凭借教堂包揽欺朦已可概见。以同一奉教之人而教士恶之,教士恶之实非安分之徒,自非仅予掌责所足示儆;叶德彪以武生奉教,亦末【未】确守教规,应一并严加惩办,毋稍姑息等因。同日并奉宪台札同前因抄发函单到府,奉此,除汪社宝已依限缴洋壹百元,给予冯观长具领,即予省释,毋庸置议外,知府伏查牧教士所指吴克明得贿一节,先后送到见证八人,均系教民,其汪培冠、涂世荣等六人皆称得之传闻,并非目见,毋庸深加诘问,惟应致和方志清称系同场目睹,不得不切实研讯,所供洋数、包数又不能一一符合,或系仓卒之间未及详审犹可说也。至有无洋巾、大包及坐立形式,似不能同时同事所见,歧异如此,至吴克明之是否得贿,以叶德彪之有无过付为凭,叶德彪之是否过付,则尤以汪社宝之有无出洋为断。无论教堂一革条②,断无七八百元之价值,汪社宝家境并非充裕,恐破产倾家未易筹足此数。既不办汪社宝行贿之罪,即不能科吴克明、叶德彪以得贿过付之条,斧凿相寻,其理至确,无待深辨。若夫恃教害人,如果确有其事,或实有被害之人,地方官且疾首痛心,必置之法,岂犹待该教士之要求惩办? 查抄发费教士转述牧函③,谓陆委员有意庇护已属不可索解,并云"满载而归"更不知从何说起? 牧教士本不通汉文,无非为之提刀者任意诬捏,今昔相形,觉吴克明在该堂缮函时尚不至如此狂妄,乃该教士爱憎无常,不知自反,偏听一面之词。谓吴克明、

---

① 议结:审议结案。

② 革条:即革带。

③ 牧函:天主教主教写给其教区内神职人员或教徒的公开函件,具有教令性质。

叶德彪之欺朦于前,不知又有无数人格不及吴叶者之煽惑于后,岂遂足为定论?第吴克明等既不获于教士,不守教规,大略可知。此外虽稍有声名,尚无确实劣迹,应请将吴克明酌照不应重杖八十律,拟杖八十,按新章追银十两,仍援汪社宝赔偿办法改为罚缴鹰洋一百元,拨充地方公用,叶德彪照不应轻律笞四十,追银二两,亦援赔偿办法减为罚鹰洋五十元,一并拨充公用,如蒙恩准,所罚之洋应请即充徽郡巡警经费。爰奉前因,理合将遵饬酌议惩办缘由具文报覆,是否有当,仰祈大人鉴核迅赐批示祗遵。再,汪社宝折杖银两无力完缴,照章应作工①四十日,惟因案羁押已逾三月,应请宽免押罚工作,实为德便。

禀教士牧良请办吴克明等一案议结请销文

敬禀者:窃照休宁县天主堂牧教士请办汪社宝、吴克明等阻教恃教一案,前经知府会委讯断录供,禀奉前宪台批饬,吴克明非安分之徒,非仅予掌责所足示儆,叶德彪亦未确守教规,应一并严加惩办等因,奉经知府复加确核,请将吴克明拟杖,叶德彪拟笞,均照章罚银,仍援汪社宝办法,吴克明罚缴洋银一百元,叶德彪罚缴洋银五十元,充徽郡巡警公用,于六月十六日具禀请示,尚未奉批,吴克明等迄仍看管候示。兹于九月二十四日准现驻休宁天主堂教士谈司铎师秦来郡会晤,述及"牧司铎业已病故,由伊来徽接任前司铎请将吴克明等惩办一事。阁下办事平和,以期民教相安,敝铎亦愿意平和了结,宽免吴克明、叶德彪二人,饬令出具安分切结,即日开释回家安业。惟闻此案阁下已经再拟详请贵上司批示,俟批示到日,弟当勉饬吴叶二人遵照"等语,并称恐口语不懂,特缮二纸面交请阅。查所交二纸与晤述大略相同,均具名签有洋字,当经知府面允所请,即于是日晚间饬令吴克明、叶德彪当堂各具安分切结,谆谆谕以"此后务安本分,不准多事干究",并据佥称愿限十日遵断缴洋,遂予省释安业。伏查,此案之发生始于教牧士爱憎无常,听信冯观长肤受之言,必欲加吴克明、叶德彪以得赃过付之罪,经知府再三辨驳,会委讯断禀复,牧教士复以"陆委满载而归"之谎词函令省城费司铎晋谒前宪台,要求惩办,迭奉批札饬府严惩等因,遵经知府定议酌惩,禀请核示,尚未奉批,兹既据谈教士来署而述牧教士业已病故,该教士接秉斯铎,愿归平和了结,仍俟奉批饬,令吴叶二人照知府前禀酌议遵办似属可行,应乞

---

① 作工:劳动;做工。

宪恩核入前禀,迅赐批示祗遵,并札洋务局一体销案,以清枝蔓而免延累,是否有当,仰乞大人鉴核示遵。再,吴克明、叶德彪应罚银两无力再缴,业已因案羁押八月之久,应请宽免折工。合并声明。

详府中学抽收箔捐情形文

徽州府为详报事,窃照徽绅内阁中书程锦龢、翰林院编修许承尧等禀请抽收箔捐以助学费一案,迭奉前宪台批准开办,由街口厘卡委员随正附收,徽绅派人簿录提存,按月报查等因,奉经知府照会原禀各绅,更派增生叶光录随带府印票照前往街口簿录抽收,并饬该卡委员汪府经①昌焘遵照。去后旋据该卡员覆称,遵札会商叶生于九月初一日开收,按原禀值百抽一章程办理,并饬司扦竭力开导,照案输捐,嗣有屯溪景昌等号运箔过卡,仅将正厘完纳,附收学费一项抗不承认,一再劝导,始终坚持,该商远距屯溪,碍难理喻,当将过卡锡箔仍饬叶生簿录,注明号数,以便稽查,可否传案饬认? 抑或札县按照过卡数目分别饬缴? 否则即由叶生簿录具报,以便饬令补捐,开折禀请示遵等情,据经知府查核,折开景昌等号共运箔四千八百九十斤,应捐钱十二千二百二十六文,平均计算每斤捐钱二文五毫,是否与原禀值百抽一之数相符? 箔价涨落无常,未能深悉,所请由府传案饬认,恐滋纷扰,未便遽行,札县饬缴一层似可照办,即请原禀各绅会议妥商。当准覆称锡箔一小扎计三百张,重量达三两,照时价售钱百文,若每斤捐钱二文五毫,值百只抽四毫五丝,较之原禀尚未及半厘,卡箔捐向章值百抽二,今照厘捐减半。查厘捐系咸丰、同治年间估值核收,迩来百物翔贵②,箔价亦倍于前,致不相符,惟捐局成规具在,必照时价估计难免又生枝节,应照局章办理,请即札县饬缴等由,经知府分饬各县照办,嗣据叶生光录将已收、未收行号及开支数目按月折报,并声明鹰洋一元合钱一千文,局用不敷之款由中学堂经费项下垫支等情,又经知府按月行县饬缴在案,乃迄今三月有余,羽檄③纷驰,依然无效。查叶生折开,九月份过卡锡箔共四万四十五斤,内已收者五千五百四十七斤,捐洋十二元八角六分八厘,未收者三万四千四百九十八斤,应捐洋八十六元二角四分六厘;十月份过箔共三万二千五百七十一斤,内已收者六千

---

① 府经:即府经历。知府的属官,主管出纳文书事。又称府经厅。

② 翔贵:古指物价上涨。

③ 羽檄:古代军事文书,插鸟羽以示紧急,必须迅速传递。

九百四十二斤，捐洋十七元三角五分七厘，未收者二万五千六百二十九斤，应捐洋六十四元七分四厘；十一月份过箔共三万一千七百六十三斤，内已收者六千三百斤，捐洋十五元七角五分二厘，未收者二万五千四百六十三斤，应捐洋六十三元六角五分八厘，每月局费洋十七元五角，三个月共支洋五十二元五角，另有开办费三十元一角七分六厘。以三个月为全年比例，箔数约四十一万七千余斤，捐数约英洋一千四十余元，除局内全年额支薪水二百一十元，活支夫马等费数十元外，学堂岁可得八百元，诚非鸡肋可比，自难放弃。今所认捐者不过零星细数，所吸取者不敷每月局用，两利相形，所得反不偿所耗。绝流而失跋扈，何以解涔池数罟之讥？画饼不能充饥，更何以餍博士瘦羊①之望？似此情形甚为焦灼，知府惟有再接再厉，虽矢尽援绝、三鼓而气不衰，除仍严饬各县谕催各商按照簿录箔数补缴济用外，理合将开收箔捐情形及未能全数输纳缘由据实缕晰详报，仰祈宪台鉴核示遵。为此备由，呈乞照详施行。须至详者。

禀查办绩溪县胡嗣运、周懋和互讦一案文

敬禀者：窃于光绪三十四年十二月，奉提学使札开案，奉抚宪朱批，据绩溪县副贡生胡嗣运禀控周懋和醉心私利，营作菟裘②一案由，奉批，该生前请辞退修身经学教习，廉尚自安，殊堪嘉尚，业已另委接充在案，兹禀控周懋和徇劣董曹诚琪之请，滥用其弟诚瑾为该学教员，并煽曹锡章与宋征、宋琪等要求毕业，如果周懋和确有徇纵情事，殊不足胜校长之任，应即撤换，另选公正绅耆董理小学，整躬③牖俗，一祛凌竞④之习，用以振作学风，嗣后各学校长宜慎加遴选，应由学司通筹办法。至学生结党攻讦师长，此端万不可萌，如果所控不诬，亦宜量加惩戒。胡生熟于经训⑤，又属高年，意气已平乃犹不知

①博士瘦羊：指东汉博士甄宇克己让人之事。典出《后汉书·甄宇传》："建武中，甄宇为州从事，征拜博士。"李贤注引《东观汉记》："建武中每腊，诏书赐博士一羊。羊有大小肥瘦。时博士祭酒议，欲杀羊分肉……宇因先自取其最瘦者，由是不复有争讼。"

②菟裘：地名。在今山东省泗水县。《左传·隐公十一年》："羽父请杀桓公，以求大宰。公曰：'为其少故也，吾将授之矣。'使营菟裘，吾将老焉。"后因以称告老退隐的居处。

③整躬：整饬自身。

④凌竞：亦作"凌兢"。战栗、恐惧的样子。

⑤经训：经籍义理的解说。

止，得毋①有人托名为之报怨耶？本部院②意甚惜之。仰提学司转饬徽州府派员查办，毋稍偏徇③，据实禀复。此批。禀并发。等因奉此，查此案前据该生并禀到司，当经抄禀札饬该府查办在案，兹奉前因，除将奉发原禀具文申缴外，合亟札府派员查办，据实复夺，等因到府，奉此，查此案前据该副贡及章正镡、周懋和先后讦禀，均奉提学司批，既经徽州府饬县秉公查明，严切整顿，仍仰该府督同该县并案查明惩办。等因，当经知府行县彻查在案，奉饬前因遵，即遴委府学教授周赟前往绩溪县切实调查，去后旋据回郡复称，案于光绪三十四年八月二十八日据绩邑东山高等官小学堂全体学生宋征等，以教员胡嗣运衰迈④重听⑤、无故怒骂等情禀县，该县张令廷权诣校查询，极力调停，教员学生均相持不下，不得已以训导孙家仁暂充经学教员，以免解散。曾经张令通禀在案。查该教员胡嗣运学问渊深，该堂长周懋和勤慎从公，胡嗣运又周懋和所汲引之人，本皆为合邑所推重，曹诚琪与伊弟曹诚瑾颇负乡望，学问亦好，并无煽动其子要求毕业之事，惟学堂职员班次，堂长在教员之上，经学教员反屈居西学教员之下，胡嗣运性情伉爽⑥，未免郁郁不平，适学生以略加钟点、赶速毕业为请，经年郁忿触机而发，此次起衅及胡嗣运、周懋和互相猜忌之由似在乎此。现胡嗣运早经乞退，周懋和亦于年终辞去，从此风潮当可平定。学生宋征等查非有心结党攻讦师长，教员孙训导率令出见，经教授剀切告诫，仍将宋征、宋琪各记过一次以示惩儆。曹锡章先已病故，应毋庸议。至周懋和控诉所称胡嗣运之子胡荣璆隐没租洋，非集两造⑦面质核实结算，不足以斩葛藤而息物议，应由张令督同绅学核算等情具禀前来，知府复旁采周谘，细心体察，大致均尚相符，惟近日学界攻讦之事层出不穷，亦无奇不有，若一味调停、不为之裁决是非，何以祛凌竞之习？即学界永无发达之日。此案周懋和之被控，实发起于章正镡一禀，公是公非听候查办可也，师范生曹杰等之出为辩护，何为者也？教员胡嗣运之去留，为堂长者可一言决之，学生宋征等之哓哓⑧禀控，又何为者也？药线一动，万弩齐

---

① 得毋：常作"得无"。恐怕，是不是。常和"耶"构成表推测性的疑问句。

② 部院：清代各省巡抚多兼兵部侍郎和都察院右副都御史衔，故称巡抚为部院。

③ 偏徇：偏私曲从。

④ 衰迈：衰弱老迈。

⑤ 重听：听觉迟钝。

⑥ 伉爽：刚直豪爽。伉：正直、刚直。

⑦ 两造：原指诉讼的双方，即原告和被告。也指双方。

⑧ 哓哓：争辩声。

发,卒激成交哄①之象,其余袒胡而攻周、袒周而攻胡者纷纷扰扰,上年九、十月间几至巷无居人,实属不成事体! 抉其病根,"争权攘利"四字而已,非为学务之兴衰起见也。知府平情拟议,堂长为一堂之主脑,教员、学生皆归堂长节制,胡嗣运涵养未到,学生等矜躁未除,皆被动而非主动之人,其情尚有可原,所不能宽恕者,周懋和办学四年,糜费巨万,未收一效,转酿成如许怪诞现象,虽无徇纵实据,其不能认真董率已可概见业,已自行辞退,姑免深究。仍按照方城等禀控有无冒支膳费二百数十元情事,应核明上学期开学、放学日期,饬周懋和核实扣算,倘有浮支即令如数缴出,以保令名②。至周懋和所控胡荣璎隐没书院公款一节,此是节外生枝,曹诚琪等不先不后,乘此风潮以排倒之,纵非扛帮③,亦近报复,惟既有簿据可查,应另案确核清追,以重公款。章正镡等办学无效一禀,许士荣等捐重费糜一禀,此是通病,不独东山一校为然,改良办法应核减薪水,爱惜脂膏,其关键在堂长专司教育,不司财政,出纳一切另举正绅经理,已由该县绅董开会提议,议决后通禀立案。除饬县刻速选举堂长,会同周懋和核实扣算以清学款,一面将胡荣璎隐没公款核明簿据,结算追缴,另行详报外,是否有当,理合将派员查明办理缘由据实缕晰禀复,仰祈大人鉴核批示祗遵,实为公便。

详查复新安中学堂学生滋事情形文

徽州府为详覆事,窃于光绪三十四年十月初八日奉宪台批,知府详报中学堂兼师范学堂监督洪汝闿等因事辞去,派绅暂摄由,奉批,以学生无理取闹,挟众罢学,久已悬为禁令,仅予记过不足以遏嚣风,饬即查明为首之人,牌示开除,严追在校费用,以示惩儆,等因,同日并奉宪台批,据学生余宝勋等禀,监督辞去,挽留未允,公叩作主由,奉批,以全体学生联名具禀最为学堂恶习,似此借众要挟,不守规章,断难轻恕,饬府会同监督并案查明前次滋事及此次倡首具禀学生,择尤开除,以肃学务,等因,二十六日复奉宪台批,据徽州属学界附生汪迪哲等禀,煽坏学务,利便私图,陈请查究,由饬府一并彻查,等因,各到府,奉此,知府遵即亲诣中学堂,一再查询,适暂权监督汪国杰亦被禀讦,径情出校监督尚未得人,未及宣示查办,旋奉派委黄绅家驹充

---

① 交哄:互相争斗。

② 令名:好名声。

③ 扛帮:结帮。

当监督,由省回徽,随即照请会同查办,去后兹准黄监督覆称,伏思学生挟众罢课,联名具禀,最为学堂恶习,查询在校各生皆此推彼却,坚不承认,复询在校各员,又谓事起仓猝,实莫悉其原因,查中学学生,自洪监督去后规则松懈,志气益骄,不有惩前,无以毖后,乃日久事迁,恐非仓猝之间可以查出实在,拟俟家驹接办后详细查访确实,即遵批办理,仍默查各生举动,如有不守规则再蹈前非者,即行牌示开除,并严追在校费用,以示惩儆,仰候宪裁。又查汪迪哲籍隶黟县,两江师范毕业生,家驹素未闻其名,至有无挟嫌攻讦等情更未由查出等情据实咨覆前来,知府复加查核,该堂学生国文程度之优美者惟余宝勋、许家栻、李毓龙等数人,皆斐然可造之才,言动亦向来恂谨,从未多事,查阅抄发禀词,舌锋犀利,纯乎以刀为笔,口吻更非其余学生所能学到,事后之联名具禀有人捉刀,则事前之挟众罢课有人主动自可概见,此案发见之由来似不能专罪学生,督亢之图①已尽,黔驴之技亦穷,此所谓弄巧以成拙也,自应准如所咨,俟该监督接办后访查确实,再行遵批办理,以免枉纵。至汪迪哲等一禀,其排击汪国杰不遗余力,似亦持之有故,言之成理,独所谓"干请②刘守者"不知如何干请?既经宪台洞见隐微,知府亦无俟赘语。惟近日学界攻讦之人忽见忽没,大抵以批语为断,批好则擦拳磨掌而来,批斥则掩耳抱头而遁,此又近今之现象,所谓巧于尝试者也。汪迪哲所控各节有无挟嫌朦捏,既据称无从查诘,应请无庸置议,爰奉前因,理合将遵饬会同彻查缘由据实详覆,是否有当,仰祈宪台鉴核示遵,为此备由呈乞,照详施行。

禀查复警委任恒智被控文

敬禀者:窃知府于本年三月十五日奉抚宪朱批,屯溪镇商德厚昌、程震盈等公禀任外委恒智嗜烟纵赌等情由,奉批:"据禀,外委任恒智吸烟纵赌各情如果属实,亟应革究,仰徽州府确切查明,据实禀复核办,毋稍徇庇,切切!原禀并发。仍缴"等因,奉此,正在查覆间,又奉巡警道札开奉督宪批:"同前由(中略),札府立即遵照查办通报"等因,计抄原禀到府,奉此遵即,径

---

① 督亢之图:借指行刺之手段。督亢:古地名。战国燕的膏腴之地。荆轲刺秦时所献即为督亢地图。《史记·刺客列传》:"荆轲曰:'……诚得樊将军首与燕督亢之地图,奉献秦王,秦王必说见臣,臣乃得有以报。'"

② 干请:请托。

札调验,逐加访查,谨就所控各节为我宪台桅缕①陈之,查原控嗜好洋烟一节,自该商号告发后,知府业经移请徽州营调验,取有确无嗜好切结在案,奉札后遵即重加调验,一面移会徽州营札调来郡,一面委派现充师范会计员、附生李鸿麟实行查验,李鸿麟者即原禀所指为见证,曾被扭打之李鸿麟也。就知府署中腾出一所,饬该生与任外委寝馈②其中,又虑其怀挟代药品也,入所之先并谕李生切实检查。四月初七辰刻入署,初十日午刻出署,询据该生覆称:"入所之时遵示搜过,并无怀挟③,终日相对共语,却又无倦容,此系生数日内监察真情。"诘以究竟有无嗜好,又称"实验不出"等语。以素有嫌隙之人任索求瘢结之事,果有罅隙,又岂肯甘为容隐?

又原控收受赌规一节,查屯溪五方杂处,赌风本炽,上年六月间知府放赈至屯,二更后微服密查,拿获赌摊二处,赌党四人,一并交休宁县枷责重办,其明证也。赌规之说亦复人言藉藉④,知府以为,有受此赌规之人,即有出此赌规之人,更必有居间说事之人,非究出出此赌规之人,不足执受此赌规人之口也。原禀既称有证有据,何不指其人以实之?应仍饬县随时访拿,果得有实据,与者受者即一并尽法惩治,亦是快事。

又原控纵勇滋事一节,查上年八月初一日,吴程氏遣抱次子吴园林,以伊子吴士林至屯溪平粜局买米,满拟多粜几升,讵局员不准多粜,想因氏语言无知,出局后被任恒智喝勇凶殴伤重命危等情拦舆具控,知府当以平粜本有限制,屯溪穷民不下数百户,皆无异言,何以尔子不遵约束,必欲多粜?实属不合。惟既称受伤甚重,批饬休宁县查验讯办。八月初六日,又据办账义绅洪廷俊、宁恩、曹蕊、程康梓等联名禀称:"职等自水灾后就警局旁办米平粜,定章每人米二升,并商局委派勇梭巡,以便弹压。七月二十六日,有客民吴士林兄弟再三强粜,不服禁止,又恃众逞凶,以致互扭,该勇原非妄扭平人⑤,业经因公责押⑥,吴士林兄弟恃众逞横岂无应得之咎?即谓吴士林受有微伤,现今十余日饮食如常,仍卧警局,镇日⑦混骂,此后善举谁为提倡?警

---

① 桅缕:指事情的原委;谓详述。

② 寝馈:寝食,吃住;谓时刻在其中。

③ 怀挟:携带。

④ 人言藉藉:人们指责、攻击的话哪里都流传着。多用在说有关人家名誉的事。藉藉:纷乱的样子。

⑤ 平人:俗称平民百姓。

⑥ 责押:拘押审讯。

⑦ 镇日:整天,从早到晚。

务可以废弛？环请①札县速提吴士林兄弟秉公讯惩,以遏刁风"等情,又经该饬休宁县分别讯惩释办,勿令再生枝节,一面谕饬批绅等照常开籴,不得因噎废食。嗣经该县刘令禀复:"吴士林伤已验明,惟左肋拳伤一处,别无伤痕,讯系警勇费志发、李荣生二人所殴,当予分别责惩。任弁喝令一节实无其事。吴士林买米不遂,辄即詈骂②,本属不合,姑候伤痊再行核办"等情各在案,查《违警律章程》:"官吏办公处所聚众喧哗,不服禁止者及当众詈骂人者,巡警本有弹压扭送之责。"吴士林强籴、詈骂已非寻常违警律可比,因受有微伤,从宽免究;局勇不应擅行殴人,业已由县责惩,亦足蔽辜③。不谓阴险好讼之徒因此而利用之,盖其意不徒与巡警为难,直与办赈义绅为难也。此是案之原委也。

又原控借故停巡一节,查此案即就吴士林强籴滋事一案而言,吴士林久混局中,喊骂无状,则停籴停巡自在意中。八月十二日,有二品顶戴道员用候选知府曹绅英者,青阳之巨室④德厚昌商号之店东也,专差持名柬以警局停巡无备有患具禀到府,据称:"本年水灾,就警局平粜致有七月二十六日殴伤吴士林一案,警局委员不出巡者十余日矣。职往谒董事宁恩,询及大起冲突,窥其意,被押之勇丁释放然后出巡,不明理如此。职因大局,不敢缄默,除禀参府外,请加札严饬任外委,不得借此因循,以重地方"等情,知府察其禀词虽与宁恩小有冲突,究为地方起见,当即严饬任外委照常梭巡⑤。札已行矣,未及十日,曹绅英忽又禀请将任弁撤回,出尔反尔,碍难照准。且禀中至谓"吴士林并无强籴滋闹情事,故翻前案",知府不能不明白批饬,以明公是。此因事停巡,旋即照常巡缉之实在情形也。知府伏思,巡警有保卫地方、监察人民之责。就该镇情形论之,无论何色局委,非绅商意见相同,断无相安之理。该外委已于上年十二月十九日批饬撤差,并请吴参将先行撤回,应候绅商禀请,再行派委。至原禀所请饬府加札之外委张开元,年近六旬,就表面观之,其躯干尚不及任恒智,况《巡警官制新章》原有不准旧有弁勇⑥改编充数之条,更未便再蹈覆辙。知府再四筹思,此项警政人才徽属实难其

---

①环请:意即向周围的各种人请求。凡向各个上级或地位高于自己的平级机关发出的文书中,用此语表示请求办理某事。此语与"环恳"相同。

②詈骂:从旁编造对方的缺点或罪状责骂。

③蔽辜:犹抵罪。

④巨室:名望高势力大的世家大族。

⑤梭巡:谓往来如穿梭般巡逻。形容巡逻频繁。

⑥弁勇:即弁兵。清代低级武官及兵丁的总称。

选。除饬县会绅暂选替人①外,应乞宪恩札饬巡警道遴派谙练警务人员来屯接办,俾资整顿,警费仍照向章由董抽收拨济局用,或者于警务前途不无裨益。理合将遵饬查明缘由据实禀复,仰祈大人鉴核训示祇遵,深为公便。

敬再禀者:窃查该商号德厚昌等控任恒智一案,迭奉批发原禀、抄禀二件,大致以三次具禀知府不理,又以知府之隐情特迫于洪廷俊一人之私函,不忍破除情面。其以私心测知府无足深辨,独该商号断断②不休痛诋洪绅是其本意,并非与任弁为难,直与洪绅为难,其挟嫌倾轧之情已昭然共见。知府敢不避絮聒③,再为我宪台陈之。查上年十一月二十四日,该商号德厚昌、程震盈等以嗜好日深,委靡不振等情公禀,请撤任恒智。二十五日,该镇绅董洪廷俊、宁恩、曹蕊、程康梓等以情形熟悉,缉捕勤能,公函请留任恒智。两禀互勘,适相抵触,其为绅商两方面之意见无疑,所不可解者,此次攻讦任弁之商号大半即前次保留之商号也。查外委任恒智于三十二年间,经徽州营参将吴玉昆详明皖南镇札委接办屯溪警察局差,是年八月到差,并移准前府王守加札。三十三年十月间,知府任内据商号福康泰等一百余家,以局委任外委办理已经三次,缉捕勤能,地方得力,自上年八月到局至今共获窃案四十四起,商民报领毫无花费,实便商便民,冬防吃紧,熟手为宜,恳请将任外委留办等情具禀,当经知府批准,移知吴参将,查照在案。前后互勘,该商号先[后]自相矛盾矣,其将何说之辞?惟所控吸烟纵赌各节,其词亦足动听,是以批候移会徽州营调验,再行核办。未及十日,该商号又振振有词矣,知府当以一镇之小小公益,不当忽爱忽憎,意气用事,如此果舆论佥同,岂有不俯从舆论之理?若两方面龃龉,各事则以地方官之裁决为断,此是行政范围。又经剀切批示,静候核办在案。且是时省垣警耗④一夕数惊,不惟替人难得,亦实有不便遽易生手之情形。查办揭晓以后,无论所控虚实,既成一市之哄,亦非地方之福,俟冬防事竣再行撤回,从此绅商蠲除意见,岂不甚善?此又知府委曲求全之苦心也。不谓该商号悻悻其辞,始与任弁为难者继则直与洪绅为难矣。其尤可异者,乃谓前次保留之禀商等皆不知情,实属任意变幻。至洪绅光明磊落,久为乡望所推崇,考其成绩,办公济局,办戊申义赈,办调查选举,皆一人担任,劳怨不辞,当久在宪台鉴之中。即该董宁

---

① 替人:接替之人。

② 断断:争辩貌。

③ 絮聒:唠叨不休;麻烦人。

④ 警耗:犹警报。关于情况紧急的音信。

恩、曹蕊亦该镇有名誉之人，无论公事公言，无所谓私也，就知府平日所询问者，语语真诚，百不失一，亦实难强知府以不见信。况两面禀函一并查办，案卷具在，岂有私函而敢入公牍者乎？又岂有两方面龃龉之事不查虚实，知府遂唯唯诺诺听客之所为着乎？彼一二意气用事之人傲然曰："此即舆论之所在也，知府不认也。"彼主使者无非以列名商号，另有盖章名单，持以为舆论之据；或者该商号视撤换一局弁为无关紧要之事，漫然①允许亦未可知。然亦决不知禀中内容借此以倾轧正绅也，此可断言者也。查该镇巡警局本即旧日之保甲局，向章，局勇二十名，局弁一名，由徽州营主政派委，由府县加札饬办，其经费则铺户捐、茶叶捐各任其半。自三十一年奉饬筹办，巡警费无从出，该前县龄令遂与绅商议定，即以保甲改名为巡警局，其章程一切照旧，毫无变更，此该巡警局之性质也。知府所谓一镇小小公益者，以此屯溪土客杂居，又多富豪巨室，商民狃于积习，押运茶洋等事皆争先拨勇当差，小不如意则立起冲突、不认警捐，经收之绅董孰肯起而发难？局委对于各巨商盖无不奉令惟谨，否则亦有不能一朝居②之势。知府所谓非有气骨者所能办者，以此趁此时机力求整顿，非恳请宪委干练警员督率办理，断不足以挽积习而收实效。经费一项应仍照旧章抽收，倘再有以改归官办，商不出资要挟图抵者，无论何等商号，纳费多寡，概由县委派差追缴，以求进步而杜阻挠。敢求宪恩核准维持，地方幸甚，人民幸甚。

徽州府禀设立选举事务所文

敬禀者：窃于本年十月二十日奉宪台排单，札行本省："原设咨议局，遵改咨议局筹办处，其初选、复选由各府州县就地分别办理，饬即恪遵《馆章》在署设立选举事务所，慎延公正士绅会同调查，依限举办，限十日内将办理大概情形暨延定绅士姓名先行报查"等因，并发章程票式五本套到府，奉经分饬六县妥速遵办，并将奉发排单申缴在案。伏查，咨议选举端绪纷繁，非多数绅董划区调查，不易速于蒇事③；将来投票、开票、检票各事尤属紧要，非得老成持正、乡望翕然之正绅监察而督责之，亦未易观厥成。徽州本人文渊

① 漫然：随便貌。
② 不能一朝居：不能得到一日安宁。语出《孟子·告子下》："由今之道，无变今之俗，虽与之天下，不能一朝居也。"
③ 蒇事：谓事情办理完成。

薮,近则稍稍陵替矣,其黠者以匿名攻讦为事,其贤者遂杜门谢客,对于此事尚漠然无所动,于中始之弗慎,第四章"选举变更"、第五章"选举诉讼"之事将层出迭起而未有已,不敢谓其有效也。知府署内谨遵章先设立办理选举事务所,当即慎选公正士绅在籍陕西遇缺题奏道汪绅廷栋、奉天候补道李绅淦、内阁中书程绅锦稣、四品封职洪绅廷俊,照请商办选举事宜,并告以此次选举系属大路椎轮,当以无迁就、无嚣张为宗旨。又以绅商散处,山路崎岖,恐偏僻村落未及周知也,特撰印简明告示千张发县,派丁分赴各都各图交董实贴,随时解释演说,以促进行而免误会。除将复选应办事宜会同各绅妥慎经理,一面督催各县造册绘图送府汇申核办外,理合将遵饬办理大概情形暨延定绅士职名先行肃泐禀报,仰祈大人鉴核示遵,深为公便。

徽州府详送初选选举人名册文

为汇册详送事,案奉宪饬"遵旨筹办咨议选举,各属设事务所,延绅办理"等因,奉经知府设所延绅,将办理大概情形禀陈宪鉴,嗣奉筹办处规定初选期限,札发表册各式,先后奉委祝府经崧年来徽催选,函饬歙绅汪达本帮同查催等因,又经分别敦请,并再三严札勒催,各在案。数月以来,羽檄旁午①,又经祝府经周历六邑,汪绅达本分投劝喻②,始据各县会绅调查,缮造人名正册陆续呈送。本月初九日,据代理绩溪县叶令学仁造册送府,计分五区,共选举人七百八十名,内胡世泽等三名粘签请示;十三日,据署黟县罗令贺瀛造册送府,计分五区,共选举人八百二名;十六日,据署休宁县刘令敬襄造册申府,计分八区,共选举人九百四十三名,内朱宇辉等三十六名应厘剔者另册呈核;二十日,据署歙县陈令德慈、代理婺源县杨令兆斌造册呈送,该二县辖境最广,均划分十区,歙选举人九百四名,婺源选举人一千七百九十二名,应厘剔者歙册内唐咸熙等九人、婺册内程祥生等一百六十四人另册呈核,歙册遗漏太多。知府又照请参议汪绅廷栋等,补查出京外各官、举贡生员等二百三名,分区造册,遵照第二章第二十四条作为《补遗》。惟祁门县杜令英才至本月二十二日尚未将名册送到,商令汪绅达本驰往守催,二十九日始据冒雨赍回,计分八区,共选举人六百十三名,内吴永涛等十六名另册呈核。总核各县名册,惟黟县较为完善,其余有失之迁就者,有失之遗漏者,有

卷十 禀详

---

① 旁午:亦作"旁迕"。交错;纷繁。

② 劝喻:用道理劝告说明。

失之错误者，谨为我宪台觊缕陈之。"资劳"一项以有无成绩为断，旧日之积谷社仓、团防、保甲本皆在公益范围之内，惟积久玩生①，大半有名无实，董事不董事，此其显然者也，各县类皆含浑其词，东郭滥竽实所难免；至所谓阅报所、宣讲所、树艺会、农学会、植物会、不缠足会者，名词则翘然新矣，按其实际或并无其事，或徒具形式，并无成绩之可言，其失一；学堂毕业必与中学同等，师范须两年以上，法政讲习亦须足一年半，始为合格，芜湖徽州公学、徽州紫阳师范、绩溪东山师范传习所各生皆一年毕业，既与定章不符，概从割爱；此外"办学务"项下有填办义塾者，有填办本村学务者，又有填私塾改良教员者，鱼目易混，皋比可蒙，模仿文明未免借窃，其失一；职官文七品、武五品以上皆须曾任实缺，"任缺"二字本包署理、代理在内，查阅各册候补各员，有填洋务局当差者，有填分销缉私差者，有填办理厘卡差者，各项差使似非署代可比，惟其人既能纳粟得官，应非一贫如洗，来册并未声明别项资格，碍难一律阑入②，其失一，此失之迁就者也；徽属聚族而居，其户族之蕃衍者莫如越国汪氏子姓，他如程、朱、舒、洪、余、詹、胡皆著姓也，自应得其多数，其余奥谷邃岩单户稀姓原不乏能，自树立之人有一区不过二十余人者，有一都竟无一人者，屐齿③不及或致遗珠，其失一。良贾深藏，知士怀宝，此本我国习惯，骤为调查财产辄生误会，至乡间多田足谷之翁，讳莫如深，尤难解此大惑，甚至有掩耳而走自甘放弃者，五千元以上之财产盖不多见也，其失一，此失之遗漏者也；寄居人在寄籍投票原准通融办理，惟须在本籍呈请注销，经地方官批准始作为有选举权及被选举权之证据，就休宁一县论之，异府寄籍如青阳人，同府寄籍如绩溪人，最占多数，异府寄籍者无从校勘，休宁、绩溪二县人名册重复甚多，是一人化作两人也，一人不能两处投票，即不能两名复见，休宁两教官以任所为寄籍，一并参入，尤属误会，其失一；生员须注明年分，并无科分之可言，绩溪册漏注年分，休宁册误注科分，或加号不加号，尤属参差，其余各县或漏注科分，或漏填住址，或误注籍贯，或填写己巳毕业进士，或填写丁未科主事，备记格式或存或削，此虽微瑕，亦乖通例，其失一，此失之错误者也。以上各节不能不详细推勘④。黟、绩开办最早，歙、休、婺、祁皆急就之章，迫于时间若再发回换造，深恐有误，统核全省人数、支配名额

---

① 积久玩生：时间久了，种种弊病便相继发生。积：长久；玩：忽视。

② 阑入：搀杂进去。

③ 屐齿：屐底的齿。借指足迹。

④ 推勘：调查，审问。

之期限,又不得不从权①办理。计徽属六县划分四十六区,每区一册,又歙县《补遗》一册,共选举人六千零三十七名,内除重复及未合格者二百二十八名另造清册呈候宪裁外,实共选举人五千八百零九名,先将原册呈送鉴定分配,如不中绳墨②,即请作为草册,俟定案后再行分饬另造正册补送,是否有当,理合汇齐各县名册连同《补遗》一册,并附《厘剔人名清册》一并具文详送,仰祈宪台鉴核训示祗遵,实为公便。再,黟县册闻系该县训导陈之澍会绅查造,实力经营,殊堪嘉许。合并声明。

抚宪朱批:

　　据汇申该管六县选举人名正册,共得合格者五千八百另九名,并缕陈核正情形。现当创办选举之际,官民俱非素习所论,迁就、遗漏、错误三端均属切中弊病,该守逐加厘剔,并将重复及未合格者二百二十八名另造清册,具见慎重选政,力杜冒滥,任事实心,良深嘉慰。惟尚有待商榷者,局章,籍贯与住所并重,故寄居人得于寄居地方行使选举权,如册开本籍人入外省籍贯中式入学者,以籍贯论固当剔出,然使其人仍住居于本籍,似可准寄居人之例,自行呈明愿在本籍行使选举权者,仍当一律入册,此节俟分别查明再夺。至公益事项本无一定界限,且有无成绩全在地方官就近访察,册内剔除各人有无屈抑③,仍应饬县详查,另单申覆,现姑暂缓剥夺。又据黟县调查各事系该县训导陈之澍会绅妥办,本部院深为嘉许,并即传谕奖励,益加奋勉,仰筹办处转饬知照。此缴。册存。

徽州府详复选投票办法文

　　为议详事,窃于本年闰二月初八日奉筹办处札:"奉抚宪朱批,宿松县禀复选投票人府县相隔,来往诸费周折,必多阻力等情,奉批以该县所虑复选为难一节,各属类此者正多,宜如何设法劝导之处,由处分行各复选监督核议呈夺"等因,札府遵照,迅速议详,以凭核转等因到府,奉此,仰见我宪台体恤下情至周且挚,凡隶骈幪莫名钦佩。窃惟复选投票人即初选当选人,照议

---

　　① 从权:采用权宜变通的办法。

　　② 绳墨:木工打直线的工具(将沾了墨水的细绳的两头固定并拉直,再用手轻轻一弹就有一条很直的墨迹)。比喻规矩或法度。

　　③ 屈抑:枉屈。

员定额,应多十倍,就徽属六县人数推之,全皖人数约计选举人八十余名,内外始得初选当选人一名,此项当选人大邑不过二十余人,小邑不过数人,大抵皆开通明达之士绅也,原不忍自甘放弃,又查《选举章程》第六十一条"当选人接到知会后,应二十日内呈明情愿应选,逾期不覆者作为不愿应选。"既据呈明情愿应选,即愿担此责任,更不至因往来周折又生种种阻力。惟当选人不皆殷富,各县有距郡二三百里者,往返夫马及火食、寓租等费必须十元左右,出自寒畯①亦诚难咄嗟立办,知府拟于复选期间派定招待员二人,凡应复选来郡者,适馆授餐统由招待员妥为照料,约计三五日内所费亦属无多,悉由知府捐廉支给,其绅富及附郭而居者愿否会食②,均从其便,夫马一层应请饬由各该初选监督量路之远近分别筹给,略仿公车之例,以宠其行,似此分别办理,庶于选举前途可无窒碍,抑知府更有请者。风气之转移全在地方官之开诚劝导,此次选举系我国数千年未有之旷典③,办理选举士绅亦与寻常谕充乡都图董者迥异,必地方官虚衷延揽,水乳交融,始有相得益彰之妙。若未曾就商,或素未谋面,泛泛焉投一照会谕单,与从前例行公牍无异,事必无济将来。初当选人定期给与执照之时,尤须各初选监督谆切劝勉,优加奖励,斯与选者不致放弃,即不与选者亦将荣幸健羡之不遑④矣。是否有当,理合将遵饬核议缘由具文详覆,仰祈宪台鉴核训示祗遵,深为公便。

徽州府详送复选选举人名册文

为汇册通报事,案奉筹办处札饬"《复选选举人名册》应由复选监督于各初选监督申报初选当选人名到日汇造总册,申送抚宪及本处查考"等因,并奉发册式一分到府,奉此,知府遵即催饬各县遵照《选举章程》第六条第八项,速将当选人姓名、职衔、票数及初选情形依限申报。去后,旋据各该县分别开折造册,申详前来,知府逐加审核,间有将各次票数积合计算及票数与票额不符者,迭经驳查更正,始得确定所有当选票额,均遵照每次投票人实数核算办理。查歙县第一次得五百九十六票,按当选人十一名除算以二十八票为及额,得汪国杰等四人,二次投票得四百九十四票,以三十五票为及

---

① 寒畯:犹寒微。畯:指中国西周时管理奴隶耕种的官。

② 会食:相聚进食。

③ 旷典:前所未有的典制。

④ 不遑:没有时间;来不及。

额,得黄家驹等七人;休宁县第一次得六百二十三票,按当选人九名除算,以三十五票为及额,得吴嗣箴一人,二次投票得三百七十九票,以二十四票为及额,得金沄等八人;婺源县第一次得一千二百九十五票,按当选人十八名除算,以三十五票为及额,得王日含等八人,二次投票得一千二百六十四票,以六十三票为及额,得余家鼎等十人;祁门县第一次得四百五十六票,按当选人六名除算,以三十八票为及额,竟无一人当选,二次投票得三百五十四票,以三十票为及额,得陈郊等六人;黟县第一次得三百三十四票,按当选人八名除算,以二十一票为及额,得余攀荣等二人,二次投票得二百七十九票,以二十四票为及额,得姚国宜等三人,第三次投票得三百十四票,以五十三票为及额,得吴翔藻等三人;绩溪县第一次得四百五十四票,按当选人八名除算,以二十九票为及额,得朱瑞麒等三人,二次投票得四百三十七票,以四十四票为及额,得周懋和等五人。总计徽属六邑共得初选当选人六十名,适符分配定额。始犹虑选举人不知公权之可贵也,据各县员绅报告情形,再选、三选尚觉乐于从事;始犹虑复选时之多费周折也,除休宁、黟县各辞选者一人,祁门辞选者二人,已照额推补,无庸置议外,其余皆答复情愿应选,当不至又生阻力。除饬各县分别传知,先期携带执照至郡举行复选投票外,理合汇造姓名、资格、票数总册具文详送,仰祈宪台鉴核训示祗遵。再,知府举行复选告示已于五月初十日撰印通颁。合并声明。

复选选举人人名册:

汪国杰	年三十三岁	歙 县	副贡生	初选当选五十六票
鲍振炳	年三十九岁	歙 县	廪 生	初选当选四十二票
汪达本	年三十九岁	歙 县	附 生	初选当选三十三票
吴恩绥	年四十三岁	歙 县	廪 生	初选当选三十一票
黄家驹	年三十七岁	歙 县	举 人	初选当选七十六票
汪学诗	年四十岁	歙 县	附 生	初选当选五十三票
许家修	年四十二岁	歙 县	拔 贡	初选当选四十八票
程恩浚	年六十岁	歙 县	举 人	初选当选四十二票
吴永灏	年四十一岁	歙 县	岁 贡	初选当选三十七票
胡自渊	年六十一岁	歙 县	廪 生	初选当选三十六票
徐承祜	年四十岁	歙 县	优廪生	初选当选三十五票
吴嗣箴	年四十七岁	休宁县	举 人	初选当选三十七票
金 沄	年五十一岁	休宁县	举 人	初选当选六十九票

王世勖	年四十二岁	休宁县	拔贡生	初选当选四十四票
李鸿遇	年五十八岁	休宁县	举　人	初选当选三十六票
吴国溶	年三十九岁	休宁县	廪贡生	初选当选三十二票
黄锡香	年五十五岁	休宁县	奉祀生	初选当选三十二票
戴禧麟	年三十八岁	休宁县	附贡生	初选当选二十八票
邵鸿恩	年五十九岁	休宁县	岁贡生	初选当选二十五票
朱锡钧	年四十四岁	休宁县	附贡生	初选当选二十四票
王日含	年四十八岁	婺源县	举　人	初选当选六十三票
赵文光	年四十五岁	婺源县	廪贡生	初选当选五十七票
汪咸熙	年六十四岁	婺源县	附贡生	初选当选五十五票
余鸾翔	年四十岁	婺源县	附贡生	初选当选四十四票
汪镜芙	年五十二岁	婺源县	岁贡生	初选当选三十八票
王石麟	年四十岁	婺源县	附　生	初选当选三十六票
方邦沐	年六十岁	婺源县	岁贡生	初选当选三十五票
俞赞元	年三十五岁	婺源县	附贡生	初选当选三十五票
余家鼎	年五十八岁	婺源县	附贡生	初选当选一百四十六票
查光斗	年四十三岁	婺源县	附　生	初选当选一百十九票
董晋璧	年三十六岁	婺源县	廪　生	初选当选一百十二票
王廷佐	年五十八岁	婺源县	恩贡生	初选当选九十九票
汪开宗	年四十三岁	婺源县	附　生	初选当选九十四票
胡亶时	年六十二岁	婺源县	岁贡生	初选当选八十九票
程继贞	年六十六岁	婺源县	商籍附贡生	初选当选八十二票
江福桢	年四十五岁	婺源县	附贡生	初选当选七十四票
汪大文	年五十六岁	婺源县	增贡生	初选当选六十九票
胡凤祥	年六十二岁	婺源县	商籍附贡生	初选当选六十三票
陈　郊	年四十六岁	祁门县	岁贡生	初选当选七十一票
方振均	年五十八岁	祁门县	廪贡生	初选当选五十三票
谢庆余	年四十八岁	祁门县	岁贡生	初选当选三十九票
汪绎清	年四十四岁	祁门县	岁贡生	初选当选三十五票
李训诰	年四十五岁	祁门县	岁贡生	初选当选三十二票
程际隆	年六十岁	祁门县	附贡生	初选当选三十票
余攀荣	年七十三岁	黟　县	增贡生	初选当选四十六票

舒文贵	年五十五岁	黟　县	恩贡生	初选当选三十七票
姚国宜	年六十二岁	黟　县	附贡生	初选当选四十八票
江汝猷	年六十一岁	黟　县	附贡生	初选当选四十七票
余毓元	年三十八岁	黟　县	廪　生	初选当选四十一票
吴翔藻	年四十三岁	黟　县	附贡生	初选当选九十六票
叶腾芳	年五十三岁	黟　县	附贡生	初选当选七十票
卢　琪	年四十二岁	黟　县	举　人	初选当选六十四票
朱瑞麒	年四十二岁	绩溪县	优附生	初选当选三十六票
程　全	年八十五岁	绩溪县	附贡生	初选当选三十三票
曹诚琪	年四十四岁	绩溪县	廪　生	初选当选三十二票
周懋和	年五十六岁	绩溪县	岁贡生	初选当选七十票
程玉墀	年三十五岁	绩溪县	附　生	初选当选六十六票
胡在渊	年四十岁	绩溪县	优廪贡生	初选当选五十八票
胡本琪	年四十四岁	绩溪县	优廪生	初选当选四十八票
张辅臣	年四十一岁	绩溪县	附　生	初选当选四十六票

徽州府详选举议员衔名册数文

　　为举定议员,先行详报事,窃照徽州议员奉派额定六名,又续奉宪行预备候补三名,均经知府先后晓示在案,本月初十日为复选举投票之期,各邑初选当选人已先期齐集郡城,知府谨会同参议洪绅廷俊、程绅锦稣及管理员、监察员齐集投票所公同监视。是日投票人数实到五十六名,按议员额六名除之折半,为四票又九分之六,仍应以五票为当选票额。十一日当堂开匦,黄家驹、洪廷俊、江谦、赵文元、吴翔藻、周懋和六人均得七票,应作为议员;康达得五票,应作为候补;次多数汪国杰、余家鼎各得四票,卢琪得一票;检票无讹,当即榜示。惟候补议员尚缺二人,次多数仅止三人,当经取决众议,由六县士绅各举一人,再于六人中由知府当众抽签一人以补足。加倍开列四人之数于十二日重行投票,当日开票除检出废票一纸外,得五十五票,以十四票为当选票额,汪国杰得二十票,余家鼎得十九票,应作为候补议员。附,康达之次至次多数,卢琪得十六票,亦满当选票额,是否作为候补?应候宪裁。除将两次投票纸分别保存,一面知会当选议员,限于二十日以内答复,定期给与执照外,理合将复选举得票数目、姓名、职衔肃先造册,具文详报,仰祈宪台鉴核备考。再,当选举议员六人均得七票,似无庸签分先后,请以县纲作为次序。合并声明。

复选举当选人、候补当选人人名册:

计开

议员六名:

黄家驹	歙县	年三十七岁	举人、拣选知县	七票
洪廷俊	休宁	年六十五岁	花翎知府衔	七票
江 谦	婺源	年三十五岁	附生、分部员外郎	七票
赵文元	婺源	年四十岁	举人、江西候补知县	七票
吴翔藻	黟县	年四十三岁	附贡、庐州府训导	七票
周懋和	绩溪	年五十六岁	岁贡生	七票

候补议员三名:

康 达	祁门	年三十四岁	拔贡、内阁中书	五票
汪国杰	歙县	年三十三岁	副贡生	二十票再选
余家鼎	婺源	年五十八岁	附贡、浙江候补知县	十九票再选

徽州府申报复选事竣文

为申报事,窃照知府办理复选举,召集六邑初选当选人至郡投票,业将复选情形及举定议员姓名、履历、票数造册详报宪鉴在案。伏惟此次选举事属创办期限,又迫遇有紧要文件,类专差投送或挂号邮寄,以期迅速而昭慎重。又以山深林密,风气未开,不得不多方劝导,两次告示皆至千数百张,制备初、复选投票纸六千数百张,以致用款较繁,计自上年十月奉文举办之日起,至本年六月止,撙节动用共支洋银一百十五元一角九分六厘、钱十九千另八十四文,以钱合银,统用洋银一百二十九元零七分五厘,当经会商各绅,在于书院息银项下如数借拨支讫,理合造具清册,具文申报,仰祈宪台鉴核查考。

再,书记写生本年二月以前事务尚简,不支薪水,二月至六月始开支月薪四元,又初选当选人已由知府捐廉支讫,请免列册。合并声明。

抚宪朱批:

申册均悉。该守自奉文筹办选举以来,颇能恪守定章,于各属初选事宜不惮反复谆详①,随时纠正,现据复选已竣,办理诸臻妥洽。另,册开支复选经费连同初选投票执照、当选执照等项,共支洋一百二十九元有余,察核所支各款均无浮滥,似此费节事举应记大功一次,以为实力奉行宪政者劝,其在事各员绅即由该守传谕奖励。该款据在书院息银项下借拨,暂准照销,容后筹还。仰筹办处移司注册,并转饬知照。此批。申抄发,册存。

徽州府禀筹办物产会文

敬禀者:窃奉宪饬,南洋创办第一次劝业会,各府应遵章设立物产会,以知府充物产会监督,商会总理或有资望而具热心者充物产会创立员,务期官商联络一气,共底于成等因,先后颁发草案简章等件到府,奉此,知府遵即遴选歙绅商会总理许鸿熙、休绅知府衔洪廷俊、婺绅同知衔赵文光、祁绅候选训导方振均、黟绅商会总理余毓元、绩绅五品封职程全分别照谕请任为该会创立员,会同地方官绅切实筹办,并饬各该县督同办理在案。查《简章》第二条,徽州府属会场应设在休宁县之屯溪地方,与会场之设在府城者微有差别。择借公所,布置会场,一切搜采陈列及预备来年运赛事宜至为繁重,非组一联合机关,不独呼应不灵,亦诚恐有鞭长不及之处,适复选举投票之时,邀集阖属士绅公同集议:一议会场所在地方择一人主任为便,以洪绅廷俊任之;一议征集物产由各绅就各县分任为便,以许绅鸿熙等分任之。责任既专,进行自力。又以洪绅复选当选,八月必须晋省,恐未能始终其事,并加谕屯溪各董:湖北候补知州曹蕊、候选布经历宁恩、举人郑景侨、同知衔宁本纯、试用巡检程康梓、州同衔贾日华等帮同办理,以收同力合作之效。此选次会绅筹办之情形也。集款之法,就各地赛会演戏项中提拨,化无益为有益,本是正当办法,体察情形,乡曲智慧未开,恐滋烦扰,且本无存储之款,不若劝绅富捐助较为妥善,据洪绅先后函报预算,是会经费约须英洋三千元之谱,拟由屯溪商号认筹一千元,休邑绅富劝集一千元,已经商同休宁县召绅决议,其余一千元事关阖郡公益,请饬五县公认,知府核与官绅合筹之旨尚符,当即分别函复札饬照办。会场处所一议租潘氏宗祠,一议借茶税总局,面积宏敞以茶税局为合宜,且可省建筑装潢之费,现由洪绅商允借定;事务

---

① 谆详:恳切而详尽。

所暂附在屯溪德源钱庄,分派坐办,书记、庶务、调查等员均已常川任事。此外,各县所派员绅又经知府亲笔致书敦促劝勉,现据先后函报,已组合绅、学、农、工、商各界,按照刊发调查表广为搜采。此该会现时组织之情形也。兹据洪绅议订《事务所办事简章》及请颁木质图记一颗开单摹式,面呈前来,知府察核所议均属可行,自应准其照办,惟咨议局开会伊迩①,该绅于八月初十以前即须束装登途,所有会内应办事宜已委坐办曹蕊等会同各员次第进行,当无贻误,仍由知府督饬各员绅竭力经营,随时奖劝,总求美满完全,以仰副我宪台提倡实业、开通民智之至意。除俟调查所得物产汇集成数,定期开会,另行详细报查外,理合将办理情形,照录简章、办事员名检同摹式图记一并禀呈,仰祈大人鉴核训示祗遵,实为公便。

详报物产会开会文

为详报物产会开会日期事,案奉宪饬,南洋各属均设物产会,徽州府物产会场应设在屯溪镇,一切征品筹款办法及组织成立情形,业经知府禀陈宪鉴在案,查奉发《简章》,各属物产会会期一月,开赛之期至迟不得逾本年十一月朔日,距南洋劝业会四月朔会期,其间尚四阅月之久,知府本拟展至明年上元为开会期,从容布置,力求完备,继晋省面禀劝业道请示机宜②,并晤商劝业会事务所调查科科长陶逊,更番③讨论均以年前开会为宜,知府因兼程回郡督促进行。兹定于十一月初八日为开会期,以腊八日为闭会期,所有会场一切事宜均已秩然有序,厘然大备④,谨为我宪台一详陈之。查此次创办物产会之宗旨与各国赛珍会、展览会用意迥不相同,故搜采不必过苛,现计调查所得天产品⑤农业部类六、水产部类三、药材部类二、矿采部类三、狩猎部类一、工艺品染织部类一、服装部类二、陶磁部类一、髹漆部类二、五金部类五、竹木部类二、玉石部类一、笺扇部类一、化学制造部类二、美术品绘画部类二、煅冶部类一、手工编制部类三、教育品教授用具部类三、图书部类一,属于歙绅征集者一百七十种,属于休绅征集者六百七十五种,属于婺绅征集者三十一种,属于祁绅征集者六十六种,属于黟绅征集者六十四种,属

---

① 伊迩:近,将近,不远。

② 机宜:依据当时情况处理事务的方针、办法等。

③ 更番:轮流,替换。

④ 厘然大备:形容条理清楚,工作一切完备。

⑤ 天产品:天然出产的产品。

于绩绅征集者一百零四种,皆装潢完好,签注详明,部晰为类,晰类为种,计四十四类共一千一百十种,由知府编成《出品目录》以便检查,并另饬各该会员撰成《简明解说书》以供审查员、评议员研究之用,此征集物品之大凡也。会场处所原商借茶税局,事忽中梗,又经知府派委会绅另借定孙怡泰茶行一所,面积宏敞,尚为适用;会场门首悬"徽州府物产会"扁额一方,东西建牌楼两座,事务所设在门内东偏,附卖票所,票分两种:一入场券,售铜钞三枚;一优待券,先期送绅学界,不另取值;由正门入厅是为教育品陈列所,再进为招待所,由招待所而东是为天产品陈列所,再进为工艺品陈列所,又进为美术品陈列所,逶迤而至东北隅是为书记室,又设有生物场、游艺场以娱视听;庋置物品,器具各视其容积以支配之,二层玻璃橱十,两层木板架十,三层木板架、底木板架各二十,高不距足,低不鞠躬,适合观览人之视线;会场门外则小贩食摊栉比而居,灯彩①、焰花、金吾②不禁,以助游人之兴味而鼓动全体之精神,此会场布置之大凡也。知府伏思徽州为皖南望郡,图书之富甲于东南,天产之饶数难更仆,单简言之,茶木两大宗,实阖属人民命脉所寄,他如胡开文之墨、方秀水之罗经、水力之磨碓、石雕之牌坊皆独出心裁,跨绝寰瀛③,不可谓徽属之无良工也,自唐宋以来便号富州,今何忽贫瘠若此?当务之急莫要于讲树艺之事,研究制茶造纸之方法,其急须扩充者如祁门之磁土,岁可供全国陶业之用,歙县之煤矿,绩溪之五金各矿,倘得大化学家、大矿学家、大资本家赓续而合作之,更足开万世无穷之利。利必归农,本富④此其基础;地不爱宝⑤,新学亟待发明。知府区区之见实在于此。除刊刻告示晓谕合属商民,并饬由会员公推评议员外,应乞宪台遴委博通科学之员莅会审查,第其甲乙,与以褒荣,知府不胜荣幸翘企⑥之至。所有开会日期及请委员莅会审查缘由,理合缕晰详陈,并将会场图、会场简章、会员戢名、出品部类目录一并具文详送,仰祈宪台鉴核训示祗遵,深为公便。

敬附禀者:窃维绅士办事向无记功记过之条,故举办一事题目是而文字差,口禅多而成绩少,识者忧之。查本年徽州举行复选,在事各绅员蒙宪台传谕嘉奖在案,该绅等知上宪之微劳必录也,故素不与外事之正绅亦且群自

① 灯彩:民间又叫"花灯",多于传统节日、婚寿吉庆之时悬挂,以烘托喜庆气氛。

② 金吾:原指古代传说中龙的一种,代表着财富。此处当指舞龙。

③ 寰瀛:天下;全世界。

④ 本富:从事农业生产致富。

⑤ 地不爱宝:大地不吝啬它的宝藏。爱:吝惜。

⑥ 翘企:翘头踮足,形容盼望急切的样子。

· 185 ·
卷十　禀详

濯磨①，而精神为之一振，此次创办物产会本无蓝本可寻，各该绅等草创经营实具有曈曈②朝旭之气象，且预算会费至三千元之谱，不费公家一缗，尽出自绅商捐助，各县所摊之费二百元亦有闻风兴起独力解囊者，尤为难能。各绅等虽口不言功，似未便没其急公好义之忱，除赴赛物品由审查员审定呈请褒赏外，知府拟于闭会时间择其尤为得力者，详请宪台酌量记功，或由知府发给名誉执照，以示优异之处。知府未敢擅便，如蒙恩准，似于九年预备前途所关匪细，仰乞大人鉴核批示祗遵，实为德便。

谨将《物产会简章》缮呈宪鉴：

一、宗旨。本会专以搜集本府歙、休、婺、祁、黟、绩出品陈列比较，鼓励农工商界之进步为宗旨。

二、职员。监督、创办、坐办、会计员、调查员、庶务员、书记员、内外账房司事、内外陈列所司事、生物场司事、游艺场司事、招待员、稽察员。

三、经费。休宁绅商认筹二千元，歙、婺、祁、黟、绩共摊一千元。

四、场所。假休宁县屯溪镇中街凤邻巷下首临河孙怡泰茶行内，另假江晋丰茶行内招待各分会会员。

五、征集物品。歙、婺、祁、黟、绩五县各设分会征集，汇送休宁县；出品由本镇绅商征集送会。

六、入场观览。甲，开会后每日上午十句钟③起下午三句钟止；乙，无论中外人等，须在头门购券，二门缴券，再入陈列所观览；丙，无论何种出品，只许眼观，不许手动；丁，孩童无人带领不许入内；戊，陈列所内无论何人不许吸咽吐痰；己，妇女准星期一、四、日购券入览，余日停止；庚，未闭会前，出品不得出售；辛，如有愿购各项出品者，可预先订定，闭会再行交易。

七、招待。各县运送出品到本会者，由本会派员招待。

八、规则。细则不及备载。

九、防护。甲，预备消防器具；乙，常设内外巡更④；丙，临时请派警察。

抚宪朱批：

据详及另禀均悉。该府物产会征集物品分类骈罗⑤，若网在纲，有条不

---

① 濯磨：亦作"濯摩"。洗涤磨炼。比喻加强修养，以期有为。

② 曈曈：日初出渐明貌美丽。

③ 句钟：旧称几点钟为"几句钟"。

④ 巡更：旧时分一夜为五更，每到交更，守夜者巡行击梆或敲锣以报时。泛指夜间巡逻。

⑤ 骈罗：骈比罗列。

紊,所需会费尽由绅商捐助,该府劝导有方与该绅等踊跃从事均堪嘉许,应先传谕嘉奖,并准于闭会时择其为出力者由府发给名誉执照,以示优异。仰劝业道转饬遵照,一面遴委妥员赴会审查,借觇成绩,并候督部堂批示。缴册折图存。

徽州府详办初等农业学堂文

为详请立案事,案据徽属茶业董事、花翎知府衔洪廷俊,举人、拣选知县程恩浚,举人、议叙知县程道元,花翎同知衔吴永柏等禀称,窃职等于宣统元年四月间提议于屯溪附近阳湖地方度地建校,开办茶商两等小学堂,曾经禀蒙茶税总局详请督宪补助常年经费,当奉批示,该茶董等创立两等小学,造就茶商子弟,自系力图改良,振兴实业,所请在于二成茶税项下岁拨银一千两以资补助,应即照准,仰俟该校成立之日再行给领具报,并饬将开办情形、学课章程禀送查核等因,职等遵即会商开办。该校校址由永柏助地,计税二亩二厘三毫二丝一忽,又孙绅富垣助地,计税七分一厘一毫二丝七忽;建筑费由廷俊助英洋一千元、永柏助英洋一万零六百九十七元零二分七厘,开办费由公款动支,计洋八百零九元四角四分二厘;常年经费由禀蒙详请批准于二成茶税项下岁拨银一千两,复由各茶商会议认可,于各茶号每引加抽银洋二分,岁约抽一千元上下,又由钱业认捐每年补助经费银洋四百元,各茶铺认捐每年补助经费银洋一百元。职等公同筹议,务期该校规模大备,学科完全,所有建筑校舍经营一切悉由永柏竭力主持,推为校长尚堪胜任,至所聘教员均系宗旨纯正、学识优长,校中规则悉遵《奏定章程》变通办理。该校系阖郡茶商公立,自应辖归府属,拟名曰"徽州茶商公立崇正两等小学堂",定于二月二十八日先行招生开课,三月十三日行开校礼。除将《学课章程》及职员、教员履历、薪水、学生人数各表册另文具送外,所有成立情形理合禀请通详立案给示保护,刊发钤记,俾昭信守,并恳札饬休宁县一体给示以资保护等情到府,据此,当经知府以该绅等输资建校,并筹定常年经费,热忱能力深堪嘉慰,惟现在实业待兴孔亟,体察徽州情形,农、林、蚕三科目尤为当务之急,原拟两等小学似不若改为初等农业学堂,如虑学生程度不齐,并准设立预科二年,再行升入本科,与大部原奏及《招考限制章程》皆相吻合,令即会同熟筹见复等由批复。去后,旋据该职董等复称,公立两等小学本为振兴实业起见,上年请拨茶厘款项曾经声明,拟先造就普通学业,然后徐图扩充,今绎批示皆职等始愿所及而未敢骤请者,现在职等会议宗旨已定。学生程度不齐,暂分甲乙丙三班,甲班为农业本科,先授以蚕业实习科;乙班为农业预科,二年毕业后授以农业实习科;丙班为初等小学简易科,四年毕业后授林业实习科。查教员吴清望曾在浙江农业学堂肄业有年①,即请教甲班学生,于普通外注重蚕学本科,俟稍有成效,仍随时添购图画仪器;实验地段【段】并再聘专科教员,以求完备。所有原拟两等小学名称应即改为"初等农业学堂",现在学堂工程尚有待改待添之处,除常年经费外,永柏自愿筹补,不致支绌。理合将办理实在情形及两等改为初等农业缘由呈乞示遵等情,当经知府批饬照办,即定名曰"徽州茶商公立初等农业学堂",所需钤记饬令自行摹式付梓,并据该堂长吴永柏将学课章程,职员、教员履历、薪水,学生班次、人数,岁出、岁入款目分别造具册表,呈乞详请报部核定前来。查徽州中学以下学堂无虑百所,而实业独为缺,如非无一二热心提倡之人,财者寡义,义者寡财,鸠巨资以建新校者更如麟角凤毛之不易一觏②,该绅洪廷俊首先发起,捐银币千元以为之倡,该绅吴永柏闻风兴起,慨输巨万,卒艰辛缔造以底于成,洵属深明大义,懿美可风,本年三月十三日开校之日,知府亲诣行礼,进教员学生而嘉奖之,复肫肫③以耐劳苦、去骄奢相劝勉。参考校舍器具轮奂一新,附近空气清澄,青碧④葱郁,又有菜畦十余亩,适足留为实验场圃之用,徽州实业教育当以此校为先河,校舍规模亦当以此校为巨擘。除饬查明建筑工用细数及捐地估价实数造册,另行吁请奖叙以昭激劝外,理合将呈到各表册一并具文详送,仰祈宪台鉴核,俯赐咨部详咨立案,实为公便。除详督抚宪外,为此,备由开册具申,伏乞照详施行。

禀请设地方审判分厅文

敬禀者:窃照地方审判厅各府照章应设一所,业经知府将择定城北惠济仓旧址堪资建筑情形禀报在案。伏查地方审判厅为合议折衷制,凡不属初级审判权限及不服初级审判厅判决控诉抗告案件皆属斯厅管辖,事理至为

———————

① 有年:犹言多年。

② 觏:遇见。

③ 肫肫:诚恳。

④ 青碧:借指树木、植物等。

繁赜①，规模未便过隘，自应悉照省城地方审判厅建筑设置。惟徽属六邑区域辽阔，婺源距郡二百四十里，中隔五岭，迤南如中云、太白等处距县又数十百里；祁门距郡百九十里，迤西又百余里；黟县距郡百四十里，迤西又数十里。各县仅设初级审判一所，以上民事以价额物额不满二百两为限，刑事以罚金二百元以下或禁拘一年以下为限，余如命、盗、斗殴、婚姻、继嗣案件皆应远赴郡城地方审判厅控诉，毋论事主、尸亲、亲族、见证跋涉维艰，不足以示体恤。即此相验，一端官民毫无停滞往复，亦须经旬②，设遇夏令何堪设想？再三筹度，窒碍实多，知府悉心酌核，窃谓宜援《司法区域章程》第五条，婺源县城内应设地方审判分厅一所，祁、黟二县共设一所，应就适中之祁门县城内择地建筑，费由两邑摊认，仍与初级审判厅及地方审判厅同时成立开办，不得歧误，庶足昭便易而利推行。是否有当，理合将应设地方审判分厅情形据实禀陈，仰祈大人鉴核训示祗遵，实为公便。

禀恭修文庙文

　　敬禀者：窃照徽州府学文庙年久失修，栋柱倾欹，丹青剥落，朔望瞻谒，恒疚于心。重以地方瘠苦，筹款为艰，三载以来陆续设法筹集，计共兴修三次尚未竣事，谨撮大要上尘宪鉴。大成殿梁柱势将倾圮，是宜先其所急择要修理，光绪三十四年委教授周赟会同故绅巴树谦监修，并恭制祭器一百二十五件，饬该教授敬谨庋藏③，遇有接替，专案移交，以重祀事；是年共筹拨鹰洋五百五十元，取有领状，及报销细数附卷。土木之工既完，次议绘画之事，宣统二年委许绅鸿熙及故绅巴树谦先后监修，大成殿龛座、仰尘④、楹桷⑤、门楣及列圣御扁十方统加绘画，重新油漆；是年共筹拨鹰洋二百九十八元七角四分，取有领状，报销细数附卷。大成殿工方告竣，两庑大成门、棂星门内外尚未一律整齐，宣统二年委许绅鸿熙、吴绅敦仁会同估工需洋二百元之谱，现已拨洋发交吴绅敦仁承领监修，惟知府现奉委署安庆府篆，未能亲监，全工应由署徽州府许守督饬查考。望宫墙而仰止，幸免欧风美雨之摧残；奉笾豆而跄然，盖亦重道崇师所有事。理合肃沥禀报，仰祈大人鉴核批示立案，实

---

　　① 繁赜：复杂深奥。

　　② 经旬：经过十天时间。比喻时间较长。经，经历、经过；旬，十天为一旬。

　　③ 庋藏：收藏；置放。庋：放器物的架子。

　　④ 仰尘：即承尘。旧时张设在座位上方承接尘土的小帐。后以指天花板。

　　⑤ 楹桷：柱与椽。桷：方形的椽子。

卷十　禀详

为公便。再,此项工程实用实支,并不动用公款,应请邀免委员验收,以省烦费。合并声明。谨将知府恭制文庙祭器开具件数清折,恭呈宪鉴。

计开:

一、玉爵代以锡质,外涂白粉,三件。

一、龙勺涂金,龙首紫铜勺一件。

一、云雷尊涂金,木脚白甆朱盖碗,合二件,有幕。

一、象尊涂金木象一件,朱甆盖碗一件,有幕。

一、牺尊涂金木牺一件,绿甆盖碗一件,有幕。

一、柤罍卤甆盖筒一件,有幕。

一、元酒尊甆盖筒一件,有幕。

一、灌地斝玻璃杯一件。

一、古铜香炉一件,红木座一件。

一、彩画长圆小香盘二件。

一、茅砂盆一件。

一、玻璃荷叶元酒碗一件。

一、太羹登木涂脚一件,盖碗一件。

一、铏鼎点铜锡三峰盖涂金牺耳三足,鼎二件。

一、相甆杓二件,托二件。

一、龟纽盖黄油簠二件。

一、龟纽盖黄油簋二件。

一、黄油顶盖豆十二件。

一、黄漆有盖笾十二件。

一、黄漆朱裹帛篚三件。

一、红油平盖簠六件。

一、红油平盖簋六件。

一、蓝油平盖豆二十二件。

一、无盖漆笾二十二件。

一、红油帛篚六件。

一、司尊所陈设尊罍木台一件,高三尺,加阑版,广三尺六寸。

一、祭器橱壹件,并锁钥一件。

以上共一百二十五件,伤府学教授周赟敬谨庋藏。再,木瓦油漆工料开销细数应请邀免造报。合并声明。

禀重修谯楼文

敬禀者:窃照徽州府署大门谯楼年久失修,渐就倾欹,近更有岌岌不终日之势。考诸郡志,询诸耆老,此楼建始于宋宣和三年,明宏治十四年前郡守彭泽重修。中龛奉风云雷雨山川社稷,左右龛以名宦梁任昉①、明孙遇②配之,楼下配以二十四柱,郡人名曰献柱,盖借以镇厌五魁,控制万壑。徽郡人文商业甲于东南,实发轫于此,前贤创置具有深意。知府到任之初即有志修复,适遇水旱偏灾,未敢重劳民力。去岁切实查勘,危险更甚,不得不亟谋修建之策。估工须洋一千八百余元(油漆尚不在内),知府函商士绅,幸各该绅等协力赞成,一呼而集,统计先后捐洋:休邑,花翎知府衔洪绅廷俊捐洋二百元,茶业公所众商捐款三百元;歙邑,在籍直隶试用道程绅源铨捐洋五百元;黟邑,在籍江苏补用知府李绅显猷捐洋二百元;婺邑,候选训导潘绅鸣铎、优廪生许绅器各捐洋一百元,新隆泰商捐洋五十元,俞蔚记捐洋三十元,查绅允滋、俞绅国文各捐洋二十元,俞绅国成捐洋十元;又由知府另行筹拨洋五百九十三元,共二千零二十三元。此事慷慨出资,洪绅廷俊实首倡之;而竭诚劝集,则程绅恩浚、鲍绅振炳、余绅攀荣、李绅冬华实赞成之。本拟今岁改作,日者③以年向不利,择于宣统三年二月二十日开工,询诸士绅,众议佥同,遂即决议,已由知府遴委江绅友高、吴绅敦仁、汪绅宣晖等先行具领,以便购求大木,免误临时应用。竹楼作记,盖有待政成岁熟之年;徽国多贤,又半皆好义急公之士。除谕饬各绅照办并移新任许守督饬监修外,理合将集款择吉重修大门谯楼情形先行禀报,仰祈大人鉴核批示立案,实为公便。

---

① 任昉(460—508),字彦升,小字阿堆,乐安博昌(今山东寿光,一说山东广饶)人。南朝梁文学家。"雅善属文,尤长载笔,声闻藉甚。"为文长表、奏、书、启等文体,文格壮丽,"起草即成,不加点窜",与同期的沈约并称"任笔沈诗"。南朝宋时,举兖州秀才,拜太常博士,官至中书侍郎、司徒右长史;梁时历义兴、新安太守。一生仕宋、齐、梁三代,为官清廉,仁爱恤民,有政声。

② 孙遇,字际时,福山人。明正统年间举进士,授户部主事,继为徽州知府,兴利除弊,多有善政,考满当升迁,当地百姓百般苦留,英宗遂命加秩留任。后升至河南左布政使,被怨者所弹劾,致仕回籍。

③ 日者:占卜者。

卷十一　笺启

复署徽州府刘润生前辈沛然

十九日自金陵回皖,得读惠书①,训诲拳拳,莫名钦感。晚谏垣②逐队③,本无寸长,谬蒙特达④之知,出典⑤剧郡,清夜自思,恒凛凛以不称职为惧。所幸萧规曹随,得先达提撕⑥而开示之。贵西席⑦冯君子乔清风亮节,素所钦佩,不以晚为不才,俯允推毂,当益收驾轻就熟之效,此尤不胜大喜过望者也。谨备关书⑧一分、聘金十二元呈上台端⑨,请转致前途⑩,草草不恭⑪,并请代道歉忱,是所至祷⑫。晚拟于廿六日起程赴徽,约六月初旬当可晤教,引领黄山,不尽区区。手布敬复,并请台安。

复黟县胡鞠生同年⑬汝霖

二十三日专差⑭赍到赐书⑮,环诵再三,甚为焦虑。贵县本著名瘠缺,而不情之勒派、无谓之委提纷至沓来,又均系因人受累,安得千亿万王阳⑯化身来作黄金耶?桃源鸡犬,一夕数惊。此不独贤者为之短气,即弟亦代为不平者也。敝处前奉局札二次,本不愿遽行委提,继奉到南洋火票⑰,再四踌躇始

① 惠书:称对方来信的敬词。

② 谏垣:指谏官官署,即专职进谏官吏的办公场所。

③ 逐队:谓随众而行。

④ 特达:原谓行聘时惟圭、璋能独行通达,不加余币。后亦谓自达、自荐。

⑤ 出典:谓出而执掌某种官职。

⑥ 提撕:提携。

⑦ 西席:西宾(古时主位在东,宾位在西)。旧时家塾教师或幕友的代称。

⑧ 关书:聘书。

⑨ 台端:敬辞。称对方。

⑩ 前途:他,他们,那一方。旧时居间者与人接洽时,隐去姓名,称另一方为前途。也借指与事情有关的双方中的一方。

⑪ 草草不恭:草草:杂乱不整齐的样子;恭:恭敬。草率而不恭敬。常用作书信中的自谦之辞。

⑫ 至祷:多用于书信结尾,表示恳切的请求或希望。

⑬ 同年:指古时科举时代同榜录取的人互称"同年"。

⑭ 专差:派作专门差事的差役或送信人。

⑮ 赐书:称人来信的敬辞。

⑯ 王阳,即钟离权,俗称汉钟离,字寂道,号和合子,又号王阳子,又号云房先生,"八仙"之一。

⑰ 火票:清代递送紧急公文的凭证。徐珂《清稗类钞·物品·火票》:"凡马递公文,皆用兵部凭照,令沿途各驿接递,谓之火票。言其急速如火也。"

行札委,此中情形当亦在洞鉴之中。惟陈委已经就道①,无从觅缩地之法,使神女不过灌坛②,且惭且愧,如坐针毡,至以为歉。尊处已径详局宪诉明原委,当不致代人受过,陈委人尚明白,亦决不至絮絮饶舌,致渎清听也。手布敬复。

复黟县胡鞠生同年汝霖

奉读来函,于官场积弊慨乎其言之卓识高骞③,钦佩无似。惟尊意拟于节后乞休,鄙意窃不以为然,蒿目时艰,我辈稍识诗书,岂复有好官多钱④之思想?惟少不如意便悻悻挂冠以去,此亦贤者之过。昔文成⑤之谪龙场,文清之令罗城,蛮烟瘴雨,山鬼揶揄,尚且坚忍不磨,卒成大业。论者谓一生功业得力全在此处。愿我公以两贤为法,勿为彭泽令⑥所欺也。叨侍知己,故敢尽言密嘱之件,容即相时而动,断不容此害群之马扰害治安。惟公留意南洋报费,请仍由尊处径解,少此一层曲折,似觉直截了当。手布敬复。

复黟县胡鞠生同年汝霖

初三日由驿奉到瑶章,咳唾⑦琳琅,爱不释手。初五日又奉到专足⑧惠

---

①就道:上路;动身。

②灌坛:晋张华《博物志》卷7:"太公为灌坛令,武王梦妇人当道夜哭,问之,曰:'吾是东海神女,嫁于西海神童。今灌坛令当道,废我行。我行必有大风雨,而太公有德,吾不敢以暴风雨过,是毁君德。'武王明日召太公,三日三夜,果有疾风暴雨从太公邑外过。"原为地名。后用以代指有德行的地方官吏。

③高骞:高超不凡。

④好官多钱:语出《宋史》列传第十七《曹彬》:"初,彬之总师也,太祖谓曰:'俟克李煜,当以卿为使相。'副帅潘美预以为贺。彬曰:'不然,夫是行也,仗天威,遵庙谟,乃能成事,吾何功哉,况使相极品乎!'美曰:'何谓也?'彬曰:'太原未平尔。'及还,献俘。上谓曰:'本授卿使相,然刘继元未下,姑少待之。'既闻此语,美窃视彬微笑。上觉,遽诘所以,美不敢隐,遂以实对。上亦大笑,乃赐彬钱二十万。彬退曰:'人生何必使相,好官亦不过多得钱尔。'"

⑤文成,即王守仁,谥号文成。守仁因反对宦官刘瑾,于明正德元年(1506)被廷杖四十,谪贬贵州龙场驿丞,最后在龙场悟道。

⑥彭泽令,因晋陶渊明做过彭泽县令,故借指陶渊明。

⑦咳唾:咳嗽吐唾沫,比喻谈吐、议论。

⑧专足:专门派去投送紧要文书或物件的人。

书，知我公调署桐城，大喜大喜，执事博学循声①，久为上游所倚重，乃推美②。区区荐剡③，执谦④奖励，俱不敢当。惟上台为地择人，为桐城计则得矣，其如⑤我徽之失此贤宰官何？族祠戒烟社一事，弟已录批通饬各县一律举行，将来未尽章程尚赖我公之手定。善政未终，遽昂首腾骧⑥而去，此又弟彷徨而失措者也。来示谓桐城绅权最重，此种风气恐不独桐城为然。地方官但开诚布公以接待之，其毁誉可置之度外，若夫不根之言⑦，何处蔑有？百升明月、坦腹小儿⑧，明眼人自能辨之。弟以孤峭之性，不解杀人以媚人，数月以来已渐入众谤群疑之圈内，所敢自信者惟"独立不惧"四字而已。罗令如能月杪⑨到任，请即束装晋省，万勿迂道来郡，又多一番周旋。手布敬复。

复婺绅李蠡莼侍郎昭炜

　　十月初旬接奉钧谕⑩，如炙慈颜⑪，盥诵⑫再三，莫名钦感。前阅省抄，知我师一月之内往皖往宁，日无暇晷，想为铁路拒款事。朝廷俯顺舆情，闻外部诸公与英使竭力磋商，此事已有转机，盼盼！担夫铁杵一事已经出示严禁，并檄行六县一律遵办。休宁学堂腐败，骥亦有所闻，容饬该县令切实整顿。惟近日学堂縻费滥支到处皆然，一小学堂每岁经费三四千元尚不敷用，其实学生不过二三十人，东郭滥竽居其多数，似此情形尚求教育之溥及，是

---

①　循声：指为官有循良之声。

②　推美：推崇美德；推重赞美。

③　荐剡：推荐人的文书；引申作推荐。

④　执谦：谓施行谦德。泛指谦逊。

⑤　其如：怎奈；无奈。

⑥　腾骧：飞腾，奔腾；引申为地位上升，宦途得意。

⑦　不根之言：没有根据的话。

⑧　百升明月、坦腹小儿：这是两个谣谶。顾炎武《日知录》卷3："夫不根之言，何地蔑有？以斛律光之旧将而有'百升明月'之谣；以裴度之元勋而有'坦腹小儿'之诵。"斛律光(515—572)，字明月，北齐名将，武平二年拜光左丞相，又封清河郡公。其政敌和敌手散布谣谶"百升飞(一斛)上天，明月照长安"以陷害之。裴度(765—839)，唐朝名相。唐敬宗时，李逢吉与裴度不和，于是散布谣谶曰："非衣小儿坦其腹，天上有口被驱逐"，"非衣"者，裴也；"坦其腹"者，谓裴度已暴露其腹中阴谋也；"天上有口被驱逐"则言吴元济被平事。

⑨　月杪：每个月的最后几天；月底。

⑩　钧谕：对帝王或尊长的指示、命令的敬称。

⑪　慈颜：尊亲的容颜(多指父母的)。

⑫　盥诵：先将手洗干净再诵读别人的诗文或信函。

所谓南辕而北其辕。考戈壁鄂博情形,而取道于巫来由[①]、非律滨诸岛也可。叹骥初学作吏,阅历甚浅,尚祈我师时锡箴言以砭纰谬,不胜大愿。手布专肃[②],敬叩[③]崇安。

复藩宪连

敬禀者:本月二十四日邮奉钧谕,敬悉我宪台于十月二十日倡建同乡公学,克期决议,不日告成。逖听[④]之余,莫名忭舞[⑤]。伏惟[⑥]近日乡先达中,其扬历中外为环瀛之泰斗者,莫如南皮[⑦]、溗阳[⑧]二老。南皮相国督鄂十余年,创建学堂规模闳大,实荜路启山之巨手。甲辰岁曾招天津学生二百名来鄂附学,可谓惠及枌榆。溗阳尚书輶轩所至,学风蔚起。去岁出镇金陵,建模范学堂于节署西偏,招同官同乡子弟饮食教诲于其间,知府五月谒见尚书,导之参观。并闻有联合旗奉畿辅组织一旅学之议,迄今尚未实行。我宪台节莅是邦,独首以栽植后进为任,万千广厦比之冬日大裘,都讲[⑨]升堂尽是北方学者,从兹[⑩]互相矜奋,公共擀擎[⑪],知必有独出冠时,润埏霖垓,以勉副我宪台之期望者,非仅如今日之所谓悬亲乐贤者已也。知府僻处山陬,自惭棉薄,谨专足寄呈银币一百元以补助建筑之费,斗浆可挹,来日方长,伏冀大人赏收注籍,使区区微名得附先达之末,不胜大喜过望。专肃禀复,敬叩勋安,伏惟慈鉴。

---

① 巫来由:清人著述中多把马来亚(Melayu)翻译为“无来由”或“巫来由”。马来西亚的马来人也一向自称“巫来由人”(Orang Melayu)。

② 专肃:专门写这封信。肃:恭敬;书信中常代指恭敬地写信。

③ 敬叩:恭敬地祝候。用于尊长辈或自己所尊敬的人。

④ 逖听:犹逖闻。常表示恭敬。

⑤ 忭舞:高兴得手舞足蹈。

⑥ 伏惟:表示伏在地上想,下对上陈述时的表敬之辞例。

⑦ 南皮,即张之洞,字“南皮”。

⑧ 溗阳,当指端方,溗阳人。中国新式教育的创始人之一。代任两江总督期间,在南京鼓楼创办暨南学堂。在任湖北、湖南巡抚期间,命令各道、府开办师范学院。在任江苏巡抚期间,将各州县照例奉送的红包全数退回,用作选派两名当地学生出国留学。

⑨ 都讲:古代寺院讲经时所设之职掌。为都讲者须负责发问,俾使听众容易理解文义。

⑩ 从兹:从此。

⑪ 擀擎:支持。

复天主堂总司铎牧良

径复者,前覆一缄知早邀览,顷又接展手书,以休宁县汪社宝一案尚未提解至郡,瞬届封印①,未能结案为虑,自应催饬速行解讯。当经专差札催,刻日传集在案,此敝府洞求民瘼之心,非徒为贵司铎之所请也。惟来函有误会之处,不得不为贵总司铎切实论之。查此案本属土田事件,原与教务无涉,既经县断,无烦敝府查讯,因迭次函嘱敝府立即答复,立即札查。接见胡先生时亦备述贵司铎办事公平,素所钦佩,此案必当秉公办理,请寄语贵司铎放心,此固交情关照,亦为保全贵堂声名起见。敝府于词讼案件最为注意,不分是教非教,皆敝府子民,偶有因讼延累者必严批申斥。想贵司铎早有所闻,乃以猜疑之词谓敝署房科有为汪社宝效力者,此则何所见而云?然继又以受该令朦蔽,案任久悬为词,闻之尤为诧异。敝府办事一秉大公,断非他人所能淆惑。各国条约传教谕单及贵教"十诫七克"之大旨,亦尝讲求而涉猎之,若不加检点,信口开河,敝府决不承认也。要之讼则终凶,总以大事化小、小事化无为第一,要着必不得已而涉讼,甚愿速讯速结,俾吾民早安生业。惟此案结讼已久,恐非一堂所能了结,年内为日无多,若令两造候讯不获回家度岁,亦殊为不安耳。贵司铎慈善为怀,深明大义,用是觍缕言之,惟希亮照②为幸。此复。借颂日祉。

复祁门县赵令元熙

初九日专足赍到赐书,知荩画周详,孜孜求治,政见宗旨亦与鄙意相同,循诵再三,甚为佩慰。徽属山居村氓视吾乡田间尤苦,筹款一节不能不慎重以出之,一言以蔽之,捐一钱得一钱之用而已。贵治东山学堂旧有经费不为不丰,闻近年所谓堂长者任意滥支,毫无收束,非加意考核不可。敝处前有《私塾改良条陈》已经通禀层宪,若批准照办,或于教育不无小补。黟县胡令所办族祠戒烟社甚为可法,鄙意所注重者在族正一节,不徒为戒烟一事也,请与绅士会商,并调查祠数报告为盼。手布敬复。

---

① 封印:指古代官吏在农历春节前将代表权力与地位的印绶封存起来,暂停办公的仪式。
② 亮照:犹亮察。

复歙绅徐端父①盐检受虞

昨读惠书,敬悉一切。执事讲求实业,于植物学尤有心得,更番讨论,无任钦佩。前日会勘两处,自以惠济仓旧址为合宜,稍为芟剃②,编一竹篱,便绝好一试验场。或种槿当墉,亦觉不俗,不知此处木槿易植否? 杨柳不择地而生,其用处亦宏,至少须栽五千株,应需工价请即与妥当囊陀切实订定。种竹当取之问政山,蔬谷类相土所宜。可以临时布种果类,若桃、梨、枇杷、橘柚、来禽、女贞之属皆可试植,惟移植购秧每株须工价若干,亦须胸有成竹,方有把握。仍请详细列表,见覆为盼。府志今晨收到。手布敬复。

复歙绅徐受虞

顷奉手书及《米郎赛会琐记》一册,深山聋瞶③,得此馈贫,大喜。初九日单骑出行,到南乡一带考察树艺情形,兼询民间疾苦。及至瞻淇一带,则天容黯淡,雨霰缤纷,遂匆匆叱驭而返,回署已二鼓矣。次日本拟趋谒龙门,连雨六日,闷闷。试办农林一节,本无经费之可言,鄙意得尺则尺,得寸则寸,无所谓名目也。质言之曰:种树而已,无所谓预算也,一钱得一钱之用而已。前恳购植采物各种,请执事及时预备为盼。若夫规画宏远,发明新理,自当俟诸专门森林学之热心君子,姑虚左以待可也。去岁奉到《梅册》,敬谨展视,无任钦仰,有崔颢在前④,又不敢轻易落笔,是以久未复命,疏懒之咎尚祈鉴原⑤。手布敬复,顺颂箸安。

---

① "父"当为"甫"。徐端甫(1860—1947),名丹甫,原名受虞,中年改名识耡,字端甫,以字行,歙县柘林人。曾在广东任盐务小官,因不耐官场陋习,弃官归里,中年漫游安庆、芜湖、苏州、杭州等地,以课徒、卖字为生。50岁后携家眷居上海。为人光明磊落,学生中有附汪伪政权者辄与之绝交,郑孝胥欲荐他做溥仪的诗书老师,亦遭拒绝。书法秀丽,晚年致力于《郑文公碑》。喜集魏碑字作诗赋,古雅有味。康有为评论说:"置于六朝人诗集中,亦不能辨别,况是出于集字"。晚年参修民国《歙县志》。

② 芟剃:刈除;引申为开垦。

③ 聋瞶:耳聋眼瞎。喻愚昧无知。

④ 崔颢在前:崔颢为唐开元年间进士,诗才与王昌龄、高适、孟浩然齐名。所写《黄鹤楼》,李白曾为之搁笔,并有"眼前有景道不得,崔颢题诗在上头"之赞。故后人常用"崔颢在前"称已有佳作在前,自己不敢下笔,以示自谦之意。

⑤ 鉴原:鉴察原谅。

复歙绅汪芸浦观察廷栋

前谒龙门,渥承教诲,因天色已晚匆匆告别,行里许便雨霰纷飞,致马瘏人疲,回署已二鼓矣。连日阴雨,尚未专足叩谢,至以为歉。顷奉钧示,如获指南。近日吏治窳败,民生困苦,环瀛一辙,此不独我徽为然,而差役之玩疲,则为他处所未有。省宪求通下情,一不知姓名人白禀拦舆便见施行,甚至捏名匿名之攻讦,亦饬查办。地方官在地方办事不能不借重士绅,偶有不当,市虎①杯蛇②之口因缘而利用之,刁民可畏,牧令之聱瞶亦可想见,此世道人心之所系也可胜浩叹。总之,公是公非,自有直道。得我公指示,如拨云雾而见青天,盥诵再三,曷胜九顿。我公虽林下优游,不与外事,桑梓公益尚薪提倡而扶助之,则受赐者非仅区区己也。手布敬复,顺迋③谢悃④,伏惟崇照不宣。

复歙绅汪云浦观察

顷奉钧示及承赐《算学》《箕说》各书,并《黄海题词》《歙县舆图》各件,均敬谨拜受,谢谢。新安为文学渊薮,代有闻人,近有搜求遗书之通饬⑤,想我公家学渊源,收藏必富,尚薪广为搜集,以饷海内,是所至祷。廿三日到北乡一带询田间疾苦,过云岚山展谒忠烈王⑥墓祠,瞻仰须眉,想见当年提戈跃马

---

① 市虎:市中的老虎。市本无虎,因以比喻流言蜚语。典出《韩非子·内储说上》。

② 杯蛇:"杯弓蛇影"之省称。将映在酒杯里的弓影误认为蛇。比喻因疑神疑鬼而引起恐惧。典出汉应劭《风俗通义·世间多有见怪》:应彬请杜宣饮酒,"时北壁上有悬赤弩照于杯中,形如蛇。宣畏恶之,然不敢不饮。"

③ 迋:到达。

④ 谢悃:感谢的诚意。

⑤ 通饬:犹通令,把同一命令发往各地。凡是上级对所属下级发布需要整个单位全体人员共同知道、遵守和照办的命令或训示,常用"通饬"表达。这是下行公文的常用语。

⑥ 忠烈王,指汪华(587—649),隋末唐初地方自治首领、唐代大臣。字国辅,又字英发。绩溪汪村(隋唐时属歙州)人。华幼时父母双亡,在舅舅家长大,并应募为护郡兵丁。由于智勇过人,渐渐崭露头角,成为郡兵领袖。隋末天下大乱,群雄并起,汪华审时度势策划一场兵变,推翻歙州旧政官员,占领全州。初战胜利后,汪华高举义旗,连克宣、杭、睦、婺、饶数州,所向披靡,大得民心,遂拥六州之地而自称吴王,颁布一系列使民休养生息的政策,使六州百姓得以在乱世安居乐业。唐武德四年(621),汪华有感于唐的强盛和德政,上表请求归附,被任命为歙州刺史,总管六州诸军事,并封为上柱国越国公。武德七年,汪华奉召进京,任忠武将军等职。唐太宗征辽时,一度委任汪华为九宫留守。贞观二十三年(649)病逝于长安,永徽二年(651)灵柩运回家乡,葬于歙县云岚山。汪华在天下大乱时保全了数州百姓生命,因而在徽州一带长久被人怀念,旧时徽州各地纪念"汪王"的活动较多,汪王庙也是时常能见到的景观。

精神。山势亦蟠礜①雄奥②,惟巡阅四周,童山濯濯,一望无余,若多植森林,十年以后葱葱佳气,必更可观。质诸高明以为何如? 临溪米捐一节,去岁南乡耆民及绅商学界再三陈诉。鄙意本不以米捐为然,继奉宪批准办,事关兴学,又重以上宪训条,岂能遽翻前案? 幸续奉宪批有"临溪学堂万难中止,应另行筹抵,速将此捐停止"之语,鄙意即以此语为宗旨,已檄行歙绩两县令会绅妥筹矣。尊筹拟将米麦捐名目改为"埠头捐"三字,范围愈广,或恐又生波折,此亦不可不先事防之。两县密迩,并无畛界之可分,总以消除意见、俯顺民情为的。知关厪念,故规缕言之。手布敬复。

复歙绅黄艮峰孝廉家驹

顷奉手书,敬悉一是③。查紫阳书院档册所存书籍甚夥,何至大半失去? 谁与典守,责有攸归④。近日新学家视陈籍为无用之物,束之高阁固不足怪,愿执事宝贵而护惜之也。《安徽通志》请即检明卷册,借敝处一阅。《新安志》,歙贤罗鄂州⑤撰,想故家犹有存者,仍请代求借阅为感。弟案牍余暇酷嗜旧书,迂谬如此,知必为高掌远跖者所窃笑也。手布敬复。

复绩绅程志侯茂才宗沂

前劳文从⑥过访,借聆伟论,倾倒无似。顷奉惠书,兼赐瑶章,过蒙奖借⑦,愧不敢当。徽州僻处山陬,生利单简,又惮于农事,求治之方自当以痛除烟赌为第一要义。人人痛心疾首之事地方官尚不能实力铲除,则一切新政皆属空言。去岁闻屯溪、深渡等处久为莠民之渊薮,当密札县令严拿,缇

---

① 蟠礜:连绵蟠曲貌。

② 雄奥:雄奇精妙。

③ 一是:谓一切。鲁迅《书信集·致许寿裳》:"昨得手札,属治心学,敬悉一是。"

④ 责有攸归:是谁的责任,就该归谁承担。攸:所;归:归属。

⑤ 罗鄂州,即罗愿(1136—1184),字端良,号存斋,歙县呈坎人。汝楫子。荫补承务郎。宋乾道二年(1166)进士,历任鄱阳知县、赣州通判、知鄂州事,人称罗鄂州。精博物之学,长于考证。文章精炼醇雅,有秦汉古文之风。所撰《新安志》10卷,体例完备,章法严密,舍取付合随主旨而定,尤详物产。提出编纂方志要注重民生,为后世学者重视。著有《尔雅翼》20卷、《鄂州小集》7卷。

⑥ 文从:旧时写信对人的敬称。不直指其人,而婉称其仆从。

⑦ 奖借:勉励推许。

骑①未至,蠕蠕者已望风而遁。来示谓差役通信,可谓洞见癥结之论。另单容严密查实,以霹雳手叚【段】治之。先大人博学硕望,久为当代巨公所宗仰,何俟戋戋②者之赘言?既蒙台命以墓铭见属,又于先大人为词馆后辈,谊不容辞,惟年来案牍旁午③,此事久疏,恐言之无文,不足寿贞珉④而传史乘耳。手布敬复。

复祁门县赵令元熙

接奉惠书,并媵新茶,一串拜领,谢谢。为贫而仕,不料今日官场乃至为仕而贫,言之可胜浩叹。近日仕途大半皆枣膏、詹唐、甘松、苏合一流人物,京城谓之漂亮,吾乡谓之有火色。我辈迂拙自守,不能取悦流俗,固分之宜然。自来名臣事业无不从困苦磨炼而出,阳明之谪龙场,清端⑤之令罗城,较执事今日所处地步,其抑郁牢骚当犹过之,若遽萌退志,此后轰轰烈烈之事业从何做去?愿执事以两贤为法,勿自馁也。手布敬复,此颂政安。

复婺绅李蠡莼侍郎

六月十八日奉到手谕,于民生国计慨乎其言之卓识高骞,钦佩无似。骥治郡无补,深滋愧悚⑥。月前山洪涨发,屯溪沿河房间冲毁者不少,商家囤积盐茶各货损失者亦属不资,渭桥一村淹毙人口十八名,尚不至如《时报》所登《哀告徽人》之情状,已飞饬休宁令妥速抚恤矣。郡城一带,练江水几与河西桥平,幸水流湍急一宵即退。婺、祁、黟、绩尚未得切实报告。其余未被蛟患之处,稻禾、菽豆均葱蔚可观,私心计之,有秋⑦当可预卜,请我师稍纾廑念。骥《严禁滥保》一疏蒙圣明采纳,诏旨如何严厉,衮衮诸公过而辄忘,岂非怪

①缇骑:古代贵官出行的前后随行的红衣骑士,后为逮治犯人的禁卫军差役的通称。

②戋戋:形容少。

③旁午:交错;纷繁。

④贞珉:石刻碑铭的美称。

⑤清端,即于成龙(1617—1684),字北溟,号于山,谥清端,山西永宁州人。赠太子太保。明崇祯十二年(1639)举副员,清顺治十八年(1661)出仕,历任知县、知州、知府、道员、按察使、布政使、巡抚和总督等职。三次被举"卓异",以卓著的政绩和廉洁刻苦的一生,深得百姓爱戴和康熙帝赞誉,以"天下廉吏第一"蜚声朝野。

⑥愧悚:惭愧惶恐。

⑦有秋:丰收,有收成;丰年。

事？其未曾发抄①者尚有《请定国是》一疏，大旨以我国为立宪祖国，刺刺至三千言，改定官制时又上一小疏，极言总理大臣之不宜轻设，亦颇为两宫所嘉纳。迂谬之见向不敢持以告人，因我师沆瀣②，故敢直抒胸臆。近日朝局水火，士气嚣张。阅各报纸所载，日日会议，日日请愿，筑室道旁，可为太息。骥喑哑③久矣，北望觚棱④，犹时作问夜如何之想。想我师亦有同情乎！溽暑薰蒸，惟珍卫⑤不宣。

致屯溪公济局洪绅廷俊

义赈、官赈诸劳擘画，无任钦佩。昨午匆匆告别，行至小南海，日已暮矣。今晨五钟始行到署，拨款移文已饬专差赴屯，可转告杨世珍携带公文去领。今日补放赈票，想诸君已经照办，当不至失信于百姓。《户口册》略为统计，有一千六百十六名口之数。厘局一千两作洋银一千四百元，加之贵处补助二百余元，当亦所差无几。缴票领洋之期亦勿过缓，二十八九日均可，请酌定。灾区甚广，为日方长，此后调查各处灾情有无续募巨款，尚祈随时见告，使鄙人稍赎旷官之咎，不胜大愿。手布敬颂筹安。

复歙绅程霞坡内翰锦龢

顷奉惠书，老成之言颠扑不破，惟砥柱中流非我公莫任。公一言九鼎，群喙自息。开会推举，请从速决议。公若谦让，弟当造庐请教，否则径请学台委派，亦不从道谋筑室⑥也。手布敬复。

复绩绅程宗沂

仇十洲《上林图》未曾见过。贵友若肯见示，眼福多矣；出重金以购之，

---

① 发抄：公文用语。谓送出传抄各有关单位。

② 沆瀣：谓彼此契合，意气相投。

③ 喑哑：谓沉默不语。

④ 觚棱：亦作"柧棱"。宫阙上转角处的瓦脊成方角棱瓣之形。借指京城。

⑤ 珍卫：犹珍重，保重。

⑥ 道谋筑室：道谋：与过路的人商量；筑：建造；室：房屋。比喻做事自己没有主见，缺乏计划，终一事无成。语出《诗经·小雅·小旻》："如彼筑室于道谋，是用不溃于成。"

无此大力也。犹忆庚子在京,见有《骠骑国图》,殊形诡状,栩栩欲活,以二十金购得之,不意七月二十一日又落于碧眼虬须之手,至今思之犹为怦怦。徽州为东南邹鲁,故家收藏必富,鄙意拟搜先贤墨迹都为一集,将来付诸石印,以饷海内,未知此愿能餍足否。手布敬复。

复绩绅王昭三

十二日畅聆伟论,倾倒无似。次日造访,请教大旆,已遄归矣。怅怅来函,于东山学堂事擘画精详,极为中肯。第四条《决议》提出"余款五百元为乡小学补助费,以图普及",尤为吃紧办法。近日学堂,文明巨子大抵以经济困难为词。考其内容,尚不敢遽下断语。就表面论之,一小学岁辄消耗三四千元不等,学生实不过二十余人或十余人,如此办法,无论官费、私费,从何处搜括?岂非普及之一大障碍!贵邑劝学总董一职既经公推执事,贵邑学务从此必焕然改观,鄙人不为执事贺,为学务得人贺也。碧阳大考试卷,师生感情之挚已见一斑,容细读,再行奉还。手布敬复。

复绩绅王子乾视学昭三

伻①来,奉手示及包封各件,循环朗诵,心目为开。章正镡禀内十二条是否虚实,为此案主脑,一语破的,切实调查此问题,正不难解决。好好先生率以察见渊鱼②为戒,一味作模棱语,不知学务之不能发达正坐此病。少年学子又从而叫嚣之,药线一动,万弩齐发,几至巷无居人。如此搅局,真可浩叹。承惠盐豉二封,拜谢,和菜根咀嚼之,饶有滋味也。手布复颂,年祺③不宣。

致屯溪茶叶公所洪其相议员廷俊

敬启者:郡治谯楼年久失修,近更有岌岌不终日之象。考诸郡志,此楼

---

①伻:使者。

②察见渊鱼:谓明查至能见到深渊之鱼。用以比喻探知别人的隐私。语出《列子·说符》:"文子曰:'周谚有言:察见渊鱼者不祥,智料隐匿者有殃。'"

③年祺:祝收信人春节吉祥幸福。

之设固为郡守听政之所,实所以坐镇五魁,控制万壑,前贤创置具有深意。我徽人文甲科、商业富庶之盛甲于东南,实基础于此,此非厌胜[1]荒谬之谈,亦今之舆图家所公认者也。鄙人到任之初即有志修复,适去夏蛟洪告警,未敢重劳民力。旧冬切实查勘,危险更甚。趁此时改作,尚易为力。若俟其栋折榱崩,一瓦一椽尽成齑粉,恐此后更难为役。一切情形谅已在台端洞鉴之中。执事造福桑梓,物望翕然[2],应如何设法筹捐?若借重鼎言,必易速于蒇事。众擎易举,一木难支,江南季布[3],微公谁属?手达专恳,并候筹复,无任翘企之至。六邑各绅均此不另。

复洪绅廷俊

前上筹修谯楼一书冒昧陈请,甚抱不安。顷奉惠书,既蒙执事指囷[4]之赠,又得程君借箸之筹,两公皆热心公益,力任其难,曷胜佩纫。谯楼工程,前邀郡绅估算,总须在二千四百元之谱,得此五百元,基础已立,此后或易于劝募。鄙人当昼击木鱼,夕诵南无,此事必底于成。诸君子如有闻风而起者,将来落成之日,必勒贞珉以纪其事,又不能不归美两公提倡之力也。去岁中学风潮本不能专责学生,更不能归咎程德佩一人,程生亦斐然可造之才,鄙人甚为甄赏,今岁入学,鄙人当加意玉成。请转致程绅,不另启也。手布敬复。

致休宁县刘令敬襄

敬启者:顷接休宁生员某某邮递函禀,知尊处派董监督塾师,自是为整顿教育起见。此项塾师讨人厌憎者原所不免,惟若辈衣食所关,若奉行者操之过戚,亦恐而走险铤【铤而走险】,上年敝省因陶汰塾师激出重案,某县令竟褫其职,今岁毗陵劝学总董几不保其命,某县令亦大遭呵斥,前车既覆,不

---

① 厌胜:古代方士的一种巫术,谓能以诅咒制服人或物。厌:通"压",倾覆、适合、抑制、堵塞、掩藏、压制之意。

② 物望翕然:众人一致称颂;众望所归。物望:人望,众望;翕然:一致称颂。

③ 季布,西汉官吏。以信守诺言、讲信用著称,楚国人中有"得黄金百斤,不如得季布一诺"之谚,"一诺千金"即源于此。

④ 指囷:喻慷慨资助。典出《三国志·吴志·鲁肃传》:"周瑜为居巢长,将数百人故过候肃,并求资粮。肃家有两囷米,各三千斛。肃乃指一囷与周瑜。"囷:古代一种圆形谷仓。

可不引为殷鉴。且若辈所望不赊,乡民视钱如命,贫寒子弟出钱少许便稍识之无,亦未始①与教育无补。此间操纵甚费斟酌,察阅函词甚为哀痛,应请执事体察情形,妥为区处。该董等只巽言②以劝导之,万无挟官力以强迫之,庶学务、地方两有裨益。迂见如是,即希卓裁③是幸。手布专达,并颂荩安。

复代绩溪县叶学仁

杉秧三百株照收,恰好及时栽种,快慰无似。署左新辟荒壤现已栽成枇杷、橘树百余株,偶得余暇即荷锄学圃,凡所手植甚爱惜也。张令休致④已见明谕,省委尚未奉明文,执事勤敏弟所深悉,应办事尽放手为之。手布敬复。

复绩溪县叶学仁

来函读悉。东山学堂及时开学,此是正当办法,王绅昭三暂行权代,必能条理秩然,甚慰。男子作事,第一件要去就分明,明明恋栈,故作若推若挽之状,此种人最讨人厌。张郃⑤死去何关魏室兴亡?况区区一学究乎?既知退矣,何大公无我之账又不肯揭示大廷广众之中?如此奥妙真令人无从索解。宪批尚未奉到,若不以鄙见为然,从此不闻不问固所愿也。此复。

复婺源县魏令正鸿

来牍诵悉。下车数日筹划各节皆能洞中肯綮,痿疲久病之乡得贤令尹以针砭之,必霍然而思起也,何胜欣慰。投票纸及当选执照已于十二日由驿札发,朱标"五日送到报查"字样,当不致误,仍祈将收到日期由邮报查,以释鄙念,此后有会商要件尽可随赐数行,不必拘敬禀恭,惟套语也。公牍批发

①未始:未尝。

②巽言:谓恭顺委婉的言词。语出《论语·子罕》:"巽与之言,能无说乎?绎之为贵。"

③卓裁:请对方裁决的敬词。卓:高超、高明;裁:裁决、裁定。

④休致:古代官员正常情况下的告老还乡,休致者,一般可保留原官职称(作为一项荣誉)。休:休息;致:致仕。

⑤张郃(?—231),字儁乂,河间鄚(今河北任丘)人。三国时魏国名将。官渡之战时,本为袁绍部将的张郃投降曹操,并在曹操帐下多立功勋,于曹魏建立后加封为征西车骑将军。张郃多次抵御蜀汉诸葛亮的进攻,于231年在木门道被诸葛亮设伏射死。谥曰壮侯。

交来差赍回。此复。

复洪绅廷俊

日前奉示，知物产会已经成立，甚佩荩筹①。会费预算约须三千番，贵县绅商担任三之二，由五县补助三之一，所议亦极允洽，已檄行各县会绅妥筹矣。另抄札稿奉上备考，事务所应用图记并即照办，仍将启用日期、摹式报查是荷。歙、祁、黟、绩各绅均已筹有端倪，惟婺源交通不便，尚未接有报告并闻。此复。

复婺绅李子襄岁贡冬华

顷读赐书，敬悉种切。九年预备之事官绅同与有责，得执事以提倡之，均已秩然就序，公德贤劳，至为纫佩。物产会场已经择定处所，会费预算约须三千元，由休宁绅商担任三之二，其一由五县协助，前据洪绅报告，已檄行各县妥筹矣。贵县物产丰饶自不待言，鄙意先儒著作未经表章②者尚多，教育品中本有此一部分，请寄语各绅广为搜讨。统计学会亦经组织成立，其为一时通才妙选无疑，附寄学会格纸三百页，请分致各绅。先从法制第一股查照方策子目，逐条撰说，以次再逐渐报告，似不致茫无头绪。能事促迫③，未免不情，诸君皆博学能文，物望所归，不能不交相勖勉也。手布敬复。

复歙绅鲍逵卿孝廉鸿

顷奉大箸，《民情》《习惯》各条言之娓娓，极中肯綮。来示犹自疑形丑，

---

① 荩筹：谓竭忠尽善的筹划。
② 表章：同"表彰"。
③ 能事促迫：唐杜甫《戏题王宰画山水图歌》中"能事不受相促迫"句之省称。所擅长的事情也不能逼迫为之。能事：所擅长之事；促迫：逼迫。

抑何挢谦乃尔①？嫫母②、无盐③原各有一副眼睛，然不知子都④之姣，亦可谓天下之无目者矣，一笑。惟管中之窥，亟思全豹，想执事亦素知太守之馋也。蔚文、荫森二君想近日亦有大文，得暇过我，至盼至盼！头痛胡说，谅之。此颂箸安。

复徽属议员公函

十六日未刻奉专足赐书，知诸君子已安抵省垣，公德贤劳，无任景企。月之初九日戌刻奉抚宪歌电，饬查洪君被控一案，尔时批禀尚未奉到，弟即于是夜亥刻结结实实禀复。初十日雇健足限四日到省，较电禀尤为直捷，想十三日已达宪鉴矣。另抄禀稿呈阅。时局日屡，惟赖诸君子谠言⑤伟论，共挽时艰，若桀犬跖客何处无之，此不足为盛德累也。并祈致语洪绅，幸勿以此介意。手布奉复，容晤达悃，并颂筹安。不一。

复歙绅方小桀大令文寯

奉读大箸，于诉讼习惯言之凿凿，笔亦断制⑥精严，知君于法典学三折肱⑦矣，至佩至佩！第二至第六类请即赓续起草，能事促迫，未免不情，谅之。此颂箸安。

---

① 乃尔：犹言如此。

② 嫫母，黄帝之妻。相传她貌似夜叉，丑陋至极，是中国历史上四大丑女之首。但她的德行品性却极佳，堪称当时女性之楷模，而且其智慧也非比寻常。她对部属子民广施仁德，为黄帝树立了崇高威望。

③ 无盐，本名钟离春，战国时齐无盐邑（今东平县无盐）之女，齐宣王之王后，中国历史上四大丑女之一，也是历史有载著名的中国第一位女政治家。钟离春相貌丑陋，即所谓"无盐之丑女也"。她"广额深目，高鼻结喉，驼背肥颈，长指大足，发若秋草，皮肤如漆，身穿破衣"，四十未嫁。但她才华出众，素有大志，有安邦治国之才。后嫁齐宣王。

④ 子都，原名公孙阏，本姓姬，与周王同宗，字子都，春秋时期郑国贵族。春秋第一美男，武艺高超，相貌英俊。后以"子都"为古代美男子代称。

⑤ 谠言：正直之言，慷慨之言。

⑥ 断制：决断；判断。

⑦ 三折肱：古有"三折肱为良医"之语，因以"三折肱"指代良医。此处引申为某方面的专家。

致黟绅余桂芬广文攀荣

前恳调查法制一科《民情》《风俗》《绅士》三项,习惯想已分条撰说,请即赐下,以便汇纂。物产会调查所得几何,并祈广为征集,以便定期开会。切盼切盼!

复祁绅方际平岁贡振均

前由邮递到《民情》三项报告,已核明汇送省调查局,《诉讼》《习惯》暂可从缓,请即查照法制第三股子目逐条答问,沿习利弊,务以直言无隐为主。物产会场已经安排妥当,专待各县调查所得物品集有成数,即行定期开会,请即传语各绅商从速征集,多多益善,是所切盼。商务分会已经组织成立,亦属当务之急,仍应由县核明,详请札派,候批县通禀立案,方与部章相符。手布敬复。

致绩绅朱石松秀才瑞麒

前据曹绅作明赍呈《调查法制报告》,展读大箸,《风俗》《绅士》二项尤为击节①,当即面交学会格纸二百页嘱转,致缮清寄府,以便汇核编纂。此公一去渺如黄鹤②,怪事怪事!仍请执事将《民情》《风俗》《绅士》三项习惯报告先行缮好,邮递敝处,是所切望。执事学识弟所深许,敝处延订为名誉调查员,已将大名详送省调查局矣。候另备公牍寄上。手布专达,此颂箸安。

复耶稣堂牧师唐进贤

唐牧师阁下来函敬悉,求雨不求雨听人自便,原无强迫之理,汪银喜等因此小事辄至王万春家滋闹,又捣毁家具什物,实属不应,已即日札饬休宁县谕董妥处,约束该处居民不许借端滋事矣。此复。即颂时祺。

---

① 击节:形容十分赞赏。
② 渺如黄鹤:原指传说中仙人骑着黄鹤飞去,从此不再回来。后比喻无影无踪或下落不明。渺:渺茫;黄鹤:传说中仙人所乘的鹤。

复婺绅李冬华

郑生来郡赍呈手书并而询筹办各事，知已孟晋力行，至为佩纫。法制一科请即先将《民情》《风俗》《绅士办事》三习惯逐条撰说寄府，以便编纂，愈确切愈好。披阅各县报告，多有敷衍缴卷者，此非实事求是意也。学会诸绅皆学识兼优，知必有觥觥大文，亟思一睹为快。谯楼事荷诸公推诚劝募，潘绅鸣铎、许绅器慨然各认捐一百元以为先河，此意尤为可感，请致意。余彝伯大令近日到城否？前奉赐书及楹联各件尚未专函致谢，晤时并蕲道歉。物产会调查所得品类前单只三十余种，鄙人实未餍足，尚祈诸公竭力以经营之。余详公牍内。手布敬复，此颂箸安。

复休绅王景尧直州倅世勋

俘来奉手书及三项报告均读讫，此项法制子目由省局所颁，并无异同，只答问有详有略、有切题、不切题之分别。弟处广征鸿文，将于此互证参观，以求其差异，即以此为纂订法典之定本也。披阅大箸一过，识解既高，此一枝笔亦一时无两，钦佩钦佩。时局日艰，惟赖诸君热诚毅力，同肩此一副担子，一二不逞之徒猖猖狂吠，何足介意！手布敬复。

致物产会

月间未得报告，甚闷。会场一切布置谅已经营妥善，请绘图一纸。调查所得物产共若干种，应需厨架、装饰各器具如何预备，请详细开单示知。过重阳节后便须订开会日期，由敝处分别出示具柬，邀集阖属绅商与兹大会。将来开会时间，点缀亦不可少，未审诸公如何预备，请公推一人来郡面谈，尤为周至。切盼切盼！

致物产会

会场布置、点缀已面商，不赘。物品解说书此最紧要之事，记述以切实简明为主,所以供审查之用。诸君皆博雅通敏①,必优为之务,祈于三日内编成寄府。切盼!切盼!

复物产会

来函读悉。会期已近,诸君实力经营,鄙人极为高兴。各物品务须装饰精好,此虽外观,却极当注意之事。贵县未到物品作速②催送。歙分会装饰最好,外四县已专差催饬运送矣。入场券拟售铜钞三枚,另拟优待券式,请查照印好寄敝处一百张,余由会酌量分赠。广告发还应补填日期,即由事务所照送各分会较为妥速。征集书籍如未有函帙,务请装饰夹板,《简章》略为更正,附寄告示三十张。《会员一览表》请查收,另单注明并奉还。此复。

复黟绅李子嘉太守显猷

伻来赍奉手书,并承惠藏书十种、框子一筒,谨一一登拜,感谢无似。贵府失事之案纠伙至三四十人,其非平空乌合,必有窝顿③通气之人,可知弟处前派巡警二名到贵县侦探者以此不意,该巡士回郡仅以去向不一、踪迹毫无禀复,我国警察本在幼稚时代,固不足言侦探之术用也。日前访闻休宁县拿获盗匪三名,讯系殷家汇人,并供出窝家某姓,惟是否此案正盗、已否移解贵县,未据报闻,殊为焦灼。贵县旧今两年劫案迭出,一无破获,实不成事。阁令到任之初弟便谆谆切嘱,告以今日治黟当以治盗为第一要紧事,可联络绅富参酌清乡法行之,岂意荏苒年余未曾实行,又连出劫案三起,此不独该令之咎无可逭,抑弟所终日彷徨无地自容者也。除严饬该县上紧缉拿外,先此奉复,以纾廑忧。并候道履,惟希亮察不宣。

复物产会洪绅廷俊

顷读惠书,敬悉一切。转送出品已订有规则,另备公牍送阅,惟已经审定应行赴赛之品究有若干种,是否即照来表统行赴赛,请详细示知。南洋会

---

① 通敏:通达聪慧。

② 作速:从速;赶快。

③ 窝顿:窝藏。

期为日方长,运资旅费自须宽为筹备,亦必须力为撙节。各县未解之款弟仍当设法筹济,必不使执事之独为其难也。又查阅寄来《收支录》内有汰厦司代办监督公馆支洋二十元一项,甚为诧异,弟于十一月初七申刻到屯,初九日申刻回郡,其间三餐皆在本会叨扰,差役、轿夫每日自发饭钱,濒行时向饭馆买点心吃自己亲手付钱,此共见共闻之事,究竟此二十元作何开销,想事务所必有细则,请查账开单示知,以便核实,事关公款,一文不能含糊也。此复。

答词

本日物产会开会,学生来庆祝者三百余人,本监督实深欣悦。本监督无他训辞,惟望我学生日新月异,皆成大器。谨捐廉一百元,交由劝学所总董王绅制成奖品,按名分给,以作纪念。谨答。

复农业学堂监学、教员吴绅宏绪清华

顷奉惠书及纪念品、照片各件,均拜领敬悉。河干拜别瞬已月余,想学生与日俱进,又当刮目相看,欣慰无似。管子有言:"地宜不任,草田多秽,其国谓之饥国,其君谓之寄生之君。"①每诵此言,辄为浃背。大江以南徽国实为奥区②,稍为讲求,树一获百,可操左券③。诸君皆劬学④巨子,治生⑤、求学原不分为两事,总以习劳去奢为主脑,愿诸君及学生交相奋勉也。照片光线不甚合宜,衮衮诸公皆非本来面目,鄙人亦非故我,一粲⑥。附寄详稿请查阅。手布敬复。

①此段引言出自《管子·八观》,语义同,但行文有别。地宜不任:地利得不到充分发挥。任:使用。草田:未开垦的土地。秽:杂草。
②奥区:腹地。
③操左券:古代称契约为券,用竹做成,分左右两片,立约的各拿一片,左券常用做索偿的凭证。后来说有把握叫"操左券"。
④劬学:勤奋学习。
⑤治生:经营家业;谋生计。
⑥一粲:犹一笑。

复农业学堂

伻来奉手书及本科预科学生考卷,均拜读悉。鄙人智懵菽麦①,又暗于新知,年来为案牍所困,大有不殖②将落之思③,谬蒙诸公推重,愧何可言?惟结习④未忘,最喜与二三同志商量旧学,又最喜读少年英发文字,各科试卷容细读,再行奉上。又闻贵校学生至今未放假,尤为之称赞不已,郡城官立学校已久矣阒其无人⑤矣。附寄小园王瓜四十条,聊佐嘉蔬以消盛暑。此瓜种子来自敝乡,色深碧皮,棱起瓤子小,与本地产腹大皮皴黄者迥异,鄙人手自栽种,所获甚丰,老农入市卖瓜辄夸口曰:"人家瓜皆苦,我家独甜。"鄙人亦不脱此种习气,选种改良粗有一得,敢请大实业家一鉴定之。手布敬复。

复茶业公所程伯俊同年恩浚

奉手示及《义账征信录》,均拜读悉,容即详送各宪,以昭大信。茶局请匀拨学费一案,奉督宪批就已拨定之款酌量支配,鄙意中学堂系一府范围,决不至再遭剥削,至各项小学彼瘠此肥诚所不免,酌量摊分似系正当办法。督宪奖物产会札文,尊处系六月六日由邮转寄,今日始行递到,察系邮局误递大通,故尔往返迟滞十余日之久。我徽出品统得金银铜奖牌八十一份,尚不为少,此次奖励系专了本属物产会一场,将来运赛、劝业会出品经审查大臣审定,必另有一番奖励也。便中函致运送员汪德恒将会场近日情形详细告知,是所切盼!手布敬复。

----

① 菽麦:豆与麦。比喻极易识别的事物。
② 不殖:不积聚。
③ 思:古同"惧"。
④ 结习:烦恼和习气。
⑤ 阒其无人:指空荡荡,没有一人。阒:空。

卷十二　法制科

申送六县《民情风俗、绅士办事习惯报告册》文

徽州府为申送事,案奉宪台札饬调查、法制、统计事项按期报告等因,奉经①知府就署设立统计处,派委各县学识兼优、热心公益之士绅组织统计学会,分任调查。并令将法制事项一并分条撰说,随时报告,以凭汇核编订。业将委绅职名及办理情形呈报在案。兹据歙绅鲍鸿、汪达本、鲍振炳,休绅王世勋,婺绅汪开宗、汪镜芙、董晋璧,祁绅方振均,黟绅余攀荣,绩绅朱瑞麒等先后编送《民情风俗、绅士办事习惯》各方策陆续报告前来,知府复加审核,尚属确切,理合汇册缮正,具文申送。仰祈宪台鉴核。为此,备由具申,伏乞照验施行。

抚宪朱批:

据送该府六县《民情风俗、绅士办事习惯报告册》均悉,察阅纂辑各条尚属详赡,良深嘉慰! 仍督饬各该绅等将其余各项报告详细调查,依限造送,务期益加精密为要。仰调查局汇入编纂,并转饬知照。缴。册存。

歙县民情之习惯

宣统元年调查
歙县鲍鸿起草
静海刘汝骥审核

甲、从生活上观察民情

子、住居之流动固定

歙俗十室九空,中人之家子弟逾十龄辄学贾于外,比长则数岁一归以为常。不轻去其乡,其尽室以行从而迁徙者盖寡。俚谚有之曰:“歙县千年归故里。”则居住之固定可知。

---

① 奉经:系奉此遵经的约语,旧时公文写作中常用的承转语,表示已经奉令遵办的意思。经,表示一事件过去的历经或经由。

丑、共产析产之趋势

歙民曩饶于经济，慕张公艺①之风，以同居合爨为美谈。兵燹而后荡析离散，有孝廉父别居者矣。就目前大势论之，析产者多，共产者少。

寅、食用好尚之方针

歙处万山中，习俭朴。乾嘉之世，鹾业盛，富户多，稍稍趋奢华。书籍、字画、金玉、古玩储藏最富。一食用之细，日费万钱者有之。"粤匪"乱后，内容愈瘠，表面愈华。好洋货者多，好土货者少。外强中干，识者忧之。

卯、生产者不生产者之分数

歙除东乡民气②未复外，以南乡为最勤，北乡次之，西乡又次之。南乡多山而少田，苞芦、茶、漆、茶菊、珠兰花出数颇多。胼胝③作苦妇女且然，矧④在男子？故无旷土，无闲民。北乡茶梨称是。西乡则舍禾稼少生活，故荒田隙地视他处为多。合一邑平均计之，生产者什之八，不生产者什之二。

乙、从行为上观察民情

子、权利义务之观念

明知为权利义务之所在而放弃之民即至愚，不若是偾⑤也。惟风气未开，明昧⑥不齐，创见之事辄生疑虑。他不具论，即如此次初选投票放弃选举权者已居其半，调查户口造谣抗阻者实繁有徒⑦，其明证也。

丑、诉讼之诬实

歙俗朴而谧弗好讼，讼必以实。迩来⑧士习日浇⑨，习为险诈。前抚冯喜投甄告密，三五劣绅迎机而应，诬官、诬绅岌岌乎不可终日。赖今中丞朱饬地方官查办，出示严禁，风乃少杀。

---

① 张公艺(578—676)，郓州寿张(今河南省濮阳市台前县)人。《旧唐书》卷188："郓州寿张人张公艺，九代同居。北齐时，东安王高永乐诣宅慰抚旌表焉。隋开皇中，大使、邵阳公梁子恭亦亲慰抚，重表其门。贞观中，特敕吏加旌表。麟德中，高宗有事泰山，路过郓州，亲幸其宅，问其义由。其人请纸笔，但书百余'忍'字。高宗为之流涕，赐以缣帛。"

② 民气:指民众的精神、气概。

③ 胼胝:手掌脚底因长期劳动摩擦而生的茧子。

④ 矧:况且。

⑤ 偾:荒唐；荒谬。

⑥ 明昧:迷糊。

⑦ 实繁有徒:亦作"实蕃有徒"。意谓确实有不少这样的人。一般用贬义。

⑧ 迩来:最近以来。

⑨ 浇:浇薄；不淳厚。

寅、婚嫁之年龄

富民饶于资,则婚嫁早,往往在弱冠①前。贫者迟至二三十岁不等。

卯、溺女之有无

贫家女子有自襁褓时为人抱养作童媳者,至溺女之风向来所无。

丙、从成绩上观察民情

子、职业趋重之点

歙民向以读书为荣,以当兵为耻,又轻农而重商。商业昔以盐典为大宗,近则以茶业为命脉。此外乡人服田力穑,有唐宋之遗风焉。

丑、制造之品类

歙无大工厂,惟曹素功、胡开文之墨驰名中外。此外如郡肆之日月晷、水旱罗经、罗绢,岩镇之剪彩花、籡螺甸器②、漆、墨、砚盒皆精美,南乡之蜜枣,虹坑之空心挂面,托山之缸钵,牛沙之竹器亦自成一家,惟非大宗出品。

丁、从团体上观察民情

子、集会结社之目的

商会、教育会及旧日文会、善会,明达士绅皆以公益为目的。至下流社会则好以迎神为事,其逐年一行者有保安会,其间年一行者有忏会。会辄有戏,戏必有赌,贻害地方殊非浅鲜,仅以迷信目之犹其小焉者也。

丑、交际间之况状

歙僻处山陬③,与外人交际少,山谷之氓闻足音则跫然④喜矣。偶有交涉惟一二教堂,近亦敛迹,畏法不敢多事。

戊、从教育上观察民情

子、受学者百分之比例

歙邑两等学堂官立、民立有二十余处,调查旧日家塾及蒙童私塾亦有千余所,识字者约百分之七,惟深浅不同。

---

① 弱冠:古代男子二十岁行冠礼,表示已经成人,但体还未壮,所以称做弱冠,后泛指男子二十左右的年纪。《礼记·曲礼》:"二十曰弱,冠。"

② 籡螺甸器:即螺甸,也叫螺钿。一种手工艺品。用螺狮壳或贝壳镶嵌在漆器、硬木家具或雕镂器物的表面,做成各种有光泽的花纹和图形。

③ 山陬:山角落。借指山区偏僻处。

④ 跫然:喜貌。跫:脚踏地的声音。

丑、报纸之销数

学堂、商会及城镇绅商皆喜阅报纸,乡曲农民不知报纸为何事,销数不甚多。

己、从道德上观察民情

子、犯罪以何项为最多

近来吾歙不法行为在社会上占多数者曰客民、曰赌棍。客民以江右为最强,聚众行凶,流为贼盗者亦复不少。今方谋地方自治矣,禁烟则彼不受,禁赌则彼不受,土著赌棍又以客民为羽翼,以衙役为爪牙,故历来禀赌从无拿获到案者。一纸官符直若辈之发财票耳,去恶不尽,反起而与告发人为难。为民除害是所望于良有司。

丑、自杀之多寡

歙民尚气好胜,遇拂意事短见轻生者间亦有之。

歙县风俗之习惯

宣统元年调查

歙县鲍振炳起草

静海刘汝骥审核

祭祀

歙聚族而居,清明、冬至必有事于祖庙。有宰猪羊者,有虚供珍错①及蔬果者,祭品丰俭不一类。皆奏乐歌曲,子姓②一堂,衣冠跄济③,爵三献④,礼成退。此外家自为祭文⑤稍杀,端午、中秋及岁终、岁首皆举行焉。清明有祭墓礼,祭毕剪纸为钱,挂冢而归。大村有文会,三月三日祭文昌,礼与祠祭略等。

---

① 珍错:"山珍海错"之省称。泛指珍异食品。

② 子姓:泛指子孙、后辈。

③ 跄济:亦作"跄跻"。行走安舒而有礼的样子。

④ 爵三献:古代祭祀时用爵献酒三次,即初献爵、亚献爵、终献爵,合称"三献"。《仪礼·聘礼》:"荐脯醢,三献。"

⑤ 文:旧时指礼节仪式。

丧 葬

马氏①有言曰："丧祭之礼约，则终者掩藏矣。"歙多浮棺久且暴露，半惑于堪舆祸福之说，半为习俗所缚。中人之产，苟遇大故，棺敛之费仅数十金，而僧道之追荐冥器、冥财之焚耗、求神散福之食用，往往数倍于此，否则众訾之。偶有心知其非者，亦震于物议，不敢居薄待其亲之名。俗以越七日为一七，至七七四十九日而殡。殡而葬者什一，不葬而厝者什九。徽歙治茔坚固华美，较胜于他属。山地最贱，卜葬购数丈隙土较常价数倍或数十倍不等，其最不可解者属纩衣②衾③泥，用古服色，男女裙服冠履皆同正，不独鼓乐迎宾，贻经生④家之訾议也。

婚 娶

歙俗尚早婚，男女嫁娶年皆在二十以内。其贫不能聘与，择配稍苟。待字至二十外者，群以为失时矣。结婚颇较贫富、论门第，一切听命尊长。行聘用财或墨银⑤百圆至二三百圆不等，媵⑥以鱼肉馒首之类，奁⑦厚薄不一。无亲迎礼⑧，舆饰以彩，非素封⑨大家不鼓乐，近小康家间用之。三朝⑩新郎与新妇谒土神，谚曰"出行岂行，庙见之礼"而误耶。归则祀灶，祀毕举手一调釜中羹，盖犹三日入厨下之意。其最无理者为闹房，合卺之夕高烧巨烛、置果酒，坐新夫妇于上，亲朋环列猜拳行令，甚或涂粉作小丑状以博新娘之一笑。谑也而失之虐矣。习俗移人，虽搢绅之家不免。

---

① 马氏，此处指马融（79—166），字季长，扶风茂陵（今陕西兴平东北）人。东汉名将马援从孙，东汉儒家学者，著名经学家，尤长于古文经学。他设帐授徒，门人常有千人之多，卢植、郑玄皆其门徒。

② 纩衣：充以绵絮之衣。

③ 衾：尸体入殓时盖尸的东西。

④ 经生：汉代称博士，掌经学传授。后泛指研治经学的书生。

⑤ 墨银：墨西哥银元。又名鹰洋。

⑥ 媵：古代指随嫁，亦指随嫁的人。

⑦ 奁：女子梳妆用的镜匣，泛指精巧的小匣子。此处借指奁资，即女子出嫁时从娘家带到婆家的财物。

⑧ 亲迎礼：俗称"迎亲"，婚姻"六礼"中的第六礼。新婚亲往女家迎娶新娘的仪式。

⑨ 素封：无官爵封邑而富比封君的人。

⑩ 三朝：指新婚后的第三天。

居处

弥望皆瓦屋,他处惟名城巨镇有之,徽歙则小村落皆然。草房绝少,屋多建楼,大家厅事极宏敞。梁用松,柱用杉柏与银杏,皆本邑产。墙用砖,铺地以石或用砖及木板。一门颜雕刻费辄数十百金。但天井小,少窗,光线黑暗,此其所短。床几各器类①,以坚木为之,傅②以漆,亦土产。起居之适,贫富不甚相远。溪山清丽,居此者如置身画图中,故人人有不忍轻去其乡之意。四民早作夜息,亦尚不失常度云。

服饰

歙扃万山,服饰宜约,按之事实殊不尽然。通邑以西乡为最华,当年醝业大盛,扬州靡俗遂渐输入,又与休邑鳞接,自发逆乱平,徽属商务聚于屯溪,一冠履之时趋一袍袴之新样,其自江浙来者休首承之。次即及歙之西乡。近少妇好效沪妆,年长者犹戴鬏(扬州旧制),此今昔习染之大验也。最朴质者为南乡,富家坐拥厚资,男则冬不裘、夏不葛,女则不珠翠、不脂粉,与西乡适成一反例。东北乡服御③文野在西南之间。是以洋货之用数以西乡为多,土货之销场以南乡为最。

饮食

歙山多田少,产米常供不给求,东、西两乡犹能输其羡于邻境,惟南乡与北乡之黄山农家多种苞芦以自食,非小康之家几不易得。米面不常食,商铺有定律,月四餐、六餐而已。肉食用猪,食牛羊者绝少,鳞族羽属亦不多得。寒素家风【凤】以蔬豆为常用品,如新洲之萝卜、葛塘之白菜,问政山之笋,皆绝美市中。所制豆腐亦远胜他处,有毛豆腐者乃江浙各属所未有,惟卫生家不取焉。富有者早起喜食盐茶蛋,且用以供客。酒则土酿,与购自他省者参半,皆力薄而性烈,无深醇者。

岁时

一年佳节若立春、元宵、端午、中秋、冬至、除夕早起,卑幼至尊长前叩

---

① 器类:犹品类。

② 傅:附着,使附着。

③ 服御:服御亦作"服驭",指服饰车马器用之类。

喜,夜聚家人团饮(端午家宴在日中)。肴之精粗多寡不一,四簋者居多。二月二日与腊月二十四日亦然,上巳①、重九独缺如。新年礼节较盛,戚族闾里冠带往来互祝贺,相见作吉语,或以茶食相贶。农家者流预于旧腊以米粉制粿,名曰"寿桃",作开年馈送品,盖于酬应寓省俭之意焉。谚有云:"老亲必拜年。"以亲情渐疏,借此岁一联合,示不忘也。

乐歌

古乐寝亡,雅歌不作,上流社会类多不解音律。家计稍裕者遇喜庆事或雇吹手作乐歌曲,所唱多徽调②,乱弹间以昆腔。亦有邀清客③小唱者,名曰"唱灯棚"。大半下流社会中人每遇诸神诞日,好事少年或乐为此。其甚者则选班演戏矣。又俗有摊簧小调之类,音尤靡靡,词野俚不可听。近学堂有音乐一科,以改良俗乐为宗旨。风气初开,能者盖鲜,未易收反正之功也。

方言

歙地多山,方言阅数里而一变。下西乡一带较平旷,故自潭渡郑村至岩市长龄桥以上迤逦二十余里乡语略同。上西乡则悬殊矣。东乡方言亦不甚相远。惟南乡边境与北乡黄山深处出言竟不易晓。总之音以近郭为客,去城愈远言之相去亦愈远。绅士及惯旅行之商界中人往往能说普通官话,然亦有宦游数十年仍操土音者。

游宴

歙州大好山水,即寻常一邱一壑亦自可爱。黄山北乡秀甲东南,然征朋结社、载酒登临者盖鲜。每当三春和暖,菜花满地,间有约五六同志就空旷之地狂歌纵饮,一骋豪情者,又间有相约游雄村桃花坝者。渔梁每赛灯船,亦有买舟以随诸后者。此外名胜之区不胜枚举,往往终年无骚人逸客④携酒过从。附城如仰斗阁、如意寺、白云禅院景皆幽胜,官绅或借作宴会之处。

---

① 上巳:古时以夏历三月上旬巳时为上巳。人们遇此节日到水边洗濯灰垢,祓除不祥,叫做修禊。魏晋以后,将节日改在三月三日,渐成了郊外游春,水边饮食的节日。

② 徽调:徽剧的旧称。亦指徽剧所用的腔调。主要为吹腔、高拨子和二黄,后也用西皮、高腔、昆腔等。乾隆、嘉庆年间徽班进京演出后,对京剧腔调的形成有很大的影响。清徐珂《清稗类钞·戏剧·徽调戏》:"程长庚亦挟技入都,于是始有徽调。"

③ 清客:教授吹弹歌唱的艺人。

④ 骚人逸客:指诗人、作家等风雅的文人。

至若妇女游春及谢太傅之东山丝竹[①]，则绝无之。他如喜事飨客或举春宴，肴馔极俭约，用鱼翅、用鸭者盖寡。

神道

神道[②]设教，圣人所以补政刑之所不及也，不料迷信之害一至于此。年例有保安会，数年开光一次，游神演戏，科敛丁口。其所供奉者不一，大约五瘟大王、小王及汪公、八、九相公[③]居多。妇女喜拜观音大士，大士庵住持为女僧，亦间有男僧及道士者。六月二十四日，灵山雷祖会香火最盛，红男绿女肩相摩、趾相接，如是者数昼夜。九、十月间各乡又有所谓忏香会者，推年老在会久者为香头，同朝九华之地藏、齐云之上帝，旗锣诵佛，长途喃喃不休，归则设坛建醮七日，坛前列大香数十百炷（高四尺余，粗如柱，故名"屋柱香"），综计各费千金至数百金不等。二月二日，各铺户高悬土地财神衣于堂，争华斗丽，以供一炬弗惜也。土地庙、财神庙大小村落所在多有，五福庙亦无处无之。其最可笑者有病外症拜祷获愈，遂如其患处购猪肉代以酬神者。有当春祈时窃神之纸履或攫会中之碗以为求子之券者，噫嘻，神之魔力大已！

宗教

歙为程朱阙里（祠在篁墩，今已倾圮），士大夫类能受孔子戒，卫道严而信道笃，卓然不惑于异端。佛入中国久，潜移默化，几于无地无禅林。歙多名山，昔又最富，故各处有寺观，谈佛法者惟妇女居多，间有茹素诵经者。城中有英国耶稣堂，又有法国天主堂，奉教者尚少，惟犯罪奸民偶借为护符焉。

---

① 东山丝竹：指人到中年，用声韵之事作为消遣。丝竹是我国民间器乐的别称，以笛、笙、二胡、三弦、琴、萧等为主要乐器。东晋政治家谢安做官之前曾在东山（今浙江上虞县南）隐居。朝廷几次召用，他都不去就职，只是成天游山玩水。每次游玩，他都要命从人带上乐器，走到哪里，音乐丝竹之声就响到哪里。因此，人们把他带着乐器游玩之事叫做"东山丝竹"。

② 神道：即"神明之道"。谓鬼神赐福降灾神妙莫测之道。

③ 九相公，名汪献，唐越国公汪华九子，因唐太宗猜忌而被父亲杀死。汪宪死后，自唐至宋有五位皇帝敕封。

歙县绅士办事之习惯

宣统元年调查

歙县汪达本起草

静海刘汝骥审核

甲、属诸人者

子、资格

绅士之选任无一定资格,凡在籍京外各官及举贡生员有名誉、有资望者皆推重之。

丑、责任

地方推行新政,绅士能负责任者十无二三。高者不与外事,否则虚与委蛇而已。

寅、任免

绅士办事向无任期,亦无免例。其有声名狼借为里党所指摘者,官长必摈斥之。

卯、期限

向来地方公事归绅士办理者无一定期限,惟现行新政,如教育会长、商会总理、当选议员各职由投票公举者,则以部章规定之,其期限三年、一年不等。亦有期已满而续任与期未满而辞职者,则须临时决议。

辰、功过

绅士办事无记功、记过之条。然正绅终得好名誉,否则即为士夫所诟病、乡人所怨诅①,直道②之公于兹可见。

巳、有给无给

绅士办事尽义务者多,受俸给者少。惟学界既禀③最厚,然办事认真与否则在乎得人不得人,不在俸给之有无。

·225·

---

① 怨诅:怨恨诅咒。

② 直道:犹正道。指确当的道理、准则。

③ 既禀:国家发给的俸给。"既"同"槩",同"饩",指肉食;"禀"指粮食。

乙、属诸事者

子、宗旨

办事宗旨因人而异。有以图公益、谋自治为宗旨者,如创设学堂而垫经费、陈列物产而赛工艺是也;有以假公事、营私利为宗旨者,如裁串私征而短洋价、筹拨学费而不立案是也。当分别观之。

丑、权限

每办一事、每筹一捐,绅与绅争,学与商争,权限不明,冲突易起,其何以治?

寅、能力

商界、农工界待举之事甚多,惟苦于地方贫瘠,财力既弱,能力尚浅,议论多而成功少,职是之故。

卯、秩序

凡官长邀集众绅公同议决之事,无不秩序井然。此次复选举最有秩序,足为后来办事之模范。

辰、效果

渔梁坝之修复由程氏乐输,万年桥之重新由绅商赞助,其利百世,行人赖之。就今岁论,亢旱近四十日,山塘田禾半皆枯槁,惟吕碣、昌碣、鲍南碣工程完密,一律有秋,此效果之尤彰明较著者也。

巳、有继续力无继续力

碣务、塘工皆创自唐宋,历千百年而不坠,可谓有继力。潭渡之敦素学堂、棠樾之龙山学堂皆旋作旋辍。此外,保团、树艺、巡警各要政若有若无,势将倾仆,能维系而支撑之,是所望于大政治家、大经济家。

午、规则

族祠必先禁约,善举皆有规条,此私家之纂述也。至商会、教育会及咨议选举、自治选举各项,皆遵守部定规则,不敢自为风气。

未、经费

徽属官立小学堂皆有大宗的款。惟歙邑则无中学堂,岁拨银五千两洋一千元,紫阳初级师范岁息银三千两,此系一府范围,不入歙县预算之内。昔号富州,今称贫国,每办一事仰屋①咨嗟。现经合县士绅集议,由钱粮洋余

---

① 仰屋:卧而仰望屋梁。形容无计可施。

项下岁提钱五千串拨作巡警教练所经费,罗掘①之穷已可概见。

休宁民情之习惯

宣统元年调查

休宁王世勋起草

静海刘汝骥审核

甲、从生活上观察民情

子、住居之流动固定

流动、固定似即休谚"在家出门"之谓也。此邦人多外贸,乡贤金忠节②集中尝屡及之。就今日而论,北乡之龙源、北山,东乡之十五、六、八都,南乡之临溪、汊口及高枧以上诸族大半商于汊口,或隔年一归,或隔二三年一归,视水陆之远近而定。至苏、杭、沪、甬一水顺流,往者尤众。其老迈一乡不相往来者,山农村丁而已。

丑、共产析产之趋势

"父母在,不别籍,不异财。"休人颇知此义。然兄弟众多,子姓繁衍,析产之事亦贤人君子所不能禁。昔年如南门汪、北门汪互相愆尤③,此析产之蓍鉴也。近人如某某之挖窖④案,枝节横生,鬼蜮迭出,本析产也,偏托共产以寻衅,族邻视之如虎狼,都董畏之如蜂虿⑤,此怪现状足为世道之忧。

寅、食用好尚之方针

食为民天。休地生之休人食之,此谓惟土物爱。若荪田米、临溪米、四都万安米,炊饭易熟,入口质软,他米多不及此。其佐盘飧者若黎溪青螺、岭后黄精、由溪桃花鱼、石田雕花卜,皆称上品。至洋酒之用于宴会、洋芭芦之

---

① 罗掘:谓网鸟挖鼠。比喻用一切办法筹措或搜索财物。

② 乡贤金忠节,即金声(1589—1645),一名子骏,字正希,号赤壁,徽州休宁瓯山(今休宁县万安镇)人。明末抗清义军首领,学者。其治学严谨,道德文章备受后人推崇。遗著有《金太史文章》《尚志堂集》《金忠节文公集》等。

③ 愆尤:罪过。

④ 挖窖:挖掘窖藏。旧俗作为农历元旦迟起的代词,以示彩头。

⑤ 蜂虿:蜂和虿都是有毒刺的螫虫。比喻恶人或敌人。

施于小碗、洋乳为哺儿之要件、番馔乃请客之恒需,则休宁尚未盛行,偶一见之,不必云奢。用物则不然,洋油、洋布几于比户可封,学堂所用则铅笔、药水也,商人所用则毛毡、铁柜也,以此验其为奢吾不敢讳,吾亦不敢决。总之,土货不改良,洋货则乘隙而入,履霜坚冰,匪朝夕故。无怪万安、临溪等处之土机积赀巨万,谈工艺者色阻,研土产者灰心,究之为民情之奢尚,非正本清源之论。

卯、生产者与不生产者之分数

编查户口,法未实行,生产者与不生产者之分数从何而定? 就耳所闻目所见者约略言之可矣。喝雉呼卢①之偶聚一不生产者类也,如大河滨西门头约有数百辈白役②。乞者之散居一不生产者类也,如打脚肚东西行约有数百辈。至窃贼之散于四乡、痞棍之杂于村众无论已。计休宁一邑窃案不破者数十起,生端讹索者数十起,交差候保势所不免,监收待质例所当然。如斯种类关系民生,平均时间与不生产者相去一间③,以三十三都之民而默为估量,于是命曰不生产者十分之一。

乙、从行为上观察民情

子、权利义务之观念

“权利”“义务”属新名词,老师、宿儒尚难解释。近年选举之重叠,学堂之增多,公益之举似有进步,但风气初开,尚须提倡。试观选举人名册一事,家有不动产五千元者不肯书名,屯溪黎阳数百店报营业者无一成,越国、紫阳诸大族甘放弃者居多数,新理不明,是谓心死。开通④此辈计将安出? 吾曰多设小学实行宣讲,都董由投票公举,官长用民事新律。

丑、诉讼事之诬实

讼事之诬实殊难启颡,谨以境过情迁者验之某案,则叠索不休,奉层批而始息。某案则恶僧行诈,几害人以无穷,此已结也。有以得窖控者而空屋避毒之士子不能归家,有以窝顿告者而负薪撑船之良民相嗟于道,当时情形闻者悯之,故古来循吏案无留牍,随到随问,随问随结。

---

① 喝雉呼卢:形容赌徒赌兴正酣时的样子。也指赌博。喝、呼:呼喊;雉、卢:古时拇抽骰子掷出的两种彩。

② 白役:旧时官署中的编外差役。

③ 一间:很小间隔。

④ 开通:开导;使不闭塞。

寅、婚嫁之年龄

向平之愿①无富贵贫贱而，不然古者男子三十而娶，女人二十而嫁，今不能援是例也。咏《桃夭》诗、行反马礼②，大率以女年十六、男年二十左右为率。或以学问、经济二问题扣之，则婚嫁从迟。是然是说也必地无遗利、人无不学而后可也，否则不如及时。及时之岁月定于父母之体察，不定于条例之限制。至若年龄为经济所误者，则吸烟、懒作之孤壮无村蔑有③，老大徒伤之轿夫、城屯尤夥，此当别论。

卯、溺女之有无

溺女之风休人不认其有也，然以公济一局言之，收养女婴岁以数十，屯溪如此，四乡可知，深山老坳窭人④丐妇岂无胞衣⑤甫脱置之隘巷者？书至此不忍言矣。吾请揭而告之曰：欲求溺女之无，风俗之厚，必于编查户口时见女多之家量为资给，调查学龄儿童时见女子及龄者代谋女教，此地方公益之大者！果能行之不怠，擎之以群，则女界之安全长寿可计日以待。

丙、从成绩上观察民情

子、职业趋重之点

从本境之职业言之，屯溪、率口、黎阳、阳湖一市茶之区也。朱明节⑥届，男妇壮幼业此者以数万计。茶号借钱庄以资助之，分茶品为二十余样，统名之曰"洋庄"。此趋重之点即耐苦之征也。此外经商远出者，白岳、浙江直视同传舍。田土荒芜既让安庆人以入垦矣，工匠缺乏又召江西人以伐木烧炭矣，喧宾夺主，积重难移。欲求挽救之方，宜立乡团、树自治机关为要。

---

① 向平之愿：即向平的心愿，指子女婚嫁之事。向平即东汉时向长，字子平。典出《后汉书·逸民传·向长传》：向长隐居不仕，"建武中，男女娶嫁既毕，敕断家事勿相关，当如我死也。于是遂肆意与同好北海禽庆俱游五岳名山，竟不知所终。"

② 反马礼：古礼，夫家送还新妇来时所乘之马，以示夫妇情好，妇永不复归。后演化成"回门"礼。"反"通"返"。《左传·宣公五年》："冬来，反马也。"孔颖达疏："礼，送女适于夫氏，留其所送之马，谦不敢自安于夫，若被出弃，则将乘之以归，故留之也。至三月庙见，夫妇之情既固，则夫家遣使反其所留之马，以示与之偕老，不复归也。"

③ 蔑有：没有。

④ 窭人：穷苦人。窭：贫穷得无法备礼物。亦泛指贫穷。

⑤ 胞衣：即胎盘。

⑥ 朱明节：立夏节。汉代皇帝于立夏日迎夏神于南郊，唱《朱明》歌，故称。朱明：古代夏季的别称。夏季其他类似别称还有三夏、九夏、炎夏、朱律、清夏等。

丑、制造之品类

休宁之制造,以手足也,以竹木也。铜铁但施于小件,布疋略见其权舆[1]。城中之水烟袋、万安之罗经、屯河之竹椅、茶区之篾箱,以烟作墨有胡开文,以皮作胶有石翼农,以蜜制枣有胡子卿,以藕磨粉有后底汪,皆我休特出之品,物产陈列将于是乎选择。

丁、从团体上观察民情

子、集会结社之目的

休宁之富在于屯溪,局卡林立,商贾辐辏,故善举最易组合。同仁会以掩埋路骼为目的,公济局以施药、送棺、收婴、施牛痘为目的,华山惜字会、培文惜字会以敬惜字纸为目的,阳湖登善集、万安停槥处以暂安旅榇为目的,此社会之最有价值者也。城中为通邑眼光所注,商会、私塾改良会毫无影响,统计处、自治公所虚有其名,书吏研究所则门面初张,貌是神非,或且变本加厉。最无谓者黎阳磨豆腐、赣帮八月一、差班之土地会、西关庙杨三舍人之龙灯会、城隍庙之演戏赛会,好事者为之,似非预备时代所宜。

丑、交际间之状况

以土著言交际,则孤姓单丁受巨族之凌轹[2],食力作苦,召邻豪之欺侵。开放之义不明,则溪口以上各族,断断主仆,天足会难发达矣。畛域之心未化,则里广山左右诸村,抵制茶捐,乡小学费踌躇矣。以土客言交际,则遂棍赣痞口舌兴戎。近时怀桐等人又稍稍有事焉。民教交涉县中不多,而天主、福音各行其道,意见消融。至于满汉问题,则此邦人士咸知亲爱,无事调停。

戊、从教育上观察民情

子、受学者百分之比例

调查户口与调查学龄儿童尚未有效,惟休宁距离东西百数十里,南北数十里,向以三十三都计,兵燹至今元气未复,经劝学所支配为二十四学区,己酉下学期开学上课之校已二十余所。

丑、报纸之销数

官报之派销[3],如《政治报》《学部报》《南洋报》《安徽报》,由县署转发各

---

① 权舆:萌芽;新生。

② 凌轹:欺压;排挤。

③ 派销:用摊派或强制的办法推销。

界;《芜湖报》《汉口报》商界偶一见之。上海之日报如《神州》,如《时报》,如《中外》,如《申报》,如《新闻》,如《舆论》,如《女报》,由屯溪民局寄送者约十分内外,由邮局寄送者约五十分内外。又《东方杂志》《教育杂志》《卫生报》《医报》《国粹报》见于绅学商界者约十分云。

己、从道德上观察民情

子、犯罪以何项为多

诉讼见于堂期,理处先诸绅董,此为争讼,不入犯罪。若贼盗立有专条,赌博列于杂犯,无处无之,居于多数,更若麻雀,已奉明禁。烟馆一律歇业,法本实行,操不过切,过屠之嚼①,亦难更仆。此外,詈骂殴奸与借尸行讹,事虽有而不多云。

丑、自杀之多寡

刚愎激切之气盛于北而衰于南。休宁山深箐密,北隔长江三四百里,采风问俗者类以善良称之、懦弱例之。操刀自杀之风绝无仅有;投水、悬梁视彼加多,或尸属自行棺殓,或地远不闻于官,无数可纪;惟服烟毒一项曾奉抚院白话告示,照例严禁,不意身充刑房之蠹偏利用此假命案以为生涯,且歇原告于其家或代传,呈以成案,百般钩结,虽有神明之宰,鲜不为之眩惑,若辈之秘密主义,以押人为发财之地,以保释为索诈之方,坐视被累者破家鬻产而不之顾,此承办之书吏遇官司幕客不避嫌疑,孰知其祸一至于此哉?故因自杀问题而慨然言之,以供贤明调查。

休宁风俗之习惯

宣统元年调查

休宁王世勋起草

静海刘汝骥审核

---

① 过屠之嚼:比喻心里想而得不到手,只好用不切实际的办法来安慰自己。屠门:肉店。曹植《与吴质书》:"过屠门而大嚼,虽不得肉,贵且快意。"

祭祀

休宁祀事之举行于地方者,典籍载有定礼,官绅以时从事。民间则五祀之外加以扫墓,扬厉铺张①者用猪羊馔碗,用鼓手爆铳,此族人合祭其祖,出于有祀产者,时逢清明一为之,达绅回籍一为之。祠祭则中元、冬至、新正,各随其俗,家中拜祖亦如之,肴必备三牲,蔬必以时宜,如男丁远出,代以妇女,雍雍②将事,风俗以厚。

丧葬

初丧,则将死者换内衣,具路饭,焚冥轿,焚锡箔③,一面报本家亲戚吊哭者至,助冥箔,助丝棉,随人而异。用僧道以诹时④,唤火夫以入殓。而伙夫之抬价讹索,昔有碑禁,今犹蹈弊。入殓之后办回归,逢七请。其棺多用杉木,十合、十二合不等,棺内用布、用棉、用绫纺、石灰亦不等。丧家满四十九日而除灵,穿麻穿白递蓝素而止,剃发从俗,贵贱不改。葬事礼有定期,例禁久厝。蒿目山邱浮厝遍地者,何故?义冢官山丛葬⑤已满,凡有枢者必须买地,一也;买地之难,休宁为最,地主不清,葬后多累,二也;坟地之价主一册二,中资、推印费乃不资,三也;家长之棺,兄弟牵制,一房擅主,众人为难,四也。仅以迷信吉凶目之,犹其浅焉者也。

婚娶

文明结婚以扫去繁文缛节为先,兹揭其陋习以备劝诫。论婚之家先讨八字,必问女子缠足不缠足,缠足信为大姓,不缠足者疑为小姓,一陋也;门户相当,男家无言矣,女家又要求家资之比我好,彼媒妁以虚与委蛇对付之,二陋也;事谐矣,开一礼单送男家去,糜费以二百圆为中数,三陋也;星期⑥既定,聘礼或有不给,媒妁不敢担此任,女家必欲求其盈,虽男家借贷典质而不顾,四陋也;幸而勉强敷用,而花轿鼓吹、头面⑦酒烛,下人之把持,甲头之讨

---

① 扬厉铺张:夸大渲染。

② 雍雍:和洽貌;和乐貌。

③ 锡箔:涂着一层薄锡的纸,做成元宝形,用来给鬼神焚化。

④ 诹时:询问时间。

⑤ 丛葬:谓乱葬的坟场,许多尸体合葬在一起。

⑥ 星期:在中国古代,星期原指农历七月七,牛郎织女相会之日。后亦指男女成婚之日。

⑦ 头面:首饰,头部装饰品。

索,其实数必出于估数之外,几耗中人之产,五陋也;鼓乐喧于门,灯烛辉于室,衣冠集于筵,内有哭声,母不忍舍其女也,外有争吵声,下人索赏封也,主者嗫不作声,旁人圆其说曰:"不哭不发,不争不发",五陋也;醮礼成矣,交拜毕矣,三朝新妇拜谒翁姑,礼也,而闹新人之俗相沿不废,扮弄新奇,伤风败俗,意何取乎? 六陋也;回门甫毕,男家之责备苛求尽入于女母之耳,女母召其婿于内室,礼未行毕,口已开声,曰是云云者而出于若家耶,吾何能堪? 婿但唯唯退,细心不吃,旋设盛席,日晡席罢,母又持女哭而别,七陋也;互接亲家女母赴召而男母不报,于是食赠有责言,三节有责言,始则背诉于戚里,继则面数乎女母,而新人若闻,若不能尽闻,至进退左右俱龃龉,积不能平,男母乃禁儿子省其岳家甚或禁儿子入乃妇房,八陋也。如此成为风俗,皆由女学不兴,家庭教育无人讲习,有心风化者将若之何?

居处

低小之屋或以土为墙,或以草为瓦,四都源瑶、碣源之棚民,以及烧炭、挖栲、种山卜、苞芦者大率类此。不讲光线,仅蔽风雨,床与灶接,人与畜居,或一室一妇也,或十室八室而无二三妇也。店铺栈房但讲门面,街道不开阔则火政未修也,巷路不打扫则清道具文也,弊至病疾大作,人畜两瘟。绅富之家重门深严,似无以上诸弊,而智识尚未通开,惑八宅之东西,配三元之年命①,置水沟、日光、风门于不问,一入夏令湿气熏蒸,床帷为之灌吸暑热。因而乘逞居处之关系,岂不重哉!

服饰

地多灵草木,人尚古衣冠。衣冠之古,乡村甚于街市,一袍也十年不变样,一鞋袜也隔岁不移形。今则窄袖紧身,仿操衣而制袄、呢袍、草帽,恃有表之,可观此风盛于学堂,经商者从而法之矣。绅衿则遍身绮罗,漏卮无算。妇人则竹素②花布,年年花样翻新,然亦城市然也,若抱瓮之妻、剪韭之妇,固我行我志矣。

饮食

以休宁之田济休宁之食,恒患供不敷求。其食皆米也,旱涝一告,绝粒

①年命:年庚,八字。

②竹素:竹帛。

堪虞。戊申水灾之后,米价徐平,盖绅富调剂之力。苞芦、山芋,其收成较籼糯为易,以补民食之不足。茶则娥眉、熙春,为此邦之特产。酒则元陈、四甲,乃土人所自窨。市人一日三餐,而苦者减其一。至药饵糕饼,数难更仆。

岁时

市人重过年,旧岁之胜负若何、东伙之更替若何,皆于岁首定之。四乡商店则夏秋二时尤重,茶成于夏,谷成于秋,茶之价起则乡店获利,谷之熟丰则乡店又获利。端午市停半日,中秋如常,酒食俱备,其丰杀视人数、资本数而异。清明节远归祭扫千人一律,回家过年则百中之一。

乐歌

琴瑟载于诗章,古谱流传解人①难遇。若丁祭之乐歌,在官之吹手其名虽是,其实皆非。近惟休宁城校与各乡校备风琴数具,冷然②一阕,最易陶写③,多力墨拉似即古之七音云。

方言

居山之人唇舌多厚,出音多钝。休宁面积多山,故方言未能普通,率二三十里而一变。流口以上一口音也,小硎以上一口音也,龙湾以上一口音也,与婺祁近,而祁人之鼻音与婺人之唇音皆潜滋浸润于其间;岩脚以上一口音也,休城以上一口音也,与黟太近,而黟人之牙音、太人之喉音胥依稀影响于其际;屯溪以上一口音也,草市以上一口音也,下与歙邑毗连,歙音和平,故屯溪以下略似之。最难解者,屯溪一带水间泛宅浮家④款乃相语,即世居屯溪者闻而不知所谓。今欲求统合之方,非各乡学堂添一国语科不可。

游宴

店伙有嬉工,私塾有节假,学堂有暑假、年假,官吏有不办公之例定日期,通俗以为然也,此为游息之时乎。岩脚有齐云,凤湖有落石,万安有半亭,屯溪有华山,合郡以为胜也,此为游眺之地乎。至若宴会一事,镇与乡

---

① 解人:见事高明,通解理趣的人。

② 冷然:形容声音清越。

③ 陶写:怡悦情性,消愁解闷。

④ 泛宅浮家:指以船为家,借指船户。

殊,贵与贱异。城中面馆两间,菜苦不能适口,惟屯溪紫云馆、得月楼各树一帜,有游客忘归之盛焉。八客之食几费何曾万钱？恕之者曰:"此偶然为之,为嘉宾欢也。"

神道

就乱坛以请汤药,问灵姑以断疾病,在祈祷者之愚已不待赘。吾谓医道不明而神道得以蒙利也,自仙方之说盛行,而华陀建庙于隆阜,吕祖①塑像于华山,马鞍山黑面有灵则扎纸手、纸脚以谢之矣,临溪周宣有灵则焚纸鸡、纸伞以报之矣,牛一发瘟则请神出游以为牛福。吾曾见于阳湖人一致疠,则请神跑马以保平安,吾又见于黎阳,此由医道不明之证据,而僧道之诬说得以乘隙而入。城隍庙之扮鬼会,邑人之相沿也;齐云山之报父母恩,名山之所供奉也。诸如此类,作俑无后!

宗教

休宁有天主堂二、耶稣堂一,其教民彼少于此。释教口诵牟尼而若辈多嗜烟癖赌,道教像奉天师而若辈多茹荤娶妻,二氏之衰其徒自取。果报之说,妇女尤宗。若回回教不吃猪肉,则休邑闻其语未见其人。

休宁绅士办事之习惯

宣统元年调查

休宁王世勋起草

静海刘汝骥审核

甲、属诸人者

子、资格

休宁一邑都三十有三,以在籍人员而襄助官事,则每都一人或三四人,视地方人户多寡而定,是曰"都董",市镇则有"店董"之名,大致由公举,请地

卷十二　法制科

---

①吕祖,本名吕岩,也作吕喦,字洞宾,号纯阳子,世称吕洞宾。因道教全真派奉他为纯阳祖师,故称"吕祖"。他是唐朝人,河中府永乐县人。

方官谕饬。现在《自治章程》已经颁布,应改以前都董不由选举之弊。

丑、责任

都董有调处之责,无裁判之权,以本都事为限制,以户婚田土事为限制,间有邻都兼办者非奉特别谕单不可。是项责任向无一定章程,先事既无研究,临期但知敷衍。新学、新政放弃良多,可慨也。

寅、任免

都董无任免定期,除明犯刑律外,有一举而终身不废者。是其人之贤能矣乎? 核之事实,有然有不然也。如有始勤终怠及改行易操之都董,必斥退另举,其里党指摘确有证据者亦如之。

卯、期限

官吏有期限,办学有期限,而都董独无期限,是规则之未完全也。拟此后按照咨议选举三年一次,或遵照部定《教育会章》两年一次,庶均逸劳而易综核。

辰、功过

向章,都董无记功记过之举,洁身自爱、表率一乡者固有,世家①相授、夤缘②滥竽者亦在所不免,故公益多未振兴,私德又属缺憾。如某董之犯吸烟、某董之疲玩学务,拟自今始先行记过,以观后效,其如何记功,容拟另章。

巳、有给无给

该都捕有给、保有给,每事唤其到场,由事主投钱百六十八文,贪者不拘,刑事另论。董则绅衿耆富,位置既高,排解是任,无所用其给也;路远则备舆夫、供茶点而已,民固不出给也,官亦不予给也;若苞苴③夜贡及事后得财,此不在于有给之列。

乙、属诸事者

子、宗旨

地方应办之事以自治为完全部分,而学务为部分之一,善举为部分之一。晰而言之,屯溪公济局、屯市同仁会、阳湖登善集、万安停榇处、华山惜字会、城中培文惜字会,皆以募有成效、裨益地方为宗旨,此善举范围内也。学务问题,则城校堂长,其宗旨在改良、劝学;总董,其宗旨在普及各乡;校

---

① 世家:泛指世代贵显的家族或大家。

② 夤缘:本指攀附上升,后喻攀附权贵,向上巴结。

③ 苞苴:指馈赠的礼物,也指贿赂。

董,其宗旨在就地筹款以兴乡学,此学务范围内也。至农工商会及警察与地方自治,俟办有成效再志。

丑、权限

都董之权仅查复事实,而张弛损益自有县主,愿认与否自在两造,都董无与,此谓权限。各项善董按照所定规则切实经理之筹款一节,捐户乐从与否,捐户操其权,政体之合宜与否,县主操其权,学务则界限尤明,不敢侵越。

寅、能力

能力以绅士现办各事能否胜任而言。就学务一端言之,总董认真推广,己酉上学期,城乡校有十八处,以视戊申之休宁已四倍之矣;其他劝学员,组织报社、劝学师范,皆能辅之翼之。将来自治机关岂异人任?

卯、秩序

学堂之秩序,则学生服堂长之命令;调查事务所之秩序,则调查员从所长之指挥;民事之秩序,则都图绅董受县主之约束。此公德上事也。至于私德,则家有家长,店有店东,有周道①之率循②焉。

辰、效果

戊申五月,休宁水灾浩大,赖有官赈、义赈、就地赈有加无已,地方终底安谧。南乡渭桥以上田骨被冲,永难种作,为之详请丈豁,而居民不至远徙;粮差作恶多端,经汪昌霈、汪开培等控勒碑禁,而良民不至逋逃;金税二册书贤愚不等,吴国溶等禀陈情形,革弊便民,竖禁碑于大堂,此后卖业推税之户可不受其掯索。若新政种种,则萌芽甫苗、收果从迟云。

巳、有继续力无继续力

休邑急公钱粮,众志成城,历久弗替也;屯溪公济局之善举,财归实用,源源乐输也。此有继续力也。盐局附设之戒烟会,药丸将罄,续捐为难也;万安等处纱厂之亏折,棉纱价贵,出入难敷也。此无继续力也。办事非难,得人为难,于斯益信。

午、规则

休宁官校之初章早为学宪嘉许,泊今生徒共遵守之。其日课③尤注重国文,兼勤写字,星期日在自习室温习,不令出外,此办学之规则也;公济局婴医药棺出入纷纭,所有银钱数目年年刊《征信录》,此劝捐之规则也。至礼

---

① 周道:普遍的道理。

② 率循:遵循;依循。

③ 日课:每日的功课。

教、风俗、政学、新理,不于此论。

未、经费

各都积谷捐,计每担一升也;公济局愿捐,计每日一愿或二三十愿也;各乡学生学费,计每年十元六元以至于不收费也;登善集公积租额,计年有三百余担也;若文会祀产,向不报告者,兹姑从缺。

婺源民情之习惯

宣统元年调查

婺源汪开宗起草

静海刘汝骥审核

甲、从生活上观察民情

子、住居之流动固定

住居之流动固定有二原因:一在地理,一在生计。山居之民多固定,泽居之民多流动,此原于地理者也。沃土之民以怀安而生系累①,则固定多;瘠土之民以困乏而思进取,则流动多,此原于生计者也。婺源山岭重叠,无大川流,就地理论,民情宜固定,迫于生计,遂不得不流动。流动者之经营以木、墨、茶三种实业为多,流动者之分数②,东、北两乡居多,童子垂髫有离父母从乡人走数千里外自营生活者,此商界特色也。近今新学发明,士人亦翻然③有远志,负书担囊,肩背相望。抑间有东渡大和、西赴欧美,以博求新智识者。

丑、共产析产之趋势

九世同居之说,吾国史册著为美谈,有矫情以相仿者矣。若婺民则无之,为父母者,及诸子婚娶毕,即为之析产,令自谋生活,己则传食于子,若汉陆贾故事。道光以前,婺邑商战大竞,家裕户饶,抑未始非析产之效。发逆而后,商业衰颓,十室九空,然析产之风则如故也。

---

① 系累:亦作"系缧""系纍"。拘囿;牵缠。

② 分数:数量。

③ 翻然:迅速转变貌。

寅、食用好尚之方针

婺民素质朴,最可嘉者大腹贾①在外开行栈,毛蓝土布长衫、红青土布马褂、双梁阔头粗布鞋以会客于茶寮酒肆、笙歌罗绮之丛,至今苏松人传为笑话,亦以此重婺商焉。光绪以来此风寖微,邑人之好尚爰分两种:其守旧者必足不出乡关,戮力于农圃以为生者也,否则寒儒下士恐欧风之污人者也;此外盖无人不喜洋货嗜新品矣。昔之婺富而俭,今之婺贫而奢,所出日多,所入日寡,如之,何其能继也?

卯、生产者不生产者之分数

吾国生计问题种种受外人胺削②,而胺削之最酷者莫如鸦片,其它洋货不过攫吾财而已,鸦片则并吾民生产力而胥攫之,此殆中国之通患。而吾婺受患尤巨,下流贫民烟瘾特深,即令如限戒绝,此辈重疾初瘳,断难能力之骤长,非生聚十年,邑之元气何由复也?地既不便交通,民又无大资本,生计萧条,人浮于事。就表面计之,生产者十之八;就里面察之,能完全其生产力者不过八分之三。

乙、从行为上观察民情

子、权利义务之观念

权利与义务相对待者也,邑之大患莫甚于险陂贪狡之夫假义务为名,以行其争权攘利之术。办学堂目的只在争公费,办邮政目的只在拆私函,办警务目的只在扣饷项、肥身家,办工艺、办戒烟目的只在勒索捐款、布置私人。大言以欺众曰:"吾事事能尽义务。"绅董其貌,奴隶其心,紫夺朱,郑乱雅③。履霜冰至④,君子惧焉。

丑、诉讼事之诬实

婺邑民情故敦愿⑤也,比年以来讼事日多,婚姻细故可勒罚千余洋,觞豆⑥微争可牵累数十户。而借学争款、借尸讹财之案更司空见惯。靡月不闻

---

① 大腹贾:旧时称富商。含讥讽意。

② 胺削:剥削、盘剥。

③ 紫夺朱,郑乱雅:典出《论语·阳货第十七》:"子曰:'恶紫之夺朱,恶郑声之乱雅乐,恶利口之覆邦家。'"比喻以邪胜正,以异端乱正理。

④ 履霜冰至:履:踩、踏。踩着霜,就想到结冰的日子就要到来。比喻事态逐渐发展,将有严重后果。语出《周易·坤》:"初六,履霜坚冰至。像曰:履霜坚冰,阴始凝也;驯至其道,至坚冰也。"

⑤ 敦愿:敦厚恭谨。

⑥ 觞豆:此处是"觞酒豆肉"之省。泛指饮食、筵席。觞与豆皆是古代盛酒肴之具。

其巧者勾通丁幕,颠倒贤奸;不疑无兄,乃谓盗嫂①;曾参纯孝,居然杀人②。昔时敦愿之风渐灭殆尽,岂民情生而巧诈欤?实由二三劣绅演出此恶象,使邑人蒙玷也。翁归披籍③而别贞淫,庞参拔薤④而安良懦,是在学道爱人之君子。

寅、婚嫁之年龄

气候与身体有密切关系,故居热带之人婚嫁必早,居寒带之人婚嫁必迟。室家与学业尤有密切关系,故蛮野之国婚嫁多早,文明之国婚嫁多迟。就婺邑经纬度及社会情状计,婚嫁年龄男子应以廿四五岁、女子应以二十岁为适当。乃乡俗联姻多尚同齿,婚嫁期在十七八岁为多。富贵之家配合尤早,未胜舞象⑤,已谱求凰⑥,甫结鸦鬟⑦,辄来雁币⑧,子姓繁而尪羸⑨,强半学殖⑩落而进取难言,职此之由⑪。至乡曲贫民,年逾三十配偶未谐者又在在皆有,其因由经济困难,其果将使户口消灭,此又婺源隐忧,匹夫与有匡正之责者也。

---

① 不疑无兄,乃谓盗嫂:即"无兄盗嫂"。指无中生有的毁谤。典出《汉书》卷46《直不疑传》。

② 曾参纯孝,居然杀人:即"曾参杀人""曾子杀人"。比喻流言可畏。典出《战国策·秦策二》。

③ 翁归披籍:宋郑克《折狱龟鉴》卷5《尹翁归披籍》:"汉尹翁归,为东海太守。郡中吏民贤不肖,及奸邪罪名尽知之。县县各有记籍。自听其政,有急名则少缓之;吏民少解,辄披籍。县县收取黠吏豪民,案致其罪,高至于死。收取人必于秋冬课吏大会中,及出行县,不以无事时。其有所取也,以一警百,吏民皆服,恐惧改行自新。"

④ 庞参拔薤:典出《后汉书》卷51《李陈庞陈桥列传第四十一·庞参传》:"庞参字仲达,河南缑氏人也。初仕郡,未知名,河南尹庞奋见而奇之,举为孝廉,拜左校令。坐法输作若卢。……拜参为汉阳太守。郡人任棠者,有奇节,隐居教授。参到,先候之。棠不与言,但以薤一大本,水一盂,置户屏前,自抱孙儿伏于户下。主簿白以为倨。参思其微意,良久曰:'棠是欲晓太守也。水者,欲吾清也。拔大本薤者,欲吾击强宗也。抱儿当户,欲吾开门恤孤也。'于是叹息而还。参在职,果能抑强助弱,以惠政得民。"后比喻铲除豪强家族,也用来歌颂那些能除暴安良的官吏。

⑤ 舞象:《礼记·内则》:"成童,舞象,学射御。"《疏》曰:"成童,谓十五以上;舞象,谓舞武也。熊氏云:'谓用舞象干戈之小舞也。'"也就是以上战场了。后用"舞象"指男子成童。

⑥ 求凰:即凤求凰。指求偶。《凤求凰》传说是汉代文学家司马相如的古琴曲,演绎了司马相如与卓文君的爱情故事。

⑦ 鸦鬟:即"丫鬟",色黑如鸦的丫形发髻。后借指少女。

⑧ 雁币:雁与币帛。古时用为聘问或婚嫁时之聘仪。古婚礼分纳采、问名、纳吉、纳征、请期、亲迎等六礼。纳征用币,其余用雁。

⑨ 尪羸:亦作"尪赢"。指瘦弱或身体虚弱。

⑩ 学殖:《左传·昭公十八年》:"夫学,殖也;不殖将落。"杜预注:"殖,生长也;言学之进德,如农之殖苗,日新日益。"原指学问的积累增进,后泛指学业、学问。

⑪ 职此之由:当是这个缘故。

卯、溺女之有无

痛哉,中国有溺女之俗也!其残酷较黑种之杀人以祭、红种之猎人以食,殆尤过之!揆厥由来,近因在生计艰难,远因则在女职旷废,生发未燥①即针其耳,缠其跌,防闲②其出入,学问艺术皆不得与男子同。贫民遂以女子为耗食累人之物,方生而致死之,其忍可恶,其愚抑可矜矣!婺民溺女者尚罕,然弃女则时有之,窭人女艰于抚字③,往往乘夜绷褓挂富家门环,或置市面屠案。见者即出为倡捐洋银数元给乳养者领去,再就邻近劝捐若干作常年哺乳之资,领袖者一年看验一次。养成或为择偶,或即以配其子若孙,领袖者例不干预;若卖为婢妾,则得出而禁止。然从未闻有鬻养女为婢妾者,此尚足征吾邑风气之厚。

丙、从成绩上观察民情

子、职业趋重之点

婺自朱子后,政界学界代有伟人,乡人荣之。生子皆欲读书,必不堪造就者始遣之从事商途,若农若工则更厌弃鄙夷。惟寄迹市廛、挂名庠序者比比焉,生利日寡,分利日多,经济困难实由于此。我邑冈峦重叠,其民精神坚忍,窃谓严樵采之禁则林业可兴,辟风水之谬则矿业可兴,组织公司、优奖艺徒则工业商业可兴。易曰:"穷则变,变则通。"因素喜读书之习而利用之,令读书者皆舍空文而注重实业,我邑其可量乎?

丑、制造之品类

婺邑制造以茶墨二者为特色。墨销售遍国中,制造最精亦最宏。茶则焙法、花样陈陈相因④,亟宜研究新法以求优胜地步。他如莒根山之纸、朱村之草纸、洪源之火纸、源口玉坦之皮纸,皆取材植物,各具匠心,然出数有限,销路未畅,究不足言纸业。若夫龙尾之砚、中云之雨伞、甲道巡检司之油纸、山坑之火爆、思口宋家之铜锁,精且良矣,业此者寥寥,未能输入外埠,识者惜之。

---

① 生发未燥:胎发未干。因以指孩童之时。

② 防闲:防,堤也,用于制水;闲,圈栏也,用于制兽。引申为防备和禁阻。

③ 抚字:抚养。

④ 陈陈相因:比喻因袭陈旧,缺乏创新。

丁、从团体上观察民情

子、集会结社之目的

婺邑社会有以一邑为范围者,有以一乡一村为范围者。紫阳学社目的在辅助官治,文庙灯会目的在庄严祀事,劝学所目的在普及教育,自治研究所目的在讨论公益,物产分会目的在宏奖实业,统计分会目的在调查庶物,不缠足会目的在改良闺范,皆以一邑为范围者也。城乡之集善局以慈善为目的,水龙会、水筹会以拯火灾为目的,各乡文会以观摩文艺为目兮【的】,青苗会以保护农林为目的,桥会、路会以便行人备水患为目的,皆以一乡一村为范围者也。惜风气未开,以私人集资结社为教育、政治、实业上之研究者寂然罕闻,而敛费酬神若同年会、戏会、土地会、社会、灶会、胡帅会、李帅会等,则不一而足。其尤著者如城乡之四月八会、东乡汪口之三宝仙会、北乡清华之端阳会、南乡中云之重阳会,演戏至十余日,糜费至数百金。竭可惜之脂膏,以媚无知之土木,已属大愚。尤可恶者,会场一开,赌局林立,奸人倚为利薮,荡子因而破家,邑尹悬禁赌之示,而书役巧借以抽头,营佐借弹压为名,而赌棍例有所馈献,伤风败俗,为害不可殚述。此俗不革,婺邑名誉减损多矣!

丑、交际间之状况

婺邑交际占大部分者有数端:一为对于外人。自董门建天主教堂,邑遂有白种人足迹,奸民借奉教为护符欺压乡里,邑人只有文明之争,绝无冲突之举。久之,司铎嘉居民平恕,严斥教徒之凶横者,民教遂至今相安。此与外人交际之颠末也。一为对于旅民。婺与江西之浮梁、乐平、德兴、浙江之开化等县,皆犬牙相错,邑人不注意工艺,故江西工民多佣食其间,其人性多粗犷,稍不如意辄呶呶[1]忿詈[2],而婺人处之淡然。又婺水直接乐河,乐邑沿河村氓争运货、争赁纤,时有要挟婺舟、阻截河道之暴动,而乐邑船户屯聚婺埠者,居人从不欺侵。至若商界旅婺者,布业有黟帮,盐业、酱业有休宁帮,烟业、丝业有泾帮,其人皆极和平,主客尤无窒碍。此与旅民交际之情状也。若夫豪强武断乡曲,劣绅把持官司,衙役欺赚村氓,奸商吞噬债项,虽或有之,必不逭于公论,直道其犹未泯已。

---

① 呶呶:多言;喋喋不休。
② 忿詈:气愤,愤怒。

戊、从教育上观察民情

子、受学者百分之比例

婺邑，女界多不识字，男界则喜读书。畴习【昔】科学【举】未停，应童子试者千余人，数家村落必有蒙塾。赣省名士舒梦兰《游婺纪事诗》云："最喜晚春风日好，采茶娘子听书声。"盖实录也。据光绪三十四年劝学所报告，公私学堂共五十八处，男女学生只一千四百零八名。然如城西明伦小学校生徒廿余人，而报告称五十五人，则人数容有未实，各处私塾未列报告者尚多。以昔日受学者之数相比例，殊觉衰耗已甚，风气未开欤，抑办法未善也。姑就识字人数约计之，男界百分之七，女界百分之一。

丑、报纸之销数

我婺地僻民贫，阅报者鲜。前创设阅报社一处，未匝岁①中辍。邮局又玩懈异常，故四乡有商业在外者多不由邑邮递送。惟《时报》二份、《神州日报》三份、《汇报》二份、《新闻报》《中外日报》各一份而已。至若《外交报》，各种官报，除县署外无人购阅。购报如此其少，递报如彼其艰，宜邑人故见自封，全无世界思想也。

己、从道德上观察民情

子、犯罪以何项为最多

有已受官府逮治之罪，有未受官府逮治而影响及于风俗之罪。小人失意不足以败风俗也，不幸小人得意，包揽词讼，而长吏延为上宾，斁坏伦常，而雄狐②列于冠带，乡民私心自忖，以为彼上流人物尚作奸犯科、不畏人言，吾侪小人又何诛焉。则社会之行为不堪问矣。呜呼！庆封富而易内之风开③，叔鱼尊而鬻狱之门启④，谁为作俑？不得不叹息痛恨于二三小人矣。硁硁⑤自好之彦，力挽狂澜且遭排击而不敢与争，吾深为地方自治前途危也。

----

① 匝岁：满一年。

② 雄狐：雄性的狐狸。多借指好色乱伦之徒。古人用以讽刺淫邪的君臣。

③ 庆封富而易内之风开：《左传·襄公二十八年》："齐庆封好田而耆酒，与庆舍政，则以其内实迁于卢蒲嫳氏，易内而饮酒。"庆封（？—前538），春秋时齐国大夫。字子家，又字季。易内：互换妻妾。

④ 叔鱼尊而鬻狱之门启：《左传·昭公十四年》："鲋也鬻狱，邢侯专杀，其罪一也。"羊舌鲋，一名叔鲋，字叔鱼，春秋时期晋国贵族，是第一个被以"墨"（贪污）罪论处、杀头示众的人。鬻狱：受贿而枉断官司。

⑤ 硁硁：形容一个人见识浅薄又非常固执的样子。

五、自杀之多寡

婺源民气宽柔,自杀者罕。然投水服毒,间见之于弱妇人,非妇人刚于男子也,其蹈此者或因有所忿(如夫妻反目、翁姑诟谇①之类),或因有所愧(如私隐被家人觉察或外人讦发),或因有所慑(如被豪强诬压,冤抑不能自伸),此皆女界无学使然,他日教育溥及,必无等性命于鸿毛、以细故而捐生者。

婺源风俗之习惯

宣统元年调查

婺源汪镜芙起草

静海刘汝骥审核

祭祀

婺邑为朱子父母之邦,又得江慎修②、汪双池③两先生起而继之,故礼教尤为修明。风俗最重祖庙,数家村落皆建祠以祀其先人,祠分大宗、支宗,主祭之人有以嫡为贵者,有以齿为贵者,有以爵为贵者,盖大宗、小宗之法亡,别子④、继别之序紊,遂缘人情以定制也。祭之疏数⑤无定,清明、冬至、始祖

---

① 诟谇:辱骂。

② 江慎修,即江永(1681—1762),字慎修,又字慎斋,徽州婺源人。清代著名经学家、音韵学家、天文学家和数学家,皖派经学创始人。生员出身,晚年入贡。博通古今,尤长于考据之学,深究《三礼》,撰《周礼疑义举要》颇有创见。于音韵、乐律、天文、地理均有研究,著述甚多,《四库全书》收其所著书至十余部。戴震、程瑶田、金榜等皆其弟子。

③ 汪双池,即汪绂(1692—1759),初名烜,字灿人,号双池,又号重生,徽州婺源人。博综儒经,以宋五子为归,著述颇富。晚年之闽中,馆枫岭、浦城间。少时家贫,佣于江西景德镇为画碗之役。所绘山水、人物、花鸟,精细适异聚工,惜无款识,人罕知之。卒年六十八。

④ 别子:即庶子。古代宗法制度称诸侯嫡长子以外之子为"别子"。别子的后代以别子为祖先。《礼记·大传》:"别子为祖,继别为宗。继祢者为小宗。……有百世不迁之宗,有五世则迁之宗。百世不迁者,别子之后也。宗其继……高祖者,五世则迁者也。"继别:谓继承别子位置的后代,就是别子的嫡长子孙。

⑤ 疏数:稀少和频繁。

诞辰，无不肃然孝享，其它岁时荐新①及因事致告，则不于庙而于寝②。俗少墓祭③，但岁除④必荐青精之饭⑤，寒食⑥必标白打⑦之钱，祭祀之品节，以《文公家礼》为宗，五乡大都相似。

丧葬

婺俗丧葬，士大夫家犹有礼意之存。人子遭丧，一切绞衾⑧、衿冒、棺椁与夫衰麻⑨之等、哭泣之节、饘粥⑩之食、祭奠之期，皆有治丧者为之戒备。欲荣其亲者，则请贵人题主；欲存其亲者，则请文士志墓。五乡风气大略相同。至若迷信风水，顾忌时日，小数经年停丧不葬，或厝诸浅土，致为盗贼所发。素封之家往往供佛饭僧为亲忏悔，丧祭之日，多招吹手拟金伐鼓若演剧，然俱非美俗，此则急宜整顿者也。

婚嫁

婚礼尚门阀，齐年齿下达之后，六礼必备，无论贫富，皆有其文。男女大约以十八九为期，及期，婿家彩舆往迎，妇至，婿揖以入。两家均用鼓乐，冠裳、环佩照耀门庭。城中为冠盖之地，东北多富商，尚奢华，西南较俭陋。近来业茶者多，亦有渐趋于靡之势。惟女学未能发达，妇人有为争夤从、争礼数致当婚嫁而不婚嫁者。乡曲贫民子息⑪既多，必乳养媳妇，或子未生而先抱媳，皆由于此。

---

① 荐新：以时鲜的食品祭献。《仪礼·既夕礼》："朔月，若荐新，则不馈于下室。"《礼记·檀弓上》："有荐新，如朔奠。"孔颖达疏："荐新，谓未葬中间得新味而荐亡者。"

② 寝：宗庙中藏祖先衣冠的后殿。

③ 墓祭：在坟墓前祭祀；也指扫墓。

④ 岁除：年终的一天；除夕。

⑤ 青精之饭：又称乌米饭，用糯米染乌饭树之汁煮成的饭，颜色乌青。为寒食节的食品之一。

⑥ 寒食：即寒食节，亦称"禁烟节""冷节""百五节"。清明节的前一天，禁烟火，只吃冷食，故叫"寒食节"。后逐渐增加了祭扫、踏青、秋千、蹴鞠、牵勾、斗鸡等风俗。寒食节前后绵延两千余年，曾被称为民间第一大祭日。

⑦ 白打：亦称"角拳""徒搏"，即赤手空拳的搏斗。唐代诗人王建云："寒食内人尝白打，库中先散与金钱"，即言寒食节时，县府会聘能搏击之人表演白打。

⑧ 绞衾：入敛时裹束尸体的束带和衾被。

⑨ 衰麻：丧服，衰衣麻绖。衰：古代用粗麻布制成的毛边丧服。绖：古代用麻做的丧带，在头上为首绖，在腰为腰绖。

⑩ 饘粥：亦作"饘鬻"。稀饭。

⑪ 子息：子嗣，儿子。

居处

婺为万山丛薄之区,地主闭藏,人之生其间者性情同之,居处亦复相类。居室之制,大都三间四合,缭以周墙;有深奥而无开敞,此通病也。乾嘉之间,五乡富庶,楼台拔地,栋宇连云;兵燹以来,壮丽之居一朝颓尽,败垣破瓦,满目萧然。承平四五十载,元气卒不可复,生计既极艰难,商贾迥不如前,而十匠九柯,工价又数倍曩昔,居斯室者但得甋砖①作障、莞葭②为墙足矣,亦可慨也。

服饰

变服而移赵俗,乃成并翟之谋③;被发而祭伊川,早著为戎之兆④。服饰非细事也。婺邑二十年前,服饰崇朴素,富商大贾往来江淮、吴越间,皆穿土布衫,虽茶寮酒肆之中、楚舞吴歌之地,莫不称为婺源朝奉;女亦钗荆裙布,不以金银珠翠为华。近各国通商,多染外洋习气,城中短衣窄裤,几于在谷满谷,在坑满坑⑤;女子亦穿长衫,不着下裳,风气大变;又有少年子弟,剪发作流海圈,殊非雅尚。东北与城乡相埒,惟西南地邻乐邑,尚多宽袍大袖,不达时变之人民。

饮食

婺为山麓之区,土瘠而硗,犁仅一尺,计一岁所入仅供四月之粮。岭以北取足于休宁,岭南则仰给于江右,饥馑凶年,有采蕨薇⑥以食者。城中皆米食,不喜杂粮;乡间东北多山,贫民种玉蜀黍作饼食;西南高田,种粟麦以充饔飧。就目前米价言,凿【高】者一石计洋三元七八角,低者三元三四角不等。此米之大较也。盐食浙产,以贫故无盐商,惟挑负踰岭,价溢而劳倍,向

---

① 甋砖:狭长的砖。

② 莞葭:莞草和芦苇编的席子。莞:莎草科多年生草本植物,俗名"水葱""席子草";也指用其编的席子。葭:初生的芦苇。

③ 变服而移赵俗,乃成并翟之谋:指战国时赵国武灵王胡服骑射之事。

④ 被发而祭伊川,早著为戎之兆:典出《左传》僖公二十二年:"初,平王之东迁也,辛有适伊川,见被发而祭于野者,曰:'不及百年,此其戎乎? 其礼先亡矣。'秋,秦晋迁陆浑之戎于伊川。"

⑤ 在谷满谷,在坑满坑:奏乐时声音遍及各处,比喻道的无所不在。后形容人物众多。典出《庄子·天运》:"吾又奏之以阴阳之和,烛之以日月之明;其声能短能长,能柔能刚;变化齐一,不主故常;在谷满谷,在坑满坑。"

⑥ 蕨薇:蕨与薇均为山菜,连用以指代野蔬。

年每斤钱四五十文,近则三倍之,故村氓多淡食。酒取之于江西乐平县,本邑无烧锅蹦曲之事。近加倍抽捐,计通邑不过二十余万人,而捐洋至八九千之数,酒价因以大昂。其他猪、鱼、鸡、面、豆诸食物,皆从江西运来。出品惟茶为大宗,东方一明,群口嗷嗷,朝饔夕飧①,惟邻省是赖。不幸有方千里之旱,卒然边境有急,关于民之生命者甚大,将何以图之?

岁时

岁时者,天之所同也。而习惯则视乎其人其地。采兰上巳,郑俗之所以淫;祭韭②良辰,豳风之所以正。在上者不可无调剂之功焉。婺邑岁时习惯,其成为通俗者,如立春荐生菜,元夜放花灯,清明插柳,端阳插艾,苋菜出荐新,嘉谷熟荐新,小除夕祭灶,除夕祭土地,均与《荆楚岁时记》无殊。其中可嘉者,若正月元辰③,长幼入祠,以齿为序,交相揖拜,名曰"团拜",拜毕饮酒,犹见燕毛④之遗。清明之上冢挂钱,腊月之上冢点灯,犹见追远之意,俱为美俗。若三月三、四月八、五月端午、九月重阳之醵钱演戏,既属妄费,且有借此以开场聚赌者,实为风俗之忧。

乐歌

自朝廷不采风,里巷歌谣久矣不作。间有士夫讴吟⑤之暇,寻声制曲,可以被之管弦,如先儒汪双池所订琴谱已见流传,然曲高和寡,解者寥寥。世俗之乐不过鼓吹而已,皆卑贱工人为之。祭祀所用多属俗调,惟北乡有工歌《鹿鸣》之三,东乡有序其祖宗功德令童子歌唱者,风犹近古。婚丧则皆用鼓乐。《传》称审乐⑥以知政,乐之正哇⑦关于时之理乱。固难言矣。

---

① 朝饔夕飧:指才疏力薄,除吃饭外别无所能。

② 祭韭:古代以韭祭献。《续资治通鉴·宋太宗淳化三年》:"辛酉,令有司以二月开冰,献羔祭韭。"

③ 元辰:吉利的时辰。

④ 燕毛:古代祭祀后宴饮时,以须发颜色别长幼坐次,须发白年长者居上位。《礼记·中庸》:"燕毛,所以序齿也。"郑玄注:"燕,谓既祭而燕也。燕以发色为坐。"朱熹集注:"燕毛,祭毕而燕,则以毛发之色别长幼,为坐次也。齿,年数也。"后泛指宴饮时年长者居上位的礼节。

⑤ 讴吟:歌唱吟咏。

⑥ 审乐:审辨乐曲。《礼记·乐记》:"是故审声以知音,审音以知乐,审乐以知政,而治道备矣。"

⑦ 哇:靡靡之音。

方言

婺无广漠大野,可以穷人一览,其居处大抵冈峦重叠、溪涧迂回,其民又大半深居简出,故言语不通,五乡各异。有同邑之人相语不辨谁何者,惟往来通都大邑之人能操官音与人浃洽。近日教育家欲于学堂中添官话一门,使童子童而习之,一遇交涉不至箝口结舌,同于坐忘,是亦当务之急也。不然,参军①而作蛮语,其不惹人轩渠②几希③矣。

游宴

婺当嘉庆、道光之间,人文极盛,故诗酒之宴往来无虚日,琴书千里,鸡黍一樽,题名碧落④之间,寄兴青泥之上,其见于文集者犹令人向往。深之其民间,亦复饮蜡⑤祈年,吹豳上寿⑥,春酒年羹,熙熙然有承平象焉。今四民皆困穷,孜孜谋利之不暇,其劣者又惟嗜赌嗜烟,终日群居,更无复雅人深致⑦,亲朋庆贺不过循例招邀而已,不足语游宴也。

神道

观之象辞曰:"圣人以神道设教,而天下服矣。"此岂有迹象之可言哉?世俗之神道愈多,圣人之神道愈晦。即如我婺其所奉为神道者亦至夥矣,若元帝,若关帝,若汪王、周王,若观音、地藏,其为名不一,皆所谓神也;若朝香,若建醮,若度孤,若斋,若忏,其为事不一,皆所以事神也。近日斋教⑧盛行,不时聚徒开堂拜佛。休宁齐云山住持负元帝像到处蹂躏,名曰"圆经",

①参军:指参军戏中的参军角色。参军戏原称"弄参军",流行于唐宋时的一种表演形式。主要由参军、苍鹘两个角色作滑稽的对话和表演,以讽刺时政或社会现象。

②轩渠:笑貌。

③几希:极少。

④碧落:道家称东方第一层天,碧霞满空,叫做"碧落"。后来泛指天空、青天。

⑤饮蜡:岁末蜡祭后会饮。

⑥上寿:祝寿。

⑦深致:深远的意味、情趣。

⑧斋教:亦称"白衣佛教""持斋宗""老官斋教""斋门"等。以佛教为主博采其他信仰而形成的中国民间宗教组织。一般认为源自五代两宋时期的"明教",在演化过程中又吸取了"罗教""白莲教"的某些教理、戒规和组织形式,明清时期主要流行于闽、浙、赣、台等地区。提倡儒、释、道三教同源,崇奉弥勒菩萨,称之为"无极圣祖"。其教堂称为"斋堂",不设寺院。入教者以"普"字为法名,教众统称"老斋"。明清时农民起义,时有以此教为号召和组织者。

愚夫、愚妇无不卑躬屈膝,一若有五通[1]十殿[2]之鉴。观其旁者,问以卑屈之由,曾不足当智者一映[3]。以有用之金钱奉无情之土木,有心世道者窃为病之。

宗教

婺邑沐紫阳夫子遗泽,士夫信道甚笃,绝不为奇邪所淆乱。所谓佛与道者,其徒党甚希。天主教自西乡董门竖造教堂始,一时势焰极盛,奉其教者实繁有徒,其人皆下流社会未受教育之人,不久将渐就衰微。

婺源绅士办事之习惯

宣统元年调查

婺源董晋璧起草

静海刘汝骥审核

甲、属诸人者

子、资格

婺邑历年办事之人多选于世职、乡宦、举贡、生员,择其老成公正者充之,被举者亦多廉洁自爱,以保守名誉为方针。至阴险谄媚之徒,奔走要津,武断营私,此虽具有资格如无资格,士林羞之。

丑、责任

凡办一事,有一事之责任。共有之责任如办选举之管理员、监察员,办统计之调查长、调查员之类是也;独有之责任如劝学所专理学务,巡警局专理警务,毛茶捐局专理捐务之类是也。婺邑士绅对于应尽责任,力为担负者尚不乏人。

寅、任免

本年邑人士之被举任事者,如紫阳学社司理二,毛茶捐局经收二,高等

---

① 五通:即五通神,又称五郎神,是横行乡野、淫人妻女的妖鬼,因专事奸恶,又称五猖神。人们祀之是为免患得福,福来生财。遂作财神祭之。五通神以偶像形式在江南广受庙祀。

② 十殿:佛教谓主管地狱的十王所居的宫殿。此处借指"十殿阎罗",即阎罗王。

③ 一映:轻轻一吹的声音。

小学堂堂长一、收支一,选举事务所所长三,巡警局管理员一,此地方公举之人,必任满而后免者也。办统计处人员,办工艺局人员,办禁烟局人员,此地方官所任之人,亦必任满而后免者也。凡办地方事者,除法定任免外,或自行辞职、公同斥退,皆秉于公论,难行其私。

卯、期限

绅士任事有宜于久者,如学务堂长,不久必无成效也;有不宜于久者,如收支会计,过久恐为弊薮也。高等小校堂长每乡轮充一年,殊为未善,现拟以四年毕业期为限,限满再行公举,或连任,或另选,仍限以四年为期。各初等小学校长亦如之。其余管理收支者则一年一换,既免偏劳,亦无丛弊。

辰、功过

以本邑人办本邑事,但求免过,遑敢言功。若强以功过分之,则当以有无成绩为据。西乡许村许源独力捐资六千元立高等小学,北乡石佛俞国桢独力捐资一千元立初等小学,现由劝学所禀请奖励,皆学界之所谓功者也。若前之办巡警、办选举者,情形不同,皆糜费过巨,过亦难辞。

巳、有给无给

娄绅办事向多有给,给皆从廉,如高等小学堂长、学社司理均月薪十二元,视学员及高等小学庶务、学社收支均月薪十元,毛茶捐局经收二人,每年每人薪水百元、膳费二十五元,皆有给也,皆从廉也。若殷实董事之兼理众事者,如一村公产、一姓祠租,多无薪水,各乡小学管理员亦多无薪水,然以无薪水之故,遇事延宕不可究诘,甚至阳受美名,阴图厚利,无给之取给弊尤无穷,何如?有给之尚有限制乎,若徒以无给为高也,则向来衙署之稿案①、钱漕②、差门③各门丁,非皆无给者耶?

乙、属诸事者

子、宗旨

宗旨者,办事主张之意也。劝学所则劝办小学,以期普及也;警察局则对于地方维持安宁,排除危害也;自治公所则以筹办实行自治,裨助官治,增进公益也;女子小学堂则以养成女子之德操、智能,留意使身体发育也;劝导不缠足会则遵照集会定章,不涉他事,以解脱缠足之苦厄,谋婚嫁之便益

---

① 稿案:清代地方官署中管理收发公文的低级人员。

② 钱漕:即钱粮。因税米多漕运到京,故称。

③ 差门:听候差遣的门子。

也。此皆宗旨之宜实行者也。婺邑各事虽有其名,难副其实。

丑、权限

今日诟病时政之细人①鳃鳃过虑②,不曰"绅权膨胀",则曰"绅权日张",一似③无从限制也者,庸讵④知其大谬不然耶?今之廉洁自爱者,吾惟虑其不与外事耳,非甚不肖,亦何至不守权限乎?其有结党营私、抗玩官府者,此劣绅牟利之行为。开口闭口曰"官权当尊,官权当尊",考其实际,遇词讼等事,某官厚我之声,到处招摇,不逢犀照,未易知此谦恭下气之人,内容乃尔尔⑤也。今欲权限分明,以为自治基础,当毋堕入奸人之术中。

寅、能力

婺之办事有能力者,大都厌新喜故,以不屑办事为高。否则敷衍存心,牢不可破,一二志士中流砥柱,能力几穷。如办学务,则庸儒诟病,宵小乘机托名义务,黑白混淆,此学务能力未易言者也;如办宪政,则选举事务所事属创闻⑥,人皆疑惧,初则财产匿不实报,继则投票畏不肯来,乃至一事务所费洋六百余元,十区区费、肩舆费、复选旅费又用洋一千二百数十元,縻费之多,骇人听视,此宪政能力之未易言者也。如谓朝奉一谕,暮挂一牌,饰一外观,便为办一正事,一胥吏优为之矣。讵知子衿⑦佻达⑧,精力久疲,局所空存,榛芜不治,名为有种种之能力,实则无一种之能力。

卯、秩序

婺事之有秩序者,以城乡集善局为最。发起人捐资提倡,赞助人协力维持,手续几经⑨,规模乃具。其助育婴、种牛痘、收字纸、救火灾、施棺木种种慈善之举,皆能按序实行。此后维持而推广之,则自治之基础立矣。

辰、效果

城厢程、董、汪、王四姓小学同于丁未年开办,比较成绩,初年则汪校居殿⑩,旧今两载力求美善,已并驾而齐驱矣;东乡江湾小学、北乡山坑小学亦

---

① 细人:见识短浅之人。

② 鳃鳃过虑:形容过于忧虑和恐惧的样子。鳃鳃:恐惧的样子。

③ 一似:一如;好像。

④ 庸讵:又作"庸遽"。岂;何以;怎么。

⑤ 尔尔:表示应答的词,相当于"是是"。

⑥ 创闻:犹罕闻,罕见。

⑦ 子衿:你的衣领,最早指女子对心上人的爱称,后来指对知识分子、文人贤士的雅称。

⑧ 佻达:轻薄放荡;轻浮;挑逗。

⑨ 几经:经过许多次。

⑩ 殿:排列在最后。

"两美"并称。此教育之效果也。城内同善路局,造路通沟,时有进步;东乡谭公岭工程,募资重新,行旅便之。此又道路工程之效果也。他如卫生之不讲求,农工之不振作,积谷义仓之尠①实惠,巡警邮政之存空名,以云效果,尚待将来。

巳、有继续力无继续力

婺沐紫阳遗泽,于名教公益之事最易集合。如紫阳学社,名宦、乡贤、昭忠、节孝等祠,如各姓宗祠,经理维持皆历久不懈;士商旅外者有会馆以联乡谊、善堂以归旅榇,睠怀桑梓,厚意殷拳。由是观之,婺人固富于继续力矣。其无继续力者,则皆奉官命之所立者也。如因利局②之戒烟,如惠民局之栽桑,如积谷仓之备荒,当时似有似无,官去则竟废之,此岂办事者之咎耶?

午、规则

局、所、学堂本不能兼及之事,近则一人手揽之,为祖护私人之计,地方人士啧有烦言。而彼所办之局、所、学堂报告成绩,于上台仍独称完善,如斯模范,流弊奚穷?玩法舞文③诚达极点,仅自规则之表面观之,诚不足据也。

未、经费

婺邑地方公费恃毛茶捐为大宗,城东高等小校每年提拨洋二千五百元,巡警局每年提拨洋一千二百五十元,巡警教习每年提拨薪膳银一百二十两,修造文公庙每年提拨洋五百元,教堂赔款每年解缴洋一千五百元,劝学所每年请拨洋五百元。近年商情日困,生计日艰,劝学所禀定之款两年均未能拨足,地方公费日形支绌矣。紫阳学社及各姓各都教育费,出于茶者十之七,出于租者十之三,每年通计约洋数千元,又皆有绌无赢,尚须补助。本年创办城厢工艺局,县署捐廉百元以为之倡,现在城厢户口捐及铺捐每月约收钱八十余千文,罗掘之力可谓已穷。设令此后加抽地方税,势必酿事,虽有智者无可为借箸之筹,此地方财力万分困难之现象也。查婺邑茶、木、肉三项捐,岁收钱六百千解作郡垣警费,现准免解,专作本县教练所之用。又查元年七月十四日,新任县魏令正鸿在紫阳学社开会,慨然允拨丁粮赢余八百洋,归统计处公用,婺之士绅咸致颂词焉。

---

① 尠:同"鲜"。甚少。

② 因利局:清末设立的慈善机构之一。以救济贫民,贷放数额很小的营业资金助贫民谋生为目的。

③ 玩法舞文:歪曲法律条文,舞弊徇私。

祁门民情之习惯

宣统元年调查

祁门方振均起草

静海刘汝骥审核

甲、从生活上观察民情

子、住居之流动固定

祁门近城一都,居民大半经商赣、浙、沪、汉诸地。东乡向分内外,类营商在外又游宦者多,故住居多流动。南乡、西乡民情最古。北乡农家者流,只知稼穑,不务诗书,故住居多固定。近有不避险阻,远游万里之外者,此亦民情变易之一证。

丑、共产析产之趋势

贫窭之家以多男而累,富厚之家甚至兄弟构讼、较及锱铢,故共产者少而析产者较多。

寅、食用好尚之方针

旧志:"家居务俭啬,茹淡,操作日①再食,食惟馇粥,客至不为黍,不畜乘马,不畜鹅鹜,贫窭数月不见鱼肉。"②此昔日之俭约也。近今民风稍奢,喜用洋货,惟城一都为最,西、南两乡茶业最盛,北乡无大宗出产,而好尚亦喜新奇。至各乡佃民,多购土货,犹有羲皇之遗风焉。

卯、生产不生产之分数

城一都东乡居民大率以经商为生产,西、南、北各乡居民大率以种植为生产,就一邑而统计之,为士者约十分之一,为工商者约十分之二,为农者约十分之五,其不生产者约及二分。

乙、从行为上观察民情

子、权利义务之观念

祁绅办事尽义务者较多。近日一二少年误会"权利"二字,未办一事先

---

① 操作日:农忙时节。操作:劳动。

② 此段引言原为同治《祁门县志》引"康熙旧志"内容,"操作日再食"当为"操作日再食或三食"。见同治《祁门县志》卷5《舆地志五·风俗》。

行科派,似与"义务""权利"真解尚未分明。

丑、诉讼事之诬实

讼事以山墓田宅为多,事起渺忽,滋蔓不休,理直者虽居多数,被诬受累者似亦不少。就三十三年而论,田土钱债、口角细故等案共五十起,内原直被曲十二,原曲被直六,中息十,原被平十七,注销二,未结二,两两比较,控情实者占十分之二,诬者占十分之一。

寅、婚嫁之年龄

富厚之家往往男未及冠、女未及笄即议婚嫁,筋力①未强,疾病丛生,积习相沿,殊难骤化。

卯、溺女之有无

旧志:"山限壤隔,民不染他俗。"女子贞洁不淫佚。虽饥馑之年,从无抛弃骨肉之事。溺女之风向来所无,至贫民无力抚养,间有寄人养育称为义女者。

丙、从成绩上观察民情

子、职业趋重之点

祁田高亢,快牛利锄不得用,入甚薄,岁褙粉蕨葛佐食,故乡民趋重在农。天将曙,举家爨火,致力于山场。此外以植茶为大宗,东乡绿茶得利最厚,西乡红茶出产甚丰,皆运售浔、汉、沪、港等处。

丑、制造之品类

祁民性椎鲁②,无机巧③制造,惟东乡土坑、张岭脚等处制造磁土运往景德镇,此为祁邑之特产。此外,西乡制土布、冯家窟制斗笠、七里桥制油纸,南乡栗树坦、董家湾、溶口、卢溪等处制造本河小船及竹簰,东乡仙洞源制日用竹器、北路芝溪造皮纸,皆非大宗出品也。至乡妇编稻草鞋,无乡无之。

丁、从团体上观察民情

子、集会结社之目的

自集会结社之说兴,民始知有团结之义。商会、物产会现在组织,统计学会现在举行,总以开民智、谋公益为目的。关帝、土地、中元、灶社等会,名

---

① 筋力:筋骨之力。
② 椎鲁:愚钝,鲁钝。
③ 机巧:机智巧妙的。

目①事本报赛②,迹近迷信,行之已四五百年,亦难骤加禁止。

丑、交际间之状况

祁邑扃万山,土弱客强,因此缠讼者有之,所幸婚姻联合,相习既久,交际均有感情。至于民教之交际,近数年来洋人罕至,渐亦相安。

戊、从教育上观察民情

子、受学者百分之比例

祁处偏隅,素瘠苦,蒙童入学随处皆然,惟城阉与乡曲微有不同,大约士商子弟受学者约居十分之九,农工子弟受学者不过十之三四。

丑、报纸之销数

祁虽山邑,向喜阅《京报》③、阁钞④,自沪上报馆接踵而起,购阅者亦渐多。就所查悉者,除县学两署及城乡各学堂外,城内销报十四家:东乡浒溪销报两家,南乡平里、鳙溪等处销报六家,西乡历口、闪里等处销报四家,北乡善和等处销报两家。

己、从道德上观察民情

子、犯罪以何项为最多

祁民畏法律,旧志载"无巨恶大憨⑤"是其明证。地处万山,争山业而斗殴者居多。西、南两乡江右游民勾结为患,赌博一项亦复不少,若奸拐盗案本不常见。

丑、自杀之多寡

祁民向称良善。年轻子弟诱入赌场,因输空而轻生者有之;无知妇女或姑媳勃溪⑥,或夫妻反目,一时忿不顾身投环赴水者有之。情急自尽均非意存图赖,一岁之中亦不多见。

---

① 名目:标榜。

② 报赛:古时农事完毕后举行谢神的祭祀;泛指谢神。《周礼·春官·小祝》:"将事侯禳祷祠之祝号。"唐贾公彦疏:"求福谓之祷,报赛谓之祠。"

③《京报》:也称"邸报",最初是清朝在北京出版的半官方性质的中文期刊,由官方特许经营的报房投递。内容是从政府专设机构中誊抄官方拟向公众传递的资讯,故只能起到公告板的作用,不能算作现代意义上真正的报纸。

④ 阁钞:经由内阁钞发之谕旨章奏。

⑤ 憨:恶人。

⑥ 勃溪:吵架,争斗。

卷十二 法制科

祁门风俗之习惯

宣统元年调查

祁门方振均起草

静海刘汝骥审核

祭祀

凡事死之礼,厚于奉生。冬至,贺长至①,祀始祖,主人诣祠堂启椟、荐时食致祭。春祭先祖、季秋祭祢②间亦行之。忌日有祭,不与诸祭同。元旦,集子孙祭先祖,序长幼,团拜祠堂;清明墓祭,除草棘,添土,具酒粿,以祭标楮于茔。凡祠祭,族长主祭,或文会尊长陪祀,俗用纸扎金银山,绸缎架陈设在旁,赞礼③四人,主祭者盥洗上香,三献迎送神,四拜礼毕,颁胙。

丧葬

丧事,初终④迁居正寝,戒内外,属纩⑤,乃含《家礼》。含饭⑥祁俗用银钱代之。丧主治棺以油杉为最小,殓衾衬三五层不等,家资丰者间用绸绫,裹以丝棉,实以石灰。停柩在堂,设孝帏以障内外,俟设新奠而去之。置灵座,设魂帛⑦,灵座设真容,亦曰"寄颜",程子曰:"若有一毫不似,则为他人也。"殓毕,设新奠,主人以下各归丧次,亲戚僚友皆往吊,送赙敬。知礼之家不作

---

① 贺长至:冬至日,祭祀祖先于家,士人拜师,卑幼拜尊长,称"贺长至"。

② 祢:古代对已在宗庙中立牌位的亡父的称谓。

③ 赞礼:祭祀或举行婚丧典礼时在旁宣读行礼项目,让人进行。

④ 初终:指人刚停止呼吸,俗称"断气"。丧家儿女人等要趁死者身体未僵时立即进行理发、洗脸、洗脚、穿寿衣、放"口含钱"等一系列活动,并将尸体从床榻上移置到地上的木板上。

⑤ 属纩:古代汉族丧礼仪式之一。人濒临死亡时,用新棉置于其口鼻上,以验呼吸之有无。故"属纩"也为"临终"之代称。

⑥ 含饭:古丧礼。以珠玉贝米之类纳于死者口中。

⑦ 魂帛:旧时丧礼的一种用具。用绢或布制作,与尸身等长,中藏竹板,中书姓名、卒年、年龄,右书出生年月日时,左书卒年月日时,卷起缝合而成。在丧后到未葬期间,即以魂帛作为死者魂灵所在,祭奠时放于灵位之侧,葬时置于棺上埋葬。

佛事,殡日持功布①,用方相②,亲友相送如常。栗主题于家,于亲友中择有德者为之。祁俗又有择地待葬者,厝棺在外,架木覆瓦,四围砌泥砖,惑于阴阳家之说,或历数十年未得一佳城,既得地开茔域,亲友具馔送葬,葬则填石灰泥土,面筑草饼甚坚,立石碣于墓前。

婚娶

祁门婚娶皆沿古礼。男女及岁,必先使媒氏议婚通好。订纳采礼向用首饰、衣物,今代以洋元。嗣具纳币帖,既媒氏约期迎娶,曰"星期"。亲迎之礼先一日,女氏使人张陈婿室。届期,备彩舆、鼓乐引导仆人登门具礼帖,并陈堂敬三幅、燎敬一幅,以及红柴、脯鱼、盐烛之类,女氏受毕,族人迎舆入门。翌日昧爽③,母导女于堂,灯烛齐辉,告语登舆,从者以其家女仆为之,往送婿家行合卺礼。次日,贺客盈庭,款待面饭,日中,新人诣堂前庙见④,男左女右拜天地、拜祖先,并谒舅姑、尊长辈以及交拜,礼节如常。文中子⑤曰:"婚姻而论财,蛮貊之道也。"祁俗:士大夫知礼之家向不论财。自是美俗。近日有习染贪鄙者,是乃驵侩卖婢鬻奴之所为,岂得谓之婚礼?

居处

祁邑城人烟稠密,四处交通居处皆楼房,厚以垣墉,高以梁栋,不事雕饰,间有油漆以壮观者。民房多三间,亦有四会⑥各式,门前筑围院,出入通行皆石板。俗重宗祊⑦,著姓皆有宗祠、支祠,以萃子姓、联宗族,遗书、祭器皆备。旧建民房天井狭窄,光线黑暗,近年大为改观,士大夫之家未有不高大门闾、明窗净几者。东乡双溪诸村多名家大族居处,与城闉相似,家藏器具有留传至数百年者;南乡侯潭地近江右,舟楫易通,第宅相连,大有广厦万间之象;西乡历口近日业茶获利者,屋宇亦多壮丽。其余农家者流,开门见山,

---

① 功布:古代丧礼中用以迎神之布。其制,用三尺长的白布悬于竿首,略似旗旛。因丧服斩衰、齐衰用粗麻布,此布则经过加工,比较细白,故称功布。

② 方相:古代驱疫避邪之神像,后来民间扎制模型,用以送丧。

③ 昧爽:拂晓;黎明。

④ 庙见:古代婚礼仪式之一。即婚后至迟三个月,须择日率新娘至夫家宗庙祭祖,新娘从此才算加入夫宗,具有祭祀和被祭祀之资格。《朱子家礼》改为三日庙见。明洪武三年(1370)诏令次日庙见。

⑤ 文中子,即王通(584—617),字仲淹,号文中子,隋朝著名教育家、思想家。

⑥ 四会:四方汇集。

⑦ 宗祊:宗庙;家庙。

终日荷锄田亩。有客问津此地,水尽山穷又有柳暗花明之处。

服饰

祁俗向称俭朴,男子长衫多客布,棉袍多灰色布,马褂、外套多以青布、天青呢、布呢为之。近日渐见繁华,各色客布、洋布销售颇多,宁绸、线绉、官纱、纺绸间亦用之。乡村农民只知用本地土布而已。妇女衣服纯用布制,冬裘夏葛①不多见,搢绅之家较为华丽,至乡农妇女,蒙头跣足别有一种情状。乡先辈有《竹枝词》:"蓝布包头青布垂,家家呼唤卖柴姨。"祁门乡俗于此可见一斑。

饮食

祁居僻壤,山多田少,农夫终岁勤动,仅敷三月之粮,其余仰给于江西。三十三年,饶州遏籴不通,民将绝食,旋经电禀请照常通市、永远立案,民困复苏。此祁门米食为民命第一关键。春夏之交,谷雨前采毛尖,清和②采红茶,惟东乡绿茶价昂,购食者少。谷之属为秔稻、籼稻、糯稻,邑之田高者宜早籼,然五日不雨则苗槁矣;低而沉者宜秔、宜糯;仰于陂塘、溪堨者宜寒籼、早糯。然山源之田叠石为塍③如接梯,然凡数十级不盈一亩,牛不可耕而手锄之,物力艰难,兹邑为甚。

岁时

岁时礼俗各处不同,而乡俗所宜历久不变。正月:元日,尊长率卑幼拜祖,礼毕,天将曙,向东方招吉兆,谒祠宇,交相贺岁;人日④,收祖容;正月上旬,迎元帅坛⑤,行傩⑥演剧;上元夜,东街五显庙鼓乐张灯,花爆喧闐;十八日祀越国汪公。二月:中和节祀土地神,集资演戏;春社,祀社神,祭毕馂余⑦,

---

①冬裘夏葛:泛指美服。裘:皮衣;葛:葛麻衣。

②清和:天气清明和暖。

③塍:田间的土埂子。

④人日:亦称"人胜节""人庆节""人口日""人七日"等,旧俗以农历正月初七为人日。传说女娲初创世,于第七天造出人,所以这一天是人类生日。汉始有人日节俗,魏晋后始重视。古代人日有戴"人胜"(又叫彩胜、华胜,一种头饰)和登高赋诗的习俗。

⑤元帅坛,即赵公元帅,财神爷赵公明,因道教神话中封正一玄坛元帅,故又名赵玄坛。本为五方神,后传说他能保病禳灾,主持公道,买卖得利,乃成为财神。

⑥行傩:举行驱除疫鬼的仪式。

⑦馂余:吃剩余的食物。

秋社如之,凡新封之墓、新厝之棺,均于春社前标扫。三月:清明插柳以避邪、陈粿以祭墓,祭毕颁胙粿,是时农夫皆浸种下早秧,谷雨前后采茶;立夏日造夏粿,新妇、母氏备馈送;浴佛日造乌饭相馈。四月:十五日船会,迎竹于市,钲鼓相送,备制神船自宋大观始。五月:初一日福会,以彩楮制元帅像,舁①游四隅,船会扮十二神,诵唝啰曲以驱疫,闰年倍之;端午日观龙舟竞渡,是日,迎神船,袭画似鳅,载而游诸市,钲鼓导引。六月:六日晒衣服书籍。七月:中元节祀祖,设盂兰会,偶遇天旱,乡民戴柳,钲鼓喧哗,祷雨于坛,闰年演目连戏。中秋夕,家家陈瓜果拜月,乡民缚稻草为龙,舞游溪涧,东向送之,以祈丰年。重九登高,游人颇众。十月:下元节祭墓、建醮、赈孤。冬至拜始祖。腊八扫宇尘杂,香蔬调粥;二十三夕送灶;二十四日供祖像于堂;除日贴桃符,饮团年酒,燃爆守岁。

乐歌

治世之音安以乐当,今之世宜为安乐之世也。迩来《奏定章程》中小学堂皆有唱歌音乐一门,祁邑自开办学堂以来,故有雅正之乐歌。其《古诗源》《古谣谚》两书及李白、孟郊诸人乐府,皆协律可歌,以助儿童之发育。至用于婚姻丧祭者,悉杂乱之声,乐有喇叭、竹笛数种,歌操土音而已。

方言

祁处万山,土音极重,甚至相去一二里,邑人对语骤难领会。城乡自呼为我,南乡自呼为阿,西乡自呼为侪,东、北两乡各自为呼。东乡地近休邑,言语和平;西、南两乡地邻江右,言词似觉粗雄;近城一带平易近人,与城闉相似;北乡地居峻岭,人民朴实出言,似无夸诈②。近日风气渐开,宦商子弟好习英文、英语,亦有习东洋语言文字者。

游宴

祁有梅城十二景③,训导何雍作诗以咏。惟青萝线天最饶胜境,文人学士多喜宴游。出南门里许有凰泉亭,再躐云梯有宣王古庙,庙侧有凉亭一

---

① 舁:抬。

② 夸诈:虚伪欺诈。

③ 梅城十二景:分别为塔峦高眺、阊门石峡、金粟松涛、双桥夜月、东山夕照、十王潭影、珠溪曲坞、青萝线天、甲第樵市、云艺竹冈、狮峰邃整、同佛庄严。

所,众山一览,如数罗纹,春日游人题诗置酒,颇得雅人深致。城西十里有志和隐宅,自号"烟波钓徒"。东乡九都距城二十五里许村坞孝慈池,题诗甚夥。祁西四十里岳忠武王题壁处、方岳之归来馆、环谷之聚德堂,凡此皆可为游宴之地。

神道

社稷坛在十王寺侧,先农坛在五里牌,厉坛在青塘坞口,关帝庙在城西北隅,文昌宫在庆安祠右,城隍庙在崇法院故址,火神庙在秀墩街,刘猛将军庙在五里牌,地方官以时致祭,此普通之祀事也。忠烈庙祀越国公,双忠庙祀张巡、许远,周侯庙祀宋镇川侯周继忠,此外有遗爱祠、梅列侯祠、长史吴公祠、曾文正祠,皆有功德于祁民者,特别之祀事也。其余不经①之祀不胜枚举。总之,祁门地方最重神道,岳帝、祖师、地藏、五显、土地莫不有会,愚夫愚妇最畏神明,每遇疾病,诚心祷祀,一似神道骤从天降者,虽民智未开,亦足见民情之纯朴也。

宗教

祁门为文公礼教之邦,如方岳、汪克宽、余光、谢芊、谢琏、汪时中、谢复、叶琦诸大儒,类皆继绳紫阳,相与发明。孔教,学士文人代有传授,大抵以紫阳为宗;至道士飞升、释氏轮回之说,皆为儒者所不信;回教向不经见;天主、耶稣两教,咸同以来入教者甚属寥寥,光绪己亥年间教风最盛。庚子以还,教风渐杀,彼此往来渐见融洽。

祁门绅士办事之习惯

宣统元年调查

祁门方振均起草

静海刘汝骥审核

---

① 不经:谓近乎荒诞,不合常理。

甲、属诸人者

子、资格

祁邑办事绅董无一定资格，惟年齿最重，实风俗使然。

丑、责任

绅士办事原不可无责任，就现今言之，其自称义务云云者，尚难概绳以责任。

寅、任免

祁地办公士绅类多枵腹从公，或奉官谕，或应公举，新政复杂，得人最难，究之，或任或免，听其自便。

卯、期限

祁地士绅办公向无一定期限，故事事恒落人后。

辰、功过

功则归己，过则归人，此祁绅之习惯。至三五劣绅颠倒是非，尤大失情理之平。

巳、有给无给

地方办事，除学堂各职员外，向无薪水。至学会、物产、统计各要政，不特无薪水可给，抑且无经费可筹。

乙、属诸事者

子、宗旨

凡新政各事，貌是神非，毫无一定宗旨，借新名词作口头禅而已。

丑、权限

尊官畏官，事事禀命而行，此祁民之性质。惟此乡与彼乡往往意见未化，畛域攸分，此权限不明之故。

寅、能力

祁邑办事士绅能力薄弱，捐私财以图公益者尤不多见。徽州府物产会，祁门摊费洋二百元，茶商汪克安独力认捐，蒙府宪颁发名誉执照，士论多之。

卯、秩叙

学堂堂长则甲仆而乙倾，商会总理则此举而彼讦，操戈相向，治丝而棼①，毫无秩序之可言。

---

① 治丝而棼：指理丝不找头绪，就会越理越乱。比喻解决问题的方法不正确，使问题更加复杂。

辰、效果

育婴堂筹资寄养,同善局合力施棺,修东路通衢以便行旅,建南河闸坝以利商民。咸丰三年间,曾文正公驻节祁门,多恃乡团为侦探;光绪三十二年,赣匪窜入祁境,亦借乡团抵御,指日荡平。此皆已成之效果也。至于扩充学务,推广戒烟及巡警改良、户口调查、自治研究章程,其效果尚俟之异日。

巳、有继续力无继续力

祁邑地方瘠苦,凡事无继续力。自光绪三十一年开办学堂,地方公款尽数拨入,费足则事易举,为合邑之最有继续力者。此外办理公益诸多棘手,虽有巧妇,不能作无米之炊,宜其无继续力也。

午、规则

祁邑聚族而居,守家礼遗规,最重宗族,遗书、祭器灿然备陈,凡婚姻丧祭皆区分子目,著于祠规。他如客民之种植山场议立规约,商民之赁租店产恪守规条,似有自治之规则焉。

未、经费

学务经费,惟官立高等小学为最,岁入墨银三千余元;西乡学堂抽园户茶捐岁墨银二千余元;南乡学堂岁墨银一千八百余元;东乡初等小学四所,约共墨银六百元,皆取之园户茶捐。他如慈善经费,同善局递年息银三百余元;育婴堂存店生息墨银三百元,又租谷折价约墨银十二元,警察经费由商家月捐,约计四十余元。至于各处排年会、船会、福会及各乡文约,最多二三百金,最少二三金。总之,地方瘠苦,居民日用维艰,竭泽而渔,亦将有涸鲋①之叹矣。

黟县民情之习惯

宣统元年调查

黟县余攀荣起草

静海刘汝骥审核

---

① 涸鲋:涸辙之鲋,在干涸了的车辙沟里的鲫鱼。比喻处于极度窘困境地、亟待救援的人。

甲、从生活上观察民情

子、住居之流动固定

黟之置邑在秦汉时,人民多聚族而居,汪越国程灵洗之子姓支派最为蕃衍,此外若胡、孙、余、舒、卢、黄、叶、李各著姓皆数千百年,故家旧族祠墓田庐兢兢世守,每不肯轻弃其乡,故旅行作客者甚多,而流寓①在外者终少。

丑、共产析产之趋势

黟人析产较多于共产,同居分爨者则十室而九。

寅、食用好尚之方针

黟俗尚俭朴有古风,称为"小桃源"。食用一切土货居多,学商两界喜用洋货,渐有由俭入奢之势。

卯、生产者不生产者之分数

黟民耐劳苦、善聚积,其地素鲜游民,近十都、十一都地方,游手好闲、专事赌博者实繁有徒,黟人呼之为"小地痞"。

乙、从行为上观察民情

子、权利义务之观念

黟民尚义,施茶、施棺、代族邻完课、输米石赈饥民、桥梁峻岭或独力捐修者,所在多有。至借义务之名争夺权利者,黟人耻之。

丑、诉讼之诬实

黟民尚气好胜,往往两造互控上诉不休,而到案者十无一二,盖图批而不图审,诬多实少或由于此,亦讼师因以为利耳。然愿朴②之民安分守法,不敢望见官府颜色者亦不少也。

寅、婚嫁之年龄

男子三十而娶,女子二十而嫁。今黟俗,男女婚嫁皆在十七八岁以上。

卯、溺女之有无

黟之女子尤号能俭,居乡者数月不见鱼肉,襁负馌耕③、负薪担粪皆女子任之。徽俗能蓄积,盖亦由内德④焉。故生女同为父母所爱怜,绝无溺女

---

① 流寓:在异乡日久而定居。

② 愿朴:谨慎朴实。

③ 馌耕:给在田间耕作的人送饭。

④ 内德:指精神保持灵明、清净,不受外物扰动的境界。《管子·心术下》:"无以物乱官,毋以官乱心,此之谓内德。"

之弊。

丙、从成绩上观察民情

子、职业趋重之点

黟多山,田土刚不化,农人终岁勤劬供不给求,故商重于农,男子自髫龄时即出外学商,其经商各埠者颇能占优胜地位。

丑、制造之品类

黟邑制造向有棉布、手巾、蔴布、口袋之类,皆无足称。邑志载《春渚纪闻》有云:"黟川布衣张谷,制墨得李氏法。"[1]今黟邑无造墨者。又《新安志》言:黟歙多良纸,有凝霜澄心之号。长者五十尺,自首至尾匀薄如一。[2]今黟邑并无造纸者。惟县产石色青,中含铜汞如碎金,取作盘,声清越,稍次灵璧产,西递石工能以其石制笛箫,刻前人诗句于其上,甚精巧,又以非日用品销售甚寡,制造将失传,惜无人以奖进之也。

丁、从团体上观察民情

子、集会结社之目的

黟之正当集会结社,如自治研究所、教育分会、商务分会,均已成立。至迎神赛会,迷信之事,仍未尽袪。

丑、交际间之状况

黟地局万山,无中外之交涉,惟土客杂居,易生恶感。

戊、从教育上观察民情

子、受学者百分之比例

黟之能受学者,大约百人中有六七十人以上之谱,此科举时代然也。近自改办学堂以来,日日谋教育、讲普及,乡曲贫寒子弟识字者日见其少,吾为此惧。

---

① 此段引言见嘉庆《黟县志》卷12《杂志·拾遗》。此志所引与宋何薳《春渚纪闻》原文"黟川布衣张谷,所制得李氏法"略有不同,但意思一致。

② 淳熙《新安志》卷10《杂录·纸》:"黟歙间多良纸,有凝霜澄心之号。复有长者可五十尺为一幅,盖歙民数日理其楮,然后于长船中浸之,数十夫举抄以抄之,傍一夫以鼓节之,续于大熏笼上周而焙之,上于墙壁也,于是自首至尾匀薄如一。"

丑、报纸之销数

黟之经商客外者,每以阅过之报寄回家乡,故报纸可阅者甚多,由沪上邮局递到报纸亦有十数份。

己、从道德上观察民情

子、犯罪以何项为最多

黟民向畏罪,不轻犯法,近则盗贼奸杀之案时有所闻,其故由男子出外,失业游民与外来匪党遂乘虚而入,非严密稽查,后患未已。

丑、自杀之多寡

黟之妇女短见以轻生者时有所闻,若男子之自杀尚不多见。

黟县风俗之习惯

宣统元年调查

黟县余攀荣起草

静海刘汝骥审核

祭祀

凡祠庙,岁时普通祭祀悉遵典礼。丧祭,则本《文公家礼》,用吉服①,相沿已久。

丧葬

丧礼殡殓于众厅者十姓而九,亲族送吊饷以素食,山地厄隘,择葬地实难,形家②说又杂出,亲殁不即葬,多为厝屋,至有覆茅者。

婚娶

冠笄③皆行古礼,吉期前三日或一日主婚者延宾,黎明布席、焚香、延宾

①吉服:古祭祀时所著之服。祭祀为吉礼,故称。
②形家:旧时以相度地形吉凶、为人选择宅基、墓地为业的人。也称堪舆家。
③冠笄:指古代男女成年时分别举行的冠礼、笄礼。《礼记·乐记》:"婚姻冠笄,所以别男女也。"郑玄注:"男二十而冠,女许嫁而笄,成人之礼。"

卷十二　法制科

为男冠女笄,礼成醴宾[①]。女既笄,母以客礼待之。男女家皆告庙,男送舆、女升舆皆于众厅。

居处

屋宇务崇峻,室必有层楼,惟天井窄狭,光线不足,墙垣率外砖中土,俗名"灌斗",不甚坚固。

服饰

衣服尚简朴,惟女子首饰一具,金珠累累,值数百千金之多。

饮食

以麦食佐米食,仅足三月之粮,其余贩运江西。

岁时

黟俗以正月二十日为天穿节[②]。清明,汲水酿酒为一年祭祀之用,或得色红甘冽者,谓之"红娘过缸酒",族邻相贺;是日,男女皆上冢,客远方者亦归来挂扫。夏至,作白叶果相馈送。冬至,晒腊八豆腐。元旦,人人贺新。端午、中秋如平时,但互馈节礼。

乐歌

大姓多世仆,皆习乐歌,凡婚嫁喜庆,必令奏乐唱歌。

方言

黟地土音大抵沿唐宋之旧,佶屈聱牙,不易辨晓。如朝奉、孺人等名称,读书人皆笑之。

游宴

往时宴客尚俭约,八碟四大盘,用海菜者盖寡。近则一餐有费万钱者,

---

① 醴宾:用醴酒礼宾以表达感谢之意。

② 天穿节:亦称"补天节",传说正月二十日女娲从昆仑山炼出五色石补天,故民间在这天纪念女娲补天拯救人类,同时也期盼风调雨顺、万物欣荣、农业丰收和安乐和平。天穿节是我国唯一由家庭主妇担纲祭祀的民俗节日,体现了古代女性在家庭生活中的重要性。

至洋酒、番菜,尚未灌输。

神道

黟俗多联会赛神,汪公华、张公巡、许公远、关圣帝、周宣灵王忠孝大节,素为黟民所崇奉。康公深自山右与张公巡同迎归者,称张康菩萨。张公巡为太子舍人,西安有宋碑称张巡为三太子,故又祀三太子。其尤为不经者,七都复有游太阳、降童之事,岁六月酷暑时,异各神像出游,数日乃还,谓之"游太阳";又有村巫行术,降神附童子身,踯跳若狂,谓之"降童"。别煎大釜,油下豆腐,赤手入沸油取出,俵分而手不烂,左道惑人,此俗亟宜禁革。

宗教

奉孔教为宗,信佛者多愚夫愚妇,其奉天主耶稣各教者盖不多见。

黟县绅士办事之习惯

宣统元年调查

黟县余攀荣起草

静海刘汝骥审核

甲、属诸人者

子、资格
绅士资格向以举贡、生监为限,其解组归田①、乡望素孚者,亦往往出而任事。

丑、责任
遇事能负责任者十无一二,"天下兴亡,匹夫有责",此义固难尽人而譬喻之。

寅、任免
绅士之办公事者,除法定任免外,或自行辞职,或公同斥退,皆一秉大公,毫无成见。

---

① 解组归田:指辞官返乡务农。解组:去官。

卯、期限

办学有期限,商董有期限,自治、议员、总董皆有期限。至旧日都董为本地方办事者,并无一定期限。

辰、功过

以本地绅士办本地公事,但期无过,不敢言功。

巳、有给无给

黟邑绅士办事向不开支薪水,官民从无间言。

乙、属诸事者

子、宗旨

事无论新旧,以官民两利为宗旨,其宗旨奇邪者,士人鄙之。

丑、权限

绅士办事皆遵照部定章程,或恪守长官命令,从无侵越权限者。

寅、能力

凡两造争执事件,官有判断之权,绅士但任调和之责,此绅士之能力也。至筹款一事,惟取信孚,毫无强迫。

卯、秩叙

黟绅办事皆循秩序,不敢鲁莽以求功,亦不敢因循以废事。

辰、效果

凡学界、商界、警界及自治一切,新政时方萌芽,其效果尚俟之异日。

巳、有继续力无继续力

黟邑桥路塘堨最坚固完好,经理其事者历久不懈,其余各事无继续力者居多。

午、规则

凡宗祠、文会、社仓、善堂,规则皆郑重分明,有条不紊。

未、经费

黟无大宗公款,自书院改为学堂,所有公款一网打尽,此外各项新政皆不名一钱,故处处棘手。一文肉捐向解郡垣警费,现批准作本县教练所之用。自治公所、统计处皆士绅解囊佽助,责重力棉,恐难持久。

绩溪民情之习惯

宣统元年调查

绩溪朱瑞麒编纂

静海刘汝骥审核

甲、从生活上观察民情

子、住居之流动固定

绩邑士人除应试外,足不出里闬,农工妇女亦终岁家居,不知乡里外有何世界,其性质似好静不好动。第以地方瘠苦,田少山多,饥来驱人,又不得不奔走他乡以自谋生计。儿童十一二岁即出为学徒,三年两归已成通例。而老生学究犹守闭关主义,故学生之负笈远游者总难于绝裾①。父老之久客他乡者,必遗言归骨。论绩民之天性,流动少而固定多。观趋势之大同,固定四而流动六。

丑、共产析产之趋势

从旧学说,共产乃室家盛事;从新学说,析产乃生活萌芽。我绩析产者十之八九,共产者不过百分之二三,宜其经济活泼而发达矣。然兄弟叔侄之析产者,商铺仍合资,不肖者彼此妒忌,大都貌合神离至商业倒闭而止,徽商年来之不振半由于此。以性质言之,绩民似喜独立;以表面观之,绩民又类合群。吾无以定其趋势,请断之曰:析产者无独立特根性,共产者无合群道德心。

寅、食用好尚之方针

昔人有言:今之理财者,每患在来处,不知所患在去处。胥是以言食用之关系,非细故也。绩俗啬俭,犹有古风。道光咸丰间,衣必土布,用必土货,其好尚惟以朴实坚固者为合度。兵燹以后,洋货充牣②,货巧而价廉,殷商显宦倡之,士庶亦效之。盖绩人算小不算大,无爱国爱群心。后生新进复袭泰西皮毛,衣洋衣,食洋货,其食用必期混同于欧俗,其影响于生计者,不至民穷财尽不已。欲端好尚,是在有转移风俗之责者。

---

① 绝裾:比喻意志坚决、行动果断地离去。
② 充牣:丰足。牣:满;充满。

卯、生产不生产者之分数

旧学说曰:无旷土无游民,则财恒足;新学说曰:人人有职业,即人人担责任,乃足言治安。新旧无二理也。就吾绩现状言之,生产者约十分之三,不生产者约十分之七,故生计日即于贫。父母爱惜男女,视若掌珍,孩提时既无家庭教育,长谋职业辄废半途,于是不士、不商、不工、不农之人无所事事,渐趋于烟赌两途,此吾绩内容也。惟西北乡蚕桑日有进步,为新辟之利源;东南乡蚕桑亦略有起色。果极力推广,亦土货出口之大宗。

乙、从行为上观察民情

子、权利义务之观念

权利者义务之对待,义务者权利之匹配,天下固无无权利之义务,亦不能别义务而为权利也。绩人于权利、义务观念尚未分明,假公济私、以私害公比此【比】皆是,观察于历来习惯而知之。

丑、诉讼事之诬实

绩之民情素非刁健,谚有云:"横打官司直耕田。"即此可见世风之变。口角微嫌,本民事也,而架为刑事;钱土细故可遵断也,而故违判断。甚至一诉讼事也,有数个目的物之请求;一原被告也,有多数连带人之牵涉。呈词则支离闪烁,传审则躲避宕延。其实由讼棍吏胥百端煽惑,当事人既隳术中,每有欲罢不能之叹。诉讼之诬而不实,吾不忍谓;民情之巧诈,吾亦不敢谓;民情为正直,悯而怜之曰"下愚"①。

寅、婚嫁之年龄

婚嫁年龄,古训详于"三礼"②,新章于军界亦订定期。我闻在昔绩人婚嫁每在二十岁外,粤匪而后,户口凋零,家家俱望添丁,婚嫁年龄较早,久则沿为习惯。绩人又素无远志,学问经济之企望,其取偿也易盈,为父母者但早为子女完婚,子孙众多,含饴是乐,其愿已足。痨瘵病多,人种日弱,学问牵于爱欲,而程度日低,经济繁于食齿,而困难日甚,揠苗助长,绩人抑慎之甚也。

卯、溺女之有无

乾道成男,坤道成女,虽不必说主平,权其实,原为敌体。绩之民情重生

---

① 下愚:极愚蠢的人。
② 三礼:指《周礼》《仪礼》《礼记》。这三部儒家经典记录和保存了许多周代礼仪,是中国古代礼仪制度的蓝本和百科全书。

男不重生女,俗有"赔钱货"之呼,憎而贱之,又以食用之艰,遂不恤害理忍心之举,此道光、咸丰间情事也。中兴以后,元气未复,婚约聘金有增无减,民间乃稍稍重女,冀得多金,故溺女之风绝无仅有。近又有抱女养媳之一种习惯,大抵为节损婚费起见也。

丙、从成绩上观察民情

子、职业趋重之点

徽人以商名天下,盖徽人性耐艰苦,又好劳动。绩为徽州府属,趋重之点可知也。就百分比例之,除无职业者若干人,农约三十,商约三十,士约一十,工则百分中不过数人焉。从前业工艺者最多,今则他邑之缝工、木工、竹工、砖工及种种工匠转谋衣食于绩。商无工则运动皆生货①,农无工则植物无熟货②,绩人未明其理,故所趋在商而店铺时闻倒闭,所重在农而田亩半即荒芜。是其弊不在无商、无农,而在无工。

丑、制造之品类

绩邑芙蓉布、铁锁久有名于邻省,今则业此者鲜。惟近年所产之丝缏工称绩庄者,于湖州能占优胜。爆竹俗名双响烟火,绩人为制造专家。西北各乡贩马革以抽鞋梁、抟赤土以陶器皿,坦头村之士麻布行销江北,石旄村之铁冶锅畅运浙江,他如双仁蜜枣、棕皮、细线,十五都之青皮豆味胜广东,附城之小麦粉白逾机面,皆称精美,惟非大宗之输出品。

丁、从团体上观察民情

子、集会结社之目的

绩多迎神赛会,《风俗表》详言之矣。若论多数人之目的,其愚者不外祈冥福、袚不祥,其黠者借此敛钱肥己、聚赌抽头而已。当此新旧过渡时代,旧者集一会、结一社而新者非笑之,新者集一社、结一会而旧者阻挠之,双方激战,相持不下。教育会虽经成立,学务无发达之期;商会已有萌芽,商业鲜振兴之望。谓绩民无团结力,不如谓绩民无公益心。

丑、交际间之况状

酒食征逐,庆吊往来,此表面之交际,绩人优为之。第绩人眼光最小,嫉忌最深,一涉权利则断断相争,势成水火。地判城乡,绅界无粘合性;派分新

卷十二　法制科

---

① 生货:指制造业以外的生产部门如农业、林业、畜牧业等生产的产品。
② 熟货:用原料加工制成的物品。

旧,学界多恶感情。吾观绩人之交际,所谓乡愿派者有之,所谓强权派者有之,求能平心应物①者率不多见,奚足语纯全道德也?

戊、从教育上观察民情

子、受学者百分之比例

受学以识字为衡,而识字亦有广狭二义。以广义言之,能认识不必能解释即为受学,绩民百人中当有九十人;以狭义言之,必解识字义,或能阅俗话报纸而后为受学,则绩民百人中仅有六十人。调查习惯通例:凡女子受学者,须士宦之家;男子不受学者,必赤贫之户。余则儿童,六七岁后送入蒙馆,或三年或五年别图职业,业商者尚能寻求字义,业农工者依然目不识丁而已。绩民男子中,士商多而农工少,故识字尚占多数。若谓民情之文野由识字而分,则绩溪于皖省州县中,当在文明之列。

丑、报纸之销数

未设邮局以前,阅报者甚属寥寥,留心时局之士设种种方法,始赚得报纸而阅之,邮局设后阅报者渐多。调查现今销数,约在百份以上,惟城内学界占大多数,乡间除学堂外、官报派销外,阅者仍属无多。此其故由于民情之鄙僿②,亦半由于交通之不便、经济之艰难。

己、从道德上观察民情

子、犯罪以何项人为最多

绩民懦而畏刑,大盗不敢为,小贼则有之。调查犯罪之种类,如私宰、私贩皆少,以赌博为最多。剧场会期赌棚林立,棚或数十人或数百人,宝摊③骰牌,色色俱全。秋成后,无论大村小村,不啻以赌场为其俱乐部,通宵达旦,习以为常。然开赌之先,又必于佐贰衙门说费,费纳则略无顾忌,成年子弟因此倾家破产者有之。近三年来赌风稍杀,非人民道德有进化,实社会经济日艰难,我恐自此以往赌风绝而盗风起矣。

丑、自杀之多寡

绩民近懦,自杀之事男子罕闻,若女子之刎颈、饮毒、自缢、投河每层见叠出,岂绩之男子性尽柔和,而女子性转决绝耶?其故由女子量狭识卑,又

---

① 应物:顺应事务;犹言待人接物。

② 鄙僿:鄙野闭塞。

③ 宝摊:押宝时用的长而大的桌子。

素无教育。有含忿自尽者,母党辄纠众理论,名曰"吵死",衣衾之丰、棺椁之美较正命者有加。妇人于是遇事有挟制之心,翁姑少有勃溪,遽萌短见;夫妻偶然反目,遂至轻生。经救觉者有之,本无死志而弄假成真者有之。绩人族法最严,有自杀不许祔庙之例,而吵死之恶习不力为革除,则自杀之事仍不能禁绝。

绩溪风俗之习惯

宣统元年调查

绩溪朱瑞麒编纂

静海刘汝骥审核

祭祀

甲、祭之系属

子、宗祠祭:春分、冬至、祧主、告庙。

丑、家祭:阴寿、丧事、题主。

寅、墓祭:清明、扫墓、入塂、迁柩。

卯、神祭:祈报、赛会。

乙、祭之名称

子、大祭:于宗祠春分、冬至并祧主用之,主祭者宗子一人,东西二献陪祭各一人,齿一、爵一。

丑、抄祭:于宗祠祭、神祭用之,礼生每次行礼,东西会抄,谓之抄祭。

寅、平祭:其礼较大祭、抄祭为简,家祭、墓祭或路祭用之。

丙、祭之用品及秩序

少牢:羊一、猪一,神祭、祠祭、墓祭用之。

瘞毛血[①]:有少牢则用之。

降神:一香、一爵,即古灌礼。

奠帛:以纸为之。

---

①瘞毛血:亦称"瘞血"。古时祭宗庙和孔庙的一种仪式。在正祭前一天杀牲口,用部分毛血贮放于净器中,当正祭时,赞礼官唱"瘞毛血",由执事者捧毛血瘞于坎中。

三献:三爵、三羹①、三点。

三馔:鸡、鱼、肉。

读祝文。

侑乐:三奏。

望燎:以纸制冠服并祭文及帛,各冥器焚之。

饮福受胙:礼生撤座前酒肉赐主祭人,主祭人跪受之。

供菜:四碗、八碗、十二碗、十六碗、二十四碗不等,岁时伏腊②、生忌③荐新,供以祭拜。

附说

徽郡素称礼乐之邦,遗泽流风,绩邑至今未斩。观夫鸠宗合祭、左昭右穆、进退揖让,有多足者,然有形式而无精神,缛节繁文,识者不欲。观于既灌④,以往夫尊祖故敬宗,敬宗故修族,修族而天下睦,顾亭林谓:"欲天下之治,必自行族法始。"告朔饩羊⑤,殊令人感慨系之也。

丧葬

子、小殓

先撤床帐,子女亲扶落枕,并为沐浴、梳发,穿裹人倩人⑥裹以丝棉,焚锡箔无算。送殓者,礼皆以箔。

丑、大殓

用吉礼,孝子穿吉服奏乐,入殓后乃成丧服,服制用麻,一遵古礼。

寅、棺木

俗呼曰"寿具",用杉木八抖为上(以杉板八块为之),十二抖为次(以杉板十二块为之)。外图以黑漆,棺内敷底以陈石灰数十觔,并锡箔灰数百包、数十包不等。

---

① 三羹:古时人们对和羹、大羹、铏羹的合称。和羹,指用不同调味品配制的羹汤;大羹,不和五味的肉汤;铏羹,盛于容器中的羹汤。

② 岁时伏腊:指四季时节更换之时。岁时:一年四季;伏腊:伏日和腊日。

③ 生忌:指已故之人在生前的生辰。

④ 既灌:谓禘祭(古代对天神、祖先的大祭)第一次献酒以后。

⑤ 告朔饩羊:原指鲁国自文公起不亲到祖庙告祭,只杀一只羊应付一下。后比喻照例应付,敷衍了事。告朔:天子每年十二月将次年的历书颁给诸侯,诸侯变而藏之于祖庙,于月初祭庙接受。

⑥ 倩人:谓请托别人。

卯、衾襚

俗呼曰"寿衣",有九层,有七层,有五层,或缎,或绫,或布不等。尸胸前悬一大禅林,有印香袋,如黟罗经被,然服式如古衣冠,男女一样,惟仕绅加穿品服入殓。

辰、领帖

俗呼为"开吊",亦呼为"起灵",或三日,或五日,或七日,有多至数十日者,系遵佛家数七之说。礼生设祭,僧道诵经。

巳、赙礼

不以银钱为重,送礼以纸箔、香烛,亲戚送幛联,并盒盛十色素礼,或篮盛四色素礼及冥衣帽,或以各种纸扎奇巧冥器,丧家悬于帏幛,名曰"盘缎"。

午、成主祔庙

不待释服,出殡后即行之,停棺家中者不待举殡即行之,孝子穿吉服谓之"借吉",而脚下必穿素靴,或穿麻布鞋,剃发以四十九日为限,遵例百日者少。

未、塺

先择吉地开一穴,用石灰和土将地筑平,后用砖砌成塺,上覆以石灰和土,多番推筑,必极坚固,逐年开看谓之窨塺,三年后决定吉凶,始将棺居入。

申、殡基

出殡即有邸,亦不遽居,或拘忌阴阳,或迷信吉凶,暂择空地,下铺以石,外围以墙,谓之殡基,数十年后未葬而棺腐者,捡骨另盛小匣,或以棕包,谓之"拾黄金"。

附说

堪舆风水之说兴,而孝思①转薄。停棺不葬,厝所累累,有力者惑于吉凶,无力者窘于资斧,棺朽骨露习不为怪,呜呼! 谈慈善者捐巨金以建义冢尚无所吝惜,借祖宗之骸骨以求子孙富贵何其愚也! 至于纸帛、锡箔焚积如山,岁耗不下十万金,而妇孺迷信之心固结不解,殆佛氏之说有以中之。

———————————————

① 孝思:孝亲之思。

婚娶

子、问名

俗呼为"开八字",必屡经星家将男女年庚推算,合则成,不合则还庚帖。年庚配合始议婚约,谓之"礼单"。

丑、纳采

送聘谓之"大定",亦谓之"鞋样担"(鞋样担者,以婿之鞋样送于女家),聘金六十四元、八十元或百二十元至二百元不等,或送女饰四种、八种不等,谓之"扫首"。女家回礼有雌雄鸡一双,殆即古奠雁①之意。

寅、水礼

水礼者物品之谓也。肉、馒头、饼、鱼,斤重不等。

卯、节礼

节礼谓之"三茶"②,洋蚨③六元、八元不等,或色布或首饰物品十色、四色不等。

辰、期礼

送请期书,不用允期书,佐以洋蚨、物品。

巳、笄礼

俗呼为"上头茶",须送珠髻,或折洋钱。

午、迎礼

类皆用百子彩轿,贫而无力者始用青庐。邑之东南乡皆行亲迎礼,西北乡不行,凡亲迎,婿至女家须请一陪宾同往,谓之"领亲先生"。婿拜见妻党诸尊长,皆给拜见礼。谢亲时,由利市人将妇发递与婿手,发吉语,谓之"结发"。(利市人乃有福寿人。)

未、嫁礼

嫁之日,女盛妆拜叩祖先、父母、伯叔及诸尊长。利市人彩舆至门后沐浴更衣,不梳妆,不穿礼服,不戴金银珠饰,青衣外穿婿家送来之紫红衫(俗名"过路衣"),盘坐床上。利市人敬酒三杯,训以"一敬天地、二敬翁姑、三敬

---

① 奠雁:古代婚礼时,新郎到女家迎亲,献雁为贽礼,称"奠雁"。

② 三茶:婚姻礼仪用品。指提亲、相亲和入洞房时所沏茶水的合称。提亲时,女方以糖茶待媒人,含美言之意,此谓"下茶";相亲时,女方满意男方,女子即奉上清茶一杯,男方饮后置钱钞或贵重之物送回,女方收受,是为心许,此谓"定茶";入洞房时,以红枣、花生、桂子等沏茶,则含早生贵子之意,此谓"合茶"。古代,茶在婚姻中起着重要作用,婚姻的整个礼仪被称为"三茶六礼"。

③ 洋蚨:即洋钱。古时称钱为"青蚨"。

夫婿"，即将嫁女抱入舆中，兄弟或侄辈提升斗向女讨饭米钱。发轿后用石磨压地，谓之"压富贵"。亲戚各携灯笼一支，主人给以婿家送来之红烛，随送彩舆于路，谓之"送亲"。

申、婚礼

奠雁后，婿乘舆先归，彩舆至门，用供献祭轿，谓之"拜轿"，放爆竹以袯不祥，奏乐登堂，以蚕筐置地，轿放筐中，由利市人开轿门，新人头戴纸扎花冠，裹以紫红方巾，脚穿紫红布睡鞋，男女童各一，扶之出轿，履袋进房（以布袋铺地，谓之"传代"），梳妆后换穿大红衫、戴珠冠出房，夫妇叩拜天地、灶神、祖先并父母、诸尊长，各给拜见礼。是日设盛筵，新人首座，谓之"待新人"。

酉、卺礼

夜宴男客，席散后重奏乐，利市夫妇及掌烛二人送新人、新郎入房行卺礼，谓之"交杯酒"；发吉语谓之"撒帐"；诸少年闹房谓之"吵新人"；最为恶习，更有于成婚之三夜席散后有躲窗外窥视夫妇作为，俟熟睡潜入房中将床上衣服携出，曰"偷衫脱"。

戌、庙见

庙见礼于娶日行之，第三日仍设筵招请戚眷，新人让首位不坐，谓之"待三朝"，新人入厨略举炊器，曰"发利市"。

亥、赘见

三朝，新人于妆奁内检鞋袜、女膝、手巾、荷包等类献之舅姑及诸尊长，谓之"托鞋"。

附说

绩邑婚礼之坏莫如抢亲，往往婚期未订，夫家遽纠众乘隙将女抢归成婚，最为陋习。推厥原因，殆由礼物太繁，聘金过多，始无力者迫而出此，历久相沿，绝不为怪，甚至酿成械斗巨案。至妆奁，则中人之家约五百金之率，千金者亦间有之，其或有力之家因女家不允婚期，亦踏此恶习，恐非宣讲所能革除。

居处

甲、房屋之外观

城乡俱瓦屋，围以砖墙，污以石灰，墙脚用石，次或用砖，高约三丈六尺、三丈八尺。

乙、房屋之内容

屋内必有楼堂,必取其阔大,房则狭隘,窗高不嫌黑暗,窗小不能接引空气,并有房内仅可容一床一桌者,厨房内必有厕所、猪栏,城内人家往往有水井。

丙、房屋之制度

有楼、有房、有厢、有下堂者谓之通转;有楼、有房、有厢、无下堂者,谓之"三桁";无楼、无房,谓之"厅";无楼、有房,谓之"假厅";又有合厅、平屋、无天井者,曰"三间廊步""五间廊步";平屋无楼、无房、无厢、有天井者,曰"小起座"。

丁、房屋之妆饰

俗喜朴不尚巧,梁栋取其坚大,柱取其元粗,礎用石取其高,门楼用砖凿花,有匠司多至数百工者,梁栋两端、楷棚楷子亦雕空,数百工不吝费。

戊、房屋之材料

梁栋用松;柱用杉,或用白果,或用杂木;壁用杉木板,油而不漆;地面用径尺方砖,或用三合土筑成,上敷以青灰,用白灰画线;水枧用竹、用木、用砖,近有用洋铁、洋铅者;窗嵌玻璃者,城多乡少。

附说

绩邑聚族而居,村落之大者户口以数百计。其家室之制造,虽有力者每限于地势,不能为园囿亭台。故家中嫌少空气,然村落皆傍山林,得其清气①,足以卫生。至其房屋建筑之坚固高敞,式朴不华,地卑不湿,内外整严,家庭之中彬彬有礼,殊足多也。

服饰

甲、从前男之服饰

绩俗向朴,兵燹前俱穿布衣,帛者百不一二。夏穿土葛布、土麻布,穿夏布②者少,穿纱绸者更少。冬则穿粗布,如常熟布、余姚布,富而老者穿棉袍,次穿夹袍,裘不多见。有护膝而无套裤。背心两外幅俱有袋,谓之"银衣",幅短少,袖狭。冬用毡帽、布鞋、礼服,布与羽毛居多。

---

① 清气:天空中清明之气。
② 夏布:用苎麻手工纺织而成的平纹布。

乙、从前女之服饰

头盘高髻,首饰尚珠,钗钼簪环金少银多,其上必饰以珠,式朴古不取华巧,所戴不过三件。服俱用布,袖狭而幅短。鞋绣花。行礼无外套,穿朱青布褂、朱青布裙,即有各种华衣亦不肯穿。

丙、晚近男之服饰

兵燹以后渐效两湖,妆式宽衣、广幅、阔袖。夏穿纱罗,次亦穿夏布、洋布;冬穿轻裘,次亦穿棉袍。布必用细,着绸缎衣服者十有二三,土布罕见,套裤、背心均极趋时①。

丁、晚近女之服饰

妇人发髻皆用扬州之髻,处女之髻梳元宝式。宽袖广幅,绸缎衣不多见,细布、洋布每每皆是,镶银花草及盘钉、阑杆。每一女衣,须缝人数工或数十工,中人之家均有绸缀外套、百折绸裙。其首饰金珠并重,钗钼簪环外如茉莉竿等类满头插遍。

戊、现在男之服饰

守旧者,仍是晚近形式,然十不二三。趋时者,短衣袖小幅狭,几如操衣;长衣则袖小、幅狭而长。不但粗布不穿,土货、细布亦不愿穿,绸缎纱罗亦憎本货而喜洋货。鞋喜瓦式、洋式,平时亦喜穿操靴,更喜穿革履。每有手戴金戒子或镶宝石钻石者。

己、现在女之服饰

服色向淡素,狭袖幅亦不广。城内及开通乡镇则窄袖幅狭而长过膝。镶饰较前为简,不钉阑杆。用品与男子同,习惯洋货居多。髻效苏杭之圆扁式。首饰重金,珠较少,式取巧素,所戴不过三件。鞋不绣花,喜黑色。十二三岁之女童穿男衣者日见多数。

附说

绩邑兵燹以前服饰皆俭朴,以自制芙蓉布为大宗,麻布、夏布亦能运销别埠。今则芙蓉布失传,而布帛品类皆喜洋货而弃土货,其它更无论矣。好奇喜新,天下通病。以绩邑素称俭朴之区,风俗之变迁若此。其关于奢俭者犹小,其无爱国心而不知讲制造以抵制利权之外溢则大也。

卷十二　法制科

---

① 趋时:迎合潮流;迎合时尚。引申指时髦;赶时髦。

饮食

甲、食品

按:绩邑食性米多麦少,杂粮不作正餐,小麦粉间或数日一食。妇人制麦粉食品最精洁,农家于青黄不接之时则以麦粉为正粮,佐以杂品。

乙、米类

籼米、糯米、大米。

稀饭:早餐或晚餐。

硬饭:午餐。

软饭:晚餐,或农工家早餐亦软饭。

酒:甜酒、陈酒以糯米为之;烧酒,糯米、大米、籼米皆可为之。

米粉粿:其形如饼,裹以肉菜馅,烤之而食。

裹粽:以糯米用箬皮裹之,中夹腌肉、枣栗。

汤元:以米粉搓成元团,内夹白糖、猪油。

元元:形如馒头,和以红曲①,制成红色。纯是米粉,别无资料。

年糕:纯以米粉制成,用笼床蒸之。

米糖:俗名"麻糖"。以糯米、大米经几次造作,将米蒸熟、晒干、炒开,和饴糖、蔗糖制成岁底。家家自造,多则一二百觔,少亦数十觔,作为新年糕饼。

丙、麦类

小麦、大麦、荞麦

粿:裹以菜蔬及鲜肉作馅,用干锅烤之。

包:裹以菜蔬及鲜肉,配各种资料作馅,用笼床蒸之。

挂面:细而长,味咸,有专制家,送礼用之。

切面:细而长,内有碱水,有专业此者。人家骤遇客至买之以款客,如遇喜事尤多用之,喜事曰"喜面",寿诞曰"寿面"。

带面:形如带阔,故名为"带面"。

蝴蝶面:俗名"礴撕块"。有煮有炒,食颇爽口。

春饼:俗名"搭鲜"。以麦粉制成,薄皮,鲜肉、菜蔬及各种资料作馅,另取一篦,将面皮卷之以食,不炙,故名"搭鲜"。

馄饨:俗名"点心"。其所制如市之馄饨,色味较佳。

---

① 红曲:古称"丹曲",用曲霉科真菌接种于大米上经发酵制备而成,既是中药,又是食品。

烧馒：以薄麦粉制皮，内裹肉菜馅，蒸而后食。

馒头：俗呼曰"白糖窖包"。色艺俱佳，面色与机器面等，其味较广东馆尤为软和，故各省驰名。

生面酱：以小麦粉为之，名曰"淡酱"，他处所无。以此酱裹肉，穿以竹竿，油煎火烤，谓之"荐肉"，为特别食品。

丁、杂粮类

苞芦：城内及西北乡视为果品，东南乡有以其粉制成食品为正餐者。

粟米：东西乡与歙县邻界者，每种之以补米之不足。

芦穄：种数不及稻百分之一，有以之裹粽者，有以其粉作粿者，土人亦能以其品酿酒。

蚕豆、黄豆、赤豆：以上三种皆作为菜料，然米价昂贵时农家赖以佐餐。

绿豆：夏时煮汤加糖，以作点心。

芋头：无论山芋、田芋，食之皆可饱腹。绩邑均视为菜品，以为正餐者乃极贫家。

青皮豆：妇人将此豆和酱油煮熟，用火焙干，较广东出品尤佳。

戊、佐食品

子、鲜类

猪肉：人家养猪者十之八九。

鱼：塘鱼多而河鱼少。

鸡：家必养鸡，价值牝贵而雄贱。

鸭：不多养，有自江西来者，价较鸡昂贵。

牛肉：秋冬之际私宰者多设汤锅，人喜买食，殊损害于耕事。

羊肉：自养者为湖羊，自山东贩来者为绵羊，价昂贵，食者少。

丑、蔬类

白菜：寻常鲜摘供食外，妇人能制各种小菜，以备春夏之需。

青菜：逢年节，妇人摘其鲜者供献神祖前，谓之"清吉菜"。

南瓜：即番瓜，黄老者佳。米贵之时以为正餐，颇熬饥。

如意菜：即蕨，春间满山皆有，妇人采以晒干，谓之"如意菜"，酒筵上每用之。

马栏头：即十里香，妇人采以晒干，卖价昂贵。

豇豆：鲜食外晒干者，俗谓之"干角豆"。

萝葡干：妇人善制，最佳者以糖醋浸之，较山东大头菜味高美。

大鄣笋:笋肉厚而嫩,干笋味尤美,胜湖南玉兰片①。

以上所列或关于习惯之品,或关于特别之品,普通有者不叙。

附说

绩邑山多田少。道咸之间,产米合小麦仅敷民食十分之六,杂粮俱作正餐;兵燹以后,户口未复,产米与民食约可相敷。小麦产数不过稻米十分之二三,种杂粮者更少,而荒田尚多,委货于地,涸塞②利源,是在地方谋自治者有以图之。

岁时

元旦:吉时启门,燃爆竹迎喜神,以绿纸、红纸裁成方寸撒之于地,谓之"利市纸",名曰"行方"。中堂供祖像,庭除③设香案礼神祇,男妇肃衣冠庆贺,长幼以次谒宗亲。是日禁扫地及针剪。元旦至初三日,或至十八日,祖像前每夜焚香燃烛,谓之"照容"。儿童鸣金鼓闹新年,速客传座④夜宴,谓之"饮春酒"。上祖先坟、省墓,谓之"拜坟年",给胙、给糕、给饼不等。

上元日:各处社土坛、神庙张纸灯或演剧,或扮童戏,驰火马,舞青狮,游烛龙,遍巡衢巷,名曰"闹元宵"。米粉为丸祀灶,谓之"迎灶神"。是日,西北乡有太子会,灯剧尤甚。详《神道表》。

十八日:落灯前夕或摘神前花灯送新妇,谓之"添丁"。

二月二日:家具鸡豚、鱼菽之荐、香烛、爆竹以迎土地神,祀于中庭。家家食糯米裹粽,多者裹糯米数斗。

花朝日:东南乡十八社按年轮祀汪越国公,张灯演剧,陈设毕备,罗四方珍馐聚集祭筵,谓之"赛花朝"。

戊日:祀社,春祈秋报⑤岁凡一举,里自为域,献豜⑥醉酒,尚遗古风。神为男女二像,庞眉皓首,呼为"社公""社姆"。

三月三日:撷荠菜花,祓除不祥,谓之"喜喜菜"。

---

① 玉兰片:用鲜嫩的冬笋或春笋经加工而成的干制品,由于形状和色泽很像玉兰花花瓣,故名。为春季油炸糕点。

② 涸塞:堵塞。

③ 庭除:庭院。

④ 传座:亦作"传坐"。古人在年后相邀邻里饮宴称传座。

⑤ 春祈秋报:古时春秋两季祭祀土神,春耕时祈祷风调雨顺,秋季报答神功。祈:向神恳求。

⑥ 献豜:大兽献君。豜:古代指三岁的猪;亦泛指大猪、大兽。

清明日：户插柳枝，粉米蒸饼饦祀祖扫墓，增封悬楮钱于墓门，谓之"挂钱"，间有用牲牢、鼓吹设祭者，子孙诣墓，各给饼饦、胙肉，谓之"分例"。

立夏日：切苋菜馅作饼，俗呼"粿供麦蚕"，佐以青梅、朱樱祀祖荐新，谓之"立夏见三新"，男女孩以秤称之曰"免蛀夏"。

四月八日：造青精饭，俗名"乌饭"，以饷新嫁女，佐以鸡雏。

端午：饮雄黄酒风俗与各处[同]。普通家置酒肉，是日食腌鸭蛋、鳖鱼。

六月六日：家家食麦粉包粿，农家祀田祖于田坊，谓之"烧田福"，北乡谓之"烧秋"，谚云："田家大吃肉，单看六月六。"是日撷园蔬、瓜果、田禾叶盛于筐，以为祭主祀秩场圃牢笠诸神。

闰年六月中：各乡村卜日致斋造瘟舟，分方隅①祀五方神，并祀张睢阳殉难诸神，名曰"善会"。城中现已革除。

中元日：祀祖，荐新稻，罗列时馐，城隍神巡行县鄙，宜【仪】仗甚盛。扮诸鬼卒、扮无常二人，高与檐齐，满街放爆竹，谓之"跳无常"。

十八日，西北乡六都有太子菩萨会，烧香者以数千计。五都于二十一日，八都于二十五日。详列《神道表》。

二十三日：为张睢阳诞辰，坊市分五土之色制花灯，遍游三夜，日出瘟车以驱疫疠，近城一带村坊行之。

中秋日：祀月华风俗普通。摘东瓜馈新妇，取多子兆，偷瓜者物主撞见不之禁，谓之"摸秋"；少年以新稻草扎草龙，燃香遍插龙身，锣鼓喧天，满街衢跳舞，店户各助香、燃放爆竹。

九日：祀祖先、登高风俗普通。城内家家食芋，西北乡食米粉裹馅粿，谓之"重阳粿"。

十月后：各乡立施孤会，召僧设斋祀无主后之鬼，谓之"放蒙山"，又曰"放赃口"。焚纸箔千万，因即以所设食分给孤贫者。

腊八日：以百果及各菜煮粥，名"腊八粥"。是日祓房尘以为无忌。

二十三日：以茶点、米粿祀灶，曰"送灶"。祭毕，燃烛于釜，以照虚耗②。

二十四日：具肴馔，各随丰俭，序长幼，祭于祠堂、香火堂③，家中悬祖像。祭毕，聚家人燕饮，谓之"吃年饭"。

---

① 方隅：方位。

② 虚耗：古代神兽之一，指给人招来祸害的恶鬼。传说虚耗身穿红色袍服、长有牛鼻子，一只脚穿鞋着地、另一只脚挂在腰间，腰里还插有一把铁扇子。

③ 香火堂：即香火祠，供神祭祖的祠堂。

除夕:聚家人妇子共饮,谓之"团圆",又谓之"分岁酒",亦有坐岁者。

附说

风俗习惯已细列表中,有合于礼者,有背于礼者,有亡于礼之礼者,要贵因革损益之。

乐歌

甲、祭祀之乐歌

绩有乐无歌,而祭祀侑乐奏歌,则唱昆曲数阕。

子、粗奏乐:用大工、小工调。

号筒:先吹号筒,排班。

喇叭:次吹喇叭,序立。

大哨呐:亦呼喇叭,两人吹,和调奏词,谱各曲牌名。

班鼓一,小锣一,冬磬一,小铂一。

丑、细奏乐:同前。

小哨呐:亦呼喇叭,其声较大哨呐轻清[1],单吹。

管二,笛二,渔鼓,冬磬。

乙、丧葬之乐歌

有乐无歌,亦不奏曲。

子、粗奏乐:器与前同,用六调。

丑、细奏乐:同前。

丙、婚娶之乐歌

行礼时有乐无歌,开筵时杂以锣鼓、胡琴,唱而不演,或唱徽调,或唱昆曲。

子、粗奏乐:器与前同,调用大小工。

丑、细奏乐:同前。

丁、游宴之乐歌

庆寿等喜事,与婚娶同。

子、粗奏乐:同前。

丑、细奏乐:同前。

---

① 轻清:声音轻柔而清脆。

附说

《三百篇》当时皆歌谣也,故王者以之采风。自郑声①既行,古乐久已失传,不谓泰西各国犹能得中国古音之遗,每制各种歌谣以鼓励国民之意志,而所谓礼乐之邦者,转数典而忘之正,不特续之俚野独然也。

方言

甲、称谓

如呼父曰"伯",曰"叔",曰"爷",曰"爹",最异者曰"官",曰"人"(俗音读"银")。

如呼母曰"婶",曰"嫚",最异者曰"姐",曰"姨"。

媳呼翁曰"朝奉"。

媳呼姑曰"孺人(读'银')"。

夫呼妻曰"老孺"。

妻呼夫曰"老官"。

呼叔母曰"婶",姐呼妯亦曰"婶"。

呼伯母曰"嫚",妯呼娌亦曰"嫚"。

婿呼岳父曰"丈人(读'银')"

婿呼岳母曰"丈母"。

孙呼祖父曰"朝"。

孙呼祖母曰"孺"(俗音作"婆")。

男子呼女子曰"老妪家"。

呼商家之学徒曰"小官"。

呼工家之学徒曰"徒弟"。

呼掌柜者曰"老朝奉"。

呼店东曰"老板"。

呼牧童曰"养牛小"(小,俗音作平声)。

呼男孩曰"小家"。

呼世仆曰"椊护"、曰"作活"。

呼女仆曰"做事伈"。

---

① 郑声:原指春秋战国时郑国的音乐。因与孔子等提倡的雅乐不同,故受儒家排斥。此后,凡与雅乐相背的音乐,甚至一般的民间音乐,均为崇"雅"黜"俗"者斥为"郑声"。

彼此通称曰"官"。

呼初生之孩曰"毛娃"。

乙、物名

棹曰"枱盘"。

烟袋曰"烟筒"。

白菓曰"鸭脚"。

油炸脍曰"冬瓜穰"。

火炬曰"火把"。

地龙曰"水龙",又曰"蟮龙"。

衣服曰"衫脱"。

肚兜曰"包肚"。

树椿曰"树不老"。

帐曰"布罩"。

灶曰"锅冲"。

丙、通用语

邋遢曰"汙僁"(按:"汙僁"即《说文》"污下"二字之转)。

有用曰"有干"。

没用曰"没干"。

事不成曰"不相干"。

事无可为曰"剨的",嬲曰"剨的喂"。

称好曰"不打紧"。

笑人不善干事曰"现世"、曰"献世宝"、曰"典当"。

言人晦气曰"倒运"、曰"倒灶"。

得物曰"嬲着"。

物多曰"好点"。

物微曰"一点点"。

怎样曰"朕兆",不怎样曰"不朕兆",称人好亦曰"不朕兆"。

讥诮不堪之人曰"宝贝"、曰"噉咷"。

冒失曰"不见亮"。

寻人不着曰"毛"(俗音转作藐)。

物无曰"勘"。

替差役办公者曰"打脚肚"。

地痞曰"死命"、曰"打孤拐"。

初起事曰"暴起头"、曰"上么遭"、又曰"发利市"。

将毕事曰"下么遭"、曰"末了"。

言浪用钱财者曰"困倒碌"。

没奈何曰"要死个枷"。

糊涂了事曰"过台戏"。

日上、晚上曰"日下""夜下"。

丁、语助词

仿：如"你仿""我仿""哥仿""弟仿"等类，与的字之语尾同。

㑚：如"去㑚""来㑚""做㑚""算的㑚"等类，与苏州人语尾同。

啊：语首多有此字。

讶：语首多有此字。

是：呼作自音，或呼作守音。

唉：感叹之语续以此字。

附说

绩之方言，外县人听之几如钩辀格磔，有音无字者有之，有字而谐音翻变者有之，学界中未出里门者并不能学普通语，苟非正以官音，恐将来即有人才而不能言交际。

游宴

甲、庆贺之宴

案：筵席女则日席，男则夜席，风俗皆然。城内则由酒馆包办，乡间无酒馆之处，妇人之善烹者自办。谨将奢俭、习惯之不同叙列于左①：

子、城中之男席：三海菜，三牲肉及杂品，每席约洋蚨两元。

七大簋，四小簋，四点心，十二碟。

丑、城中之女席：牲肉杂品居多，海菜次之，每席约洋蚨一元四角。

九大簋，八碟。

寅、乡间之男席：其用品与城同，每席约洋蚨一元六角。

奢者：九大簋，八碟，二大盘（馒头、米粉饦）。

---

① 原文为繁体竖排，故叙列于左，现改为简体横排，应为叙列于下，但为保持原貌，此处不做修改。

·287·

卷十二 法制科

俭者:四大盘,八碟。

又俭者:铁釜,猪肉、鲜鱼、杂品,约洋一元二角。

卯、乡间之女席:与男席同。

乙、丧事之宴

案:丧事设宴非礼也,绩溪从前宴以素菜,饮以水酒,近今俱用荤菜,与婚娶同。

丙、普通之宴

案:亲友往来,寻常俱宴以四簋或六簋,或六大盘,或一品锅,或如庆贺所列之形式。

丁、特别之宴

其海菜、牲肉、杂品均丰而洁,每席约洋蚨五元。

家庭祝寿。

题主大宾。

亲迎新婿。

十大簋,八小簋,四点心,十六碟。

附说

绩溪朴而不华。不独官绅富商无日食万钱之家,即茶楼酒榭以及公园胜地皆无之。业厨人者最多馔精而价廉,主中馈①者亦善厨娘之技。近日斗靡争华,流连冥会,此亦人心世道之忧也。

神道

太子菩萨:西北乡皆崇此神,五都、六都、八都香火最盛,或结数社,或结十数社,而为五朋、六朋(俗以朋为会)挨年轮值,正月则同以元宵日迎神赛会、演剧,七月则六都,十八日五都,二十一日八都,二十五日迎神赛会,演剧,进香者以千计,妇女跪拜焚纸箔者无算。

花朝菩萨:东南乡多崇此神,共十八社轮流值年,于二月十五日出巡,各社赛会、演剧数日,焚纸箔无算。

瘟舟善会:按:其所崇者是睢阳殉难诸义士,而附会为瘟神,其舟用竹木为架,以雷万春为大王、以南霁云为小王站立舟首、舟尾,大王蓝脸,小王红脸,较别像为大,腔内盛以石块,重近百觔,少年有力者争抢此神,满街跳舞,

①中馈:家中供膳诸事。

各村各社多有此会,几如镇江之天都。

五猖:其神之像如小说《封神》之风、调、雨、顺而加以元坛之像,每村多立庙祀之。

麻布祖师:东南乡有崇此神者,俗传祈雨甚灵验。

观音菩萨:按:佛书有"观音"二字,世俗相传各处皆有观音菩萨,绩邑崇拜者尤盛,有男像,有女像,有送子观音,有千手千脚观音,均呼为"娘娘"。俗语:"观音十八变"。

地藏王:佛书有此名,相传为暹罗国王,绩邑最崇信之。

天花娘娘:俗呼"痘神",凡孩子出痘疹,其家必供此神。各村每间年演剧,据《封神传》则瘟神也,而以男身为女身尤附会不解。

周王:俗传此神好吃鸡,故九月十五日进香者必携一雄鸡宰之,衅血于座前。

李王:社会每崇此神,无所考。俗传此神能佑生产,侑神者亦以雄鸡血衅神座前。

八相公:俗传是五代时越国公汪华之第八子,无可考,殆杜十姨、伍髭须①之附会欤。

大尉、小尉:因张巡、许远而附会之。

附说

查绩邑淫祠不外表中所列者,计每岁淫祠耗费约万金。男子崇信者十约五六,女子则人人牢不可破。火其庐,焚其像,散其会,即其资产以开学堂,其说过高而不能遽行。欲清其源,须教育普及以后,其要在广兴女学。

宗教

甲、佛教

调查僧数:和尚一百零六人,尼姑三十六人。其教似不甚盛,化缘布施间有斋与之,时而焚烧纸帛银箔毫不吝惜,殆天堂地狱之说有以怵之。

乙、道教

绩邑无真道教,道士只十五人,其实乃火工也,与人民无二,娶妻养子,

①杜十姨、伍髭须:杜甫、伍子胥之误称。杜甫曾官左拾遗,故世称杜拾遗。旧村学究戏作杜十姨。宋末元初俞琰《席上腐谈》卷上:"温州有土地杜拾姨无夫,五撮须相公无妇。州人迎杜拾姨以配五撮须,合为一庙。杜十姨为谁?乃杜拾遗也。五撮须为谁?乃伍子胥也。"

以化缘、应付道场为衣食，其有吃斋者则谓之"斋公"，是又不僧不道之宗派。道陵之教，久经式微。

丙、天主教

查绩溪服天主教者，庚子年有教民二百八十七人，恃势横行，凡诉讼皆恃保护，故服教者日多，嗣经郡守黄曾源①持条约以公理判断，教民知畏，而服教者日稀。近日调查，服教者俱讳名不认，其昭著仅数人，有天主堂一所，不礼拜，亦无通使②居住。

丁、耶稣教

绩溪有一福音堂，建造已二十余年，初有传教一人，迄今无一服教者，堂内仅有小崽。

附说

泰西立国，君民共守一宗教。中国如佛教、道教、回教、天主教以及耶稣教，皆扩张其权力，所谓宗圣教者，徒奉其名而已，而阳儒阴释，所行非其所言。此一派人，尤不可胜数。绩之习惯，佛教盛于道教，天主盛于耶稣，查阖邑无耶稣教民，岂其教力不逮天主欤？抑其教不肯以势力诱胁欤。

绩溪绅士办事之习惯

宣统元年调查

绩溪朱瑞麒编纂

静海刘汝骥审核

甲、属诸人者

子、资格

绩溪绅士本无一定资格，既鲜致仕之搢绅，又鲜闳通③之学士，熟悉法律

---

① 黄曾源，字石孙，清汉军正黄旗人。光绪十六年(1890)庚寅科进士，授翰林院编修，改河南道御史，性鲠介，敢言事，迁徽州知府，历青州、济南等郡，服官十余年，清谨自矢。林纾送其出守徽州，有句云："石孙不因人之曲而曲之，因人之直而直之。且其事人也，不以生死盛衰易其操，阿谀党顺变其言，诚君子也。"著有《石孙诗稿》1卷。

② 通使：旧时指翻译人员。

③ 闳通：犹豁达。

者更无论已。历来董事父故子袭,彼引此援,能孚物望者实少,更有勾通胥吏,于新令接代时汇缘填入名簿,目不识丁者亦且①滥竽充数,此怪现象也!近日烟禁森严,绅士为齐民表率,不闻有具结②督责之条,有嗜好者帖然③如故也。欲望澄清,必严加陶汰,而后可言资格。

丑、责任

有公益心,而后可言担负,可言责任。绩邑之为绅董者,大率出入衙署为赫耀④乡闾之计耳。兴一利,除一弊,谕单照会之频催,不过略为过目,所言何事,所议何条,问之曰难,诘之不覆,上视为循例,下视为具文,积习相沿,匪伊朝夕⑤。近来学界中稍有具热诚者究之,为个人谋权利者多,为社会谋幸福者少。

寅、任免

凡选举各项章程,或三年一任,或二年一任,其例近始萌芽。绅士自来无任免之说,监督又不实行其任免之权,乃有年几耄耋,未闻上引退之文,身故数年,犹附在乡图之列,房科⑥援名单以送稿,邑令照故事而发行,所责诸绅士者无实有名,所充为绅士者有增无减,详细调查,良堪浩叹。

卯、期限

官府札催之件期以一月半月,绅士若无闻也,限以三日五日,绅士若无觉也,差役持送文牒又不以时,有迟至月余者,有杳不投到者,期则无期,限亦徒限,互相观望,互相推诿,毫无表面,遑论内容?能如期以空文塞责者尚占优胜。

辰、功过

绩溪绅士其贤者固未闻,特别之表扬、其不肖者亦未闻,有不测之黜退,每都董事少则五六人,多则十余人,见利则争,遇事交诿,欲考成绩,黑白混淆。兴言治安,须于绅士中立《功过分数表》。

巳、有给无给

中国无绅士养廉之条例,绩溪更无公费之开支,办新政者半属名誉职员。为绅士计,即能枵腹从公,终难受无形之赔累。取巧者意存退避,武断

---

① 亦且:又,而且。

② 具结:旧时对官署提出表示负责保证的文件。

③ 帖然:顺从服气,俯首收敛。

④ 赫耀:显赫。

⑤ 匪伊朝夕:不止一个早晨一个晚上。指日子不少。

⑥ 房科:旧时官衙里的下级办事人员。

者恣其敲诈,有耻者望望然去,慕膻者营营而来。非严定功过不能专责任,非酌给薪津不能励廉隅。

乙、属诸事者

子、宗旨

绩邑绅士办事,其普通宗旨曰柔软,曰圆通,曰因循,曰敷衍,维新者专事铺张,迁旧者惟知固守,办学者以束脩、毕业为宗旨,办捐者以盘踞、秘密为宗旨,若夫具爱国之思想、以强族为主义者,罕睹其人。惟乡邻争讼,间有以力任排解为宗旨者,舌敝唇焦①不辞劳怨,宁人息事风有足多。

丑、权限

尊官畏官,绩民之性质。故绅士中放弃义务者多,敢于侵越范围者少,其弊又在同社会者各欲揽权,城与乡争权,都与都争权,商界与学界争权,其限不明,其权亦紊,不能和衷,乌能共济?

寅、能力

沾沾自爱者,以规避畏葸②而消灭其能力;把持阴狠者,转以交结胥吏而发生其能力;间有守正不阿者,又以孤立无助、反对者多而不能扩充其能力。此绩邑通病也。数年来,民权渐张,学界中或以抵制挟要为能力,或借命令制裁为能力,压力所至,阻力亦生,所谓公理完全之能力者,绩邑之绅士则无。

卯、秩序

万事有共同之秩序,一事有一事之秩序,顺则是,逆则非,新旧一理。乃近日办事有足怪者,姑即学堂外表言之,私塾改良未能完全也,而必强称为小学;蒙小学程度未能完全也,而必强报为两等。未振其纲,徒纷其绪,无根之木易枯,无源之水易涸,无秩序何以有善良效果?

辰、效果

集民脂民膏以办事,苟无效果,则谋新不如守旧之为佳。调查各界新政,劝学所、教育会表面成立矣,而学堂腐败如故;商会、商局表面成立矣,而商市腐败如故;自治巡警、团练表面成立矣,而地方腐败如故。造种种恶因,现种种怪状,若非厘剔清订,欲言效果,恐难望于九年预备之期。

---

① 舌敝唇焦:形容说话太多,费尽唇舌。
② 畏葸:畏惧,害怕。葸:畏惧。

巳、有继续力无继续

中国衰弱之病根在不能坚忍,而绩邑绅士之性质病根更有二:曰妒,曰私。未竟之事、未成之业,明知其善,必思有以阻挠之,或攘前功,或思立异,甚至彼此猜忌,有意破坏,山亏一篑,业辍半途,敢断之曰:毫无继续力。

午、规则

规则者,办事之基础也。绩邑习惯,议事时各持一说,行事时各持一心,毫无条理,奚言规则? 近时,社会办事始知订一规则,然朝立夕改,彼是此非,又或独出己意,与《部定章程》相迕,既无强制之履行,又无道德之履行,是有规则与无规则等。

未、经费

办事必有经费,少则竭蹶,多则滥支。绩邑年来所筹经费,通盘计算不下巨万,捷足者往往据为独有,可怪也! 甲所筹之款岁有盈余,不肯拨于乙;丙所筹之款岁有盈余,不肯拨于丁。城绅思中央集权,乡绅则又思参预越俎,各出理想,各逞能力,巧立名目,竭泽而渔。是非于一邑经费收支和盘托出,立统计预算表妥为支配,酌盈剂虚不可。

卷十二 法制科

后 记

　　"从积累资料做起"是张海鹏先生所开创的安徽师范大学徽学研究团队的优良传统之一。近些年来,在李琳琦先生的带领下,我也开始从事徽州地方文献的整理和研究工作,《陶甓公牍》校注即是其成果之一。该项工作得到了全国高等院校古籍整理研究工作委员会直接资助项目等课题的资助,特致谢忱。

　　地方文献整理是一项极其细致而又困难重重的工作。古人爱用典故,地方文献又多存在错字、别字、异体字、生造字、俗字及漏字等问题,故稍有不慎就有可能出现失误,从而影响校注工作的质量及校注文本今后的利用和研究。尽管此次整理工作历时数年,几易其稿。但由于本人能力有限,本书定然还存在不少的问题,恳请专家学者在使用过程中不吝指正,以便今后修订完善。

　　本书在校注过程中,安徽师范大学图书馆的董家魁副研究馆员,研究生徐腾飞、王漫漫、周伟义、谷梦月等则将校注稿与底本进行了仔细核对,纠正了不少错误。安徽师范大学出版社的孙新文编辑、蒋璐编辑为本书的编辑和出版更是劳心费力甚多。在此一并致谢!

梁仁志
2017年6月8日于芜湖文津花园

后
记